城市常规公交运行可靠性及调度优化

赖元文 著

中国建筑工业出版社

图书在版编目（CIP）数据

城市常规公交运行可靠性及调度优化 / 赖元文著
. — 北京：中国建筑工业出版社，2022.12
ISBN 978-7-112-28283-8

Ⅰ.①城… Ⅱ.①赖… Ⅲ.①城市交通系统—公共交通系统—交通运输管理—研究 Ⅳ.①U495

中国版本图书馆CIP数据核字（2022）第244111号

本书全面系统地阐述了城市常规公交运行可靠性及调度优化的基本原理和方法，重点介绍了公交行程时间预测的组合模型、基于不同影响因素的公交运行可靠性评价方法和不同停靠模式公交的调度优化方法。全书共分为7章，主要内容包括绪论、公交运行可靠性及调度优化研究进展、基于大数据挖掘的公交运行数据采集与分析、公交行程时间可靠性影响因素分析、公交行程时间预测方法与模型、公交运行可靠性分析、公交组合调度优化。

本书可作为交通工程、交通运输、城市规划等专业高年级本科生及交通运输工程专业研究生的教材，亦可供从事公交运营管理、智能交通系统开发以及交通规划与管理的技术人员和管理人员参考。

责任编辑：李玲洁
责任校对：赵　菲

城市常规公交
运行可靠性及调度优化

赖元文　著

*

中国建筑工业出版社出版、发行（北京海淀三里河路9号）
各地新华书店、建筑书店经销
北京红光制版公司制版
北京建筑工业印刷厂印刷

*

开本：787毫米×1092毫米　1/16　印张：12¾　字数：311千字
2022年12月第一版　2022年12月第一次印刷
定价：**58.00**元
ISBN 978-7-112-28283-8
（40726）

版权所有　翻印必究
如有印装质量问题，可寄本社图书出版中心退换
（邮政编码 100037）

前　言

以私人小汽车为主导的交通模式导致我国各大城市交通拥堵日趋严重。大力发展与建设城市公共交通是解决交通拥堵的重要途径，同时对缓解当今能源与环境的巨大压力具有重要作用。以公交优先为核心的城市公共交通政策，主要通过在不同的城市公共交通阶段制定不一样的目标，从而保证政策的持续实施，并基于不同的目标采取相应的应对措施。现阶段我国城市的常规公交正处于从增加公交车辆、扩大公交运输网络为特征的发展阶段步入精细化公交优先发展阶段的转型期。常规公交运行可靠性不仅是城市公交运行状态评价的重要指标之一，而且是乘客进行出行路径选择时考虑的重要因素。

公交运行可靠性是公交系统性能的综合反映，如何利用获取的公交系统运行数据进行到站时间预测，利用预测到站时间对公交运行可靠性进行分析，将其引入调度控制中的每一个环节，为乘客提供实时公交运行信息，以提高乘客公交出行的可靠性；并为公交管理部门提供监控和考核的指标体系，使得调度人员在监控到串车、大间隔等可靠性问题发生时，可以及时采取相应的调度控制策略，恢复公交正常运行；为公交线网、信号优先、专用道等的设计实施提供决策支持依据，其具有重要的实践意义和理论价值。

本书共分为 7 章，第 1 章是绪论，简述公交运行可靠性及调度优化的背景意义和必要性，以及本书的主要内容。第 2 章是公交运行可靠性及调度优化研究进展，综述国内外公交运行可靠性既有的研究成果。第 3 章是基于大数据挖掘的公交运行数据采集与分析，讲述公交运行原始数据的预处理过程，介绍数据采集技术，提出数据清洗、剔除、修复、匹配的方法，总结大数据挖掘常用方法，对公交行程时间进行聚类分析和分布拟合的算例演示。第 4 章是公交行程时间可靠性影响因素分析，深入分析公交行程时间的影响因素，进而提出公交运行的改善措施，提高公交的行程时间可靠性。第 5 章是公交行程时间预测方法与模型，提出多种公交行程时间预测模型，并结合实际公交运行数据进行算例分析，验证模型的可靠性及可行性。第 6 章是公交运行可靠性分析，构建公交线路运行可靠性与公交线网运行可靠性评价指标体系，明确各指标的计算和测度方法。第 7 章是公交组合调度优化，概述公交调度主要方式，提出全程车、区间车组合、大站车组合三类调度方式的模型，匹配相适应的算法，并通过仿真实验进行验证。

本书由福州大学赖元文副教授主笔，课题组的张博深、汪洋、范炎辉、黄泓毅、王鈜民、张宇龙等硕士研究生共同参与了部分内容的撰写工作，课题组的孙大族、冯婷婷、苏荣霖、许舒恬、黄丽玲、郭建容、张杰、林先旺、林晨等硕士研究生共同参与了部分内容的研究工作。

感谢课题组的硕士研究生在本书的资料整理、研讨及编排过程中所做的工作。本书在研究与编写过程中参考了国内外大量书籍、文献，在此谨向文献作者表示崇高的敬意与衷心的感谢！

由于作者本人水平有限，书中难免有错漏之处，恳请读者批评指正，特此致谢！

目 录

第1章 绪论 ·· 1
1.1 研究背景及意义 ··· 1
1.2 研究目标及主要内容 ·· 2
1.2.1 研究目标 ·· 2
1.2.2 主要内容 ·· 2
1.3 研究技术路线 ·· 4

第2章 公交运行可靠性及调度优化研究进展 ······································ 6
2.1 公交运行可靠性研究 ·· 6
2.1.1 基于管理者的公交运行可靠性研究 ··································· 6
2.1.2 基于乘客的公交运行可靠性研究 ······································ 7
2.2 公交运营调度优化研究 ··· 8
2.2.1 全程车调度 ··· 8
2.2.2 区间车组合调度 ·· 9
2.2.3 大站车组合调度 ·· 10
2.3 研究综述 ·· 11
2.3.1 公交运行可靠性方面 ··· 11
2.3.2 公交组合调度方面 ··· 11

第3章 基于大数据挖掘的公交运行数据采集与分析 ···························· 13
3.1 公交数据采集 ·· 13
3.1.1 公交数据来源 ··· 13
3.1.2 公交数据特征 ··· 15
3.1.3 公交数据结构 ··· 15
3.2 公交数据预处理 ··· 19
3.2.1 公交IC卡数据预处理 ··· 19
3.2.2 公交GPS数据预处理 ··· 20
3.2.3 公交数据修复 ··· 21
3.2.4 公交数据匹配 ··· 23
3.3 公交大数据挖掘 ··· 24
3.3.1 数据挖掘常用方法 ··· 24
3.3.2 公交运行时间聚类分析 ··· 25
3.3.3 公交行程时间分布拟合 ··· 26

第4章 公交行程时间可靠性影响因素分析 ··· 29
4.1 公交服务可靠性主要评价指标 ··· 29
4.2 站点设置 ·· 31

  4.2.1 公交站点类型 ··· 31
  4.2.2 公交站点位置 ··· 34
  4.2.3 公交站点泊位数 ·· 37
  4.2.4 公交站点间距 ··· 38
  4.2.5 公交站点客流 ··· 38
 4.3 交叉口设置 ··· 42
  4.3.1 交叉口几何类型 ·· 42
  4.3.2 交叉口信号控制方式 ·· 44
  4.3.3 交叉口交通组成 ·· 45
 4.4 站点区间设置 ·· 45
  4.4.1 站点区间距离 ··· 45
  4.4.2 站点区间辅助和影响设施 ·· 46
  4.4.3 站点区间混合机动车交通流 ··· 46
 4.5 其他因素 ·· 47
  4.5.1 普通公交车影响因素 ·· 47
  4.5.2 纯电动公交车影响因素 ··· 56

第5章 公交行程时间预测方法与模型 ··· 68
 5.1 公交行程时间预测常用模型及其特点 ·· 68
 5.2 基于改进粒子群优化小波神经网络的公交行程时间预测 ··················· 69
  5.2.1 小波神经网络理论及粒子群算法介绍 ··································· 69
  5.2.2 改进粒子群优化小波神经网络（PSO-WNN模型） ················· 71
  5.2.3 PSO-WNN模型公交行程时间预测 ······································ 74
  5.2.4 算例分析 ··· 78
 5.3 基于改进遗传算法优化BP神经网络的公交行程时间预测 ·················· 83
  5.3.1 BP神经网络及遗传算法介绍 ·· 83
  5.3.2 改进遗传算法优化BP神经网络（GA-BP模型） ····················· 85
  5.3.3 GA-BP模型公交行程时间预测 ··· 89
  5.3.4 算例分析 ··· 92
 5.4 基于萤火虫算法优化BP神经网络的纯电动公交车行程时间预测 ········ 96
  5.4.1 萤火虫算法介绍 ·· 96
  5.4.2 萤火虫算法优化BP神经网络（FA-BP模型） ························ 97
  5.4.3 FA-BP模型纯电动公交车行程时间预测 ······························· 99
  5.4.4 算例分析 ··· 101

第6章 公交运行可靠性分析 ··· 107
 6.1 基于站点设置及客流的可靠性分析 ··· 107
  6.1.1 站点停留时间可靠性模型 ·· 107
  6.1.2 区间行程时间可靠性模型 ·· 109
  6.1.3 公交线路行程时间可靠性综合评价模型 ······························ 114
  6.1.4 实例分析 ··· 115

6.2 基于混合机动车交通流的可靠性 ·· 117
　　6.2.1 混合机动车交通流条件下的公交行程时间特性 ················· 117
　　6.2.2 考虑公交车比例的公交行程时间可靠性模型 ····················· 122
　　6.2.3 考虑车型比例的公交行程时间可靠性模型 ························ 127
　　6.2.4 模型验证 ··· 132
6.3 基于路径选择的公交线网可靠性分析 ······································ 137
　　6.3.1 基于混合 Logit 模型的路径选择行为分析 ······················· 137
　　6.3.2 评价指标体系的建立 ·· 140
　　6.3.3 基于熵权的公交线路可靠性模糊评价 ···························· 142
　　6.3.4 基于路径选择的公交线网可靠性模糊综合评价 ·················· 145
　　6.3.5 案例分析 ··· 145

第7章　公交组合调度优化 ·· 154
7.1 公交调度方式概述 ·· 154
　　7.1.1 公交调度方式的主要类别 ······································ 154
　　7.1.2 不同调度方式的特点 ·· 155
　　7.1.3 不同调度方式常用算法的特点 ·································· 155
7.2 全程车调度模型及算法 ·· 156
　　7.2.1 全程车调度模型构建 ·· 156
　　7.2.2 模拟退火-自适应布谷鸟算法 ···································· 159
　　7.2.3 仿真实验 ··· 163
7.3 区间车组合调度模型及算法 ·· 166
　　7.3.1 区间车组合调度模型构建 ······································ 166
　　7.3.2 改进的萤火虫算法 ·· 171
　　7.3.3 仿真实验 ··· 178
7.4 大站车组合调度模型及算法 ·· 180
　　7.4.1 大站车组合调度模型构建 ······································ 180
　　7.4.2 改进的人工鱼群算法 ·· 186
　　7.4.3 仿真实验 ··· 190

参考文献 ·· 193

第 1 章 绪 论

1.1 研究背景及意义

以私人小汽车为主导的交通模式导致我国各大城市交通拥堵日趋严重。大力发展与建设城市公共交通是解决交通拥堵的重要途径，同时对缓解当今能源与环境的巨大压力具有重要作用。以公交优先为核心的城市公共交通政策，主要通过在不同的城市公共交通阶段制定不一样的目标，从而保证政策的持续实施，并基于不同的目标采取相应的应对措施。现阶段我国城市的常规公交正处于从增加公交车辆、扩大公交运输网络为特征的发展阶段步入精细化公交优先发展阶段的转型期。常规公交运行可靠性不仅是城市公交运行状态评价的重要指标之一，也是乘客进行出行路径选择时考虑的重要因素。

然而，在优先发展公共交通已成为我国大多城市的共识、硬件条件不断增加的背景下，公共交通在与小汽车的竞争中仍处境艰难，其主要原因为公共交通优先发展战略未落实处，公交吸引力和服务质量低。乘客通常会面临公交车辆到达时间的不确定，在三个城市（厦门、福州、龙岩）的公交出行满意度调查中，乘客对公交不满意的原因主要集中在等车时间长、车内拥挤、不准点三个方面。对于公交企业而言，不可靠的公交运行导致运营成本的增加以及车辆利用效率的低下，且对乘客造成焦虑情绪以及产生额外的时间成本，导致乘客流失，公交竞争力和满意度下降。

为了解决公交不准点、乘客等车时间长等问题，近年来，智能公交电子站牌和公交服务信息平台等已经被应用于国内不少大城市，具体应用有实体公交电子站牌和互联网公交服务信息系统两部分。其中，实体公交电子站牌是安装在公交站点上，实时显示各路公交到站情况（到达站数及距离等信息）；而互联网公交服务信息系统则是通过客户端软件为用户提供公交实时信息服务，包括所有公交线路运行状态的实时查询（到达站数、距离和时间等信息）。实施效果表明，大多数城市的智能公交系统仅提供公交到达本站站数及距离的预报，仅少数城市尝试公交到站时间的预报。由于车流量、客流量、站内干扰或突发事件及其他不确定性因素的影响，导致现有到站时间预报系统准确性低、误差大。

公交运行可靠性是公交系统性能的综合反映，如何利用获取的公交系统运行数据进行到站时间预测，利用预测到站时间对公交运行可靠性进行分析，将其引入调度控制中的每一个环节，为乘客提供实时公交运行信息，提高乘客公交出行的可靠性；并为公交管理部门提供监控和考核的指标体系，使调度人员在监控到运行不可靠的负面现象（如串车、大间隔问题）发生时，可以及时采取相应的调度控制策略，在运行不可靠现象发生后尽快恢复可靠运行；为公交线网、信号优先、专用道等的设计实施提供决策支持依据，其具有重要的实践意义和理论价值。

本书介绍了公交运行可靠性和公交运营调度优化国内外研究进展；剖析基于大数据挖掘的公交运行数据采集；分析公交行程时间可靠性的影响因素；建立基于PSO-WNN和GA-BP两种算法的常规公交车行程时间预测模型，以及基于FA-BP算法的电动公交车行程时间预测模型，并结合实际公交运行数据进行算例分析；对公交运行可靠性进行建模分析，主要从点、线、面三个层次分别建立公交运行可靠性模型；构建全程车调度模型、区间车组合调度模型和大站车组合调度模型，分别提出相应的求解算法。以期为公共交通的规划设计和运营管理提供基础理论和决策支持，从而为出行者提供更加可靠的高品质常规公交服务，提高公交竞争力，吸引居民公交出行。

1.2 研究目标及主要内容

1.2.1 研究目标

本书的研究目标是结合公交多源数据挖掘与处理，建立公交相邻站间行程时间预测模型和改进的公交运行可靠性评价模型，并根据公交车线路种类提出调度优化方法，为乘客出行选择提供依据，为公交企业管理者制定相应的措施提供理论依据，优化公交资源的利用率。基于此，本书拟解决以下几个问题：

1. 如何对公交大数据进行采集和处理，使公交数据更加精确、更符合实际情况及研究需要？
2. 如何从不同角度考虑，综合分析公交车行程时间可靠性的影响因素？
3. 如何对公交车行程时间预测模型进行优化与改进，使其具有更好的可靠性和可行性？
4. 如何对公交车运行过程进行综合分析，从不同角度建立公交运行可靠性评价模型？
5. 如何针对不同靠站模式的公交线路，建立高效的车辆调度算法？

1.2.2 主要内容

围绕以上的研究问题，确定本书的主要内容如下：

1. 基于大数据挖掘的公交运行数据采集与分析

梳理了公交刷卡数据、GPS数据和静态数据的数据结构，并对原始数据进行预处理。介绍了常见的数据挖掘算法，并运用聚类分析和分布拟合的方法，借助SPSS软件和Matlab软件深入挖掘与分析公交行程时间数据，得到公交车辆行程时间具有随机波动性的结论，使用对数正态分布模型能够较好地拟合不同时段的公交行程时间数据分布。

2. 公交行程时间可靠性影响因素分析

从站点设置、交叉口设置、站点区间设置三个方面为切入点，对公交行程时间影响因素进行相关性分析，探究沿线交通基础设施对公交行程时间的影响。运用差异性检验，对日期、天气、时段等外部环境影响因素进行分析，探究其对公交行程时间的影响。结合新能源技术发展，选取车型、电池SOC值、电池年龄和时段等因素，对纯电动公交车行程时间的影响因素进行分析研究。

3. 公交行程时间预测方法与模型

（1）基于改进粒子群优化小波神经网络的公交行程时间预测

选取天气、日期、时段、路段行程时间等作为输入条件，公交相邻站间行程时间作为输出目标，对粒子的更新速度及学习因子进行改进，建立基于粒子群优化的小波神经网络行程时间预测模型，利用苏州市 102 路公交线路的数据作为实验数据，对模型进行训练和测试。

（2）基于改进遗传算法优化 BP 神经网络的公交行程时间预测

选取公交站点类型、公交站点位置、公交站点泊位数、公交站点间距、公交站点客流、时段等因素作为预测模型输入条件，公交相邻站间行程时间作为输出目标，在编码方式、适应度函数、选择算子、交叉算子和变异算子等方面对遗传算法进行改进，建立基于遗传算法优化 BP 神经网络的公交相邻站间行程时间预测模型，选取福州市 55 路公交运行数据进行模型的训练和测试。

（3）基于萤火虫算法优化 BP 神经网络的纯电动公交车行程时间预测

选取车型、SOC 值、电池年龄以及时段等影响纯电动公交行程时间的因素作为预测模型的变量，行程时间作为输出目标，考虑萤火虫算法及 BP 神经网络特性，提出了利用萤火虫算法优化 BP 神经网络预测模型。利用福州市 321 路公交运行数据对预测模型进行训练，确定了模型参数中的最佳网络权值与阈值，构建了萤火虫算法优化 BP 神经网络公交到站时间预测模型。

4. 公交运行可靠性分析

（1）基于站点设置及客流的可靠性分析

从站点客流角度对公交站点停留时间的特性进行分析，运用统计分析方法确定上车时间间隔、下车时间间隔、损失时间指标阈值，采用概率测度的方法建立公交停留时间可靠性模型。基于福州典型公交站点调查数据，通过 SPSS 和 Palisade 统计分析软件验证各指标间独立性。对区间单位距离行程时间进行概率分布拟合，建立基于对数正态分布的区间行程时间可靠性评价模型，并对福州市 55 路公交进行实例分析，评价模型的可行性与合理性。

（2）基于混合机动车流的可靠性分析

结合混合机动车交通流数据及公交运营数据，采用蒙特卡罗方法计算公交行程时间可靠性，建立考虑公交车比例的公交行程时间可靠性模型及考虑车型比例的公交行程时间可靠性模型。以福州 55 路和 96 路公交线路为例，分别对除公交车外其他机动车比例和不同公交车比例组成的混合机动车交通流条件下的公交运行情况进行仿真；通过调节机动车模块中的车辆构成等参数来进行仿真参数设置，以公交行程时间作为仿真输出结果，验证了研究因素对公交行程时间可靠性的影响。

（3）基于路径选择的公交线网可靠性分析

通过对公交运行特性分析，建立公交线路主体可靠性及出行者感知可靠性的二级评价指标体系。利用熵值法和模糊综合评价法对单条公交线路的可靠性进行综合评价。通过路径选择模型计算公交客流分配比例，确定公交线路重要度，得出公交线网可靠度的计算方法。以龙岩市为例，对提出的路径选择模型及可靠性评价方法进行验证，并结合实际情况对龙岩市公交线网进行优化。

5. 公交组合调度优化

（1）全程车调度模型及算法

对公交运行过程提出三点假设，建立联系客流特征、考虑公交公司及乘客二者利益的公交调度模型。对求解算法进行设计，通过对布谷鸟算法的特性进行介绍，总结其在模型计算上的优劣势，结合自适应步长及模拟退火算法的退火操作弥补其缺陷，设计了模拟退火-自适应布谷鸟算法用于模型求解，并通过测试函数仿真实验对比算法的优越性。

（2）区间车组合调度模型及算法

以有规律客流的断面不均衡系数判断区间车停靠站点和运营路段，在乘客乘车时间成本和公交公司运营成本的基础上增加考虑乘客在车内的拥挤时间成本，以三者之和最优为优化目标，全程车和区间车之间的发车间隔为约束条件，构建区间车组合调度优化模型。从自适应步长、混沌映射和随机游走算法三个方面改进萤火虫算法，并通过仿真实验验证改进后萤火虫算法的优越性能。

（3）大站车组合调度模型及算法

考虑乘客方与企业方的成本诉求，以两方的最小成本作为模型的最终目标，并结合实际对乘客出行过程、企业实际运营成本进行深入分析，基于约束条件构建调度优化模型。对基础人工鱼群算法特性进行分析，从算法基础参数与鱼群行为两方面对基础人工鱼群算法进行改进，并选用测试函数对算法进行试验，证实算法改进后的性能有所提高。

1.3 研究技术路线

综合系统科学、交通工程学、数理统计学等学科的知识，采用大数据采集与分析、理论建模和交通模拟等方法开展研究。本书研究技术路线如图1-1所示。

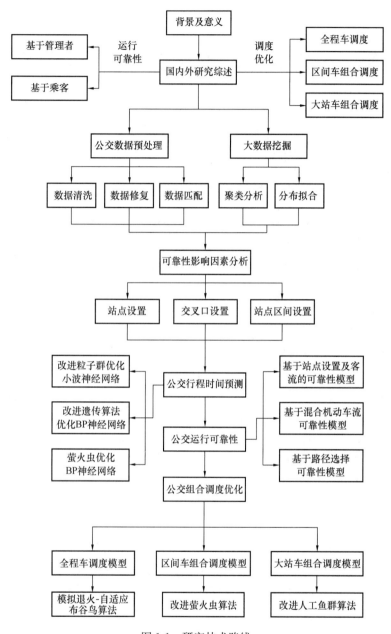

图 1-1 研究技术路线

第 2 章 公交运行可靠性及调度优化研究进展

2.1 公交运行可靠性研究

2.1.1 基于管理者的公交运行可靠性研究

基于管理者角度，通过分析公交系统连通性和整体稳定性研究公交运行可靠性，主要包括连通可靠性和准点可靠性。

1. 连通可靠性

Asakura 研究连通可靠性时，充分考虑网络中出行者的路径选择行为，并将其定义为交通网络中任意两节点保持连通的概率；Rasa 等研究了 OD 矩阵对公共交通连通路径可靠性建模的影响；明玮对城市轨道交通网络连通可靠性进行界定，通过对整个网络的连通可靠性进行分析，提出网络特征指标及计算方法；吴娇蓉等基于考虑公交专用道设置效果，提出公交行程时间稳定性指标，建立可靠性计算模型；童小龙通过对公交线路的运行特性进行分析，提出了加权不准点指数，建立基于区段、站点、线路多层次的公交线路运行可靠性评价模型，并提出公交运行可靠性的提升策略；慈立坤等通过分析轨道交通网络特点，采用图论的方法建立公交网络连通可靠性模型，并运用节点删除的方法分析站点对可靠性的影响程度；李慧恬基于公交 GPS 数据，分析公交行程时间可靠性主要的影响因素，建立可靠性模型，并对可靠性作出预测；刘静采用系统分析法对公交运行可靠性影响因素进行分析，采用层次分析法选取评价指标，从而建立公交运行可靠性评价指标体系；郭兰兰研究轨道网络与可靠性之间的关系，选取节点重要度、网络效率等评价指标，对轨道网络连通可靠性进行评价；刘杰等以车站间的可容忍路径数目衡量车站间的连通可靠性，运用运营数据分析考虑车站权重和不考虑车站权重时地铁网络的连通可靠性，确定连通可靠性最强和最弱的车站并分析在不同时间段、不同容忍系数下的连通可靠性。

2. 准点可靠性

准点可靠性表示的是公交车对运行时刻表的遵守程度，即按照时刻表准时到达各站点的概率。公交准点范围的选取会对准点可靠性的分析造成较大的影响。Strathman 分析了公交线路长度、乘客数、延误等因素对准点可靠性的影响；Chang 等基于运用仿真软件，制定提高公交准点可靠性的信号优先策略；Kho 等对公交准点可靠性进行界定，从乘客角度出发，运用实际调查的公交运行数据分析公交准点可靠性影响因素，提出准点可靠性评价指标；Yuanwen Lai 等提出了一种基于信息熵的公交线路可靠性评估模型，综合公交站点加权指数和公交出行时间变化指数，结果表明大多数公交站点在高峰时段的可靠性低于非高峰时段。

国内学者主要针对分析具体公交线路的准时性对准点可靠性进行研究。赵航等借鉴可靠性理论，对公交系统准点可靠性进行定义，建立准点可靠性模型，运用 Monte Carlo 模拟进行求解，提出大型活动期间优化准点可靠性的措施；范海雁等建立公交运行准点可靠性模型，运用 Monte Carlo 模拟的方法进行求解，提出优化日常时刻表来提高准点可靠性；高桂凤等基于实际调查数据，从公交行程时间、公交准点性角度出发，提出公交运行可靠性评价模型；张宇石结合公交运行特性，从站点、线路、线网角度对公交准点可靠性进行评价，研究不同运营条件下可靠性变化规律；陶骏杰等基于对公交到站时间的分析，提出行程时间可靠性计算模型；陈旭梅等利用实际调查数据分析了准点性的影响因素，提出基于路线准时指数、站点停靠偏离指数及均匀指数三个参数的公交服务可靠性评价模型；张光明从公交准点性、乘客等车时间角度出发，提出了双层规划模型，并对公交运行可靠性进行分析；苏荣霖等以常规公交为研究对象，建立公交相邻站间行程时间动态预测模型，提出公交线路行程时间可靠性模型；从站点客流角度对停留时间的乘客上下车时间、损失时间进行分析，采用概率测度的方法建立站点停留时间可靠性模型；雷思雨选取末站准点率、行程时间波动度、到站准点率等指标，同时考虑高频线路与低频线路的运行差异，构建基于公交智能数据的公交运行可靠性评价指标体系。

2.1.2 基于乘客的公交运行可靠性研究

基于乘客角度，考虑乘客的出行行为与公交运行的相互作用，主要从候车时间和行程时间两个方面对公交运行可靠性进行研究。

1. 候车时间可靠性

候车时间可靠性指乘客在可容忍的等待时间内乘坐上公交车的概率。Jolliffe 等细化出行者的到达行为，并归纳为三种类型：完美出行者、经验出行者、随机出行者；Bowman 等研究发车间隔与出行者候车时间的关系。研究发现当发车间隔在 5～20min 这个区间内时，大部分的出行者此时感知的候车时间均在可接受的范围内；Oort 等基于考虑可靠性缓冲时间和最大等待时间，提出采用等待时间可靠性来衡量乘客对公交服务水平的感知；Daganzo 基于系统分析自适应控制方法，提出一种控制车头时距的方法提高乘客候车时间可靠性；Benezech V 研究公交服务频率和可靠性对乘客出行时间和出行成本的影响；Tirachini 探讨乘客拥挤对公共交通需求、运营及公交运行速度的影响，应用 MNL 模型对候车时间和行程时间可靠性进行研究；戴帅等对乘客二次候车时间进行研究，基于 Logit 模型建立额外候车时间可靠性模型；朱翠翠等以成都公交为例，对公交站点早晚高峰的乘客候车时间可靠性进行分析，建立可靠性模型；刘锐等研究了发车频率对乘客候车难易程度的影响，建立直达站点对、非直达站点对和公交网络三个层次的候车时间可靠性计算模型；郭淑霞等建立固定和随机两种换乘客流的晚高峰候车时间模型；安健等运用多智能体方法对公交服务乘客过程进行模拟，提出感知候车时间可靠性计算方法；吕慎等通过对换乘乘客到站时间分布规律进行研究，建立候车时间模型，并对其影响因素进行敏感性分析。

2. 行程时间可靠性

Li J 等采用改进的 DEA 方法对负载率、服务可靠性、站点平均停留时间和平均运行速度进行灵敏度分析，提出公交行程时间可靠性的评价方法；Maria 对浮动车技术收集的数据进行分析，提出通过增加缓冲时间提高公交行程时间可靠性；Lo 等提出行程时间预算概念，分析不同乘客类型预留的缓冲时间对可靠性的影响；Ma Z 等基于自动定位及智能卡数据，分析不同类型道路公交行程时间可靠性影响因素，提出行程时间可靠性评价模型及改善措施；Kou W 等分析了行程时间可靠性与出行方式选择的关系，结合二进制 Logit 模型建立行程时间可靠性模型。为此他将常用的 TTR 模型进行对比（分别基于时间标准差、缓冲时间等），结果表明基于缓冲时间的模型敏感度由于使用标准差的模型；Ma Z 等通过使用一种新型的评估方法来为描述日常出行时间变化性指定最合适的分配模型。研究表明，出行时间聚合度的减少倾向于增加分布的正态性，提出的链接行程时间的空间聚合将打破公交专用路线多模态分布；李长城等运用高速公路收费数据对行程时间进行分布拟合，建立路段行程时间可靠性模型，并基于 Logit 模型和全概率理论，建立 OD 对间的行程时间可靠性模型；宋晓梅等基于公交行程时间分布拟合，从微观、中观、宏观层面对公交行程时间可靠性进行分析；严亚丹认为公交线网运行可靠性需要从关键站点的换乘时间可靠性以及 OD 点对之间行程时间可靠性两个方面进行评价；亓秀贞提出以到达间隔作为评价指标、上下车乘客数作为权重的高峰时段公交行程时间可靠性模型；张桂娥基于乘客感知的角度分析公交行程时间的影响因素，运用层次分析法和参量分析法进行参数标定，建立行程时间可靠性模型；汤月华通过分析行程时间可靠性影响因素，研究波动性指数、延误指数与站点区间长度、采样间隔、公交小时流量的相关关系，运用公交 GPS 和 GIS 数据对行程时间进行分布拟合，建立站点区间行程时间可靠性模型。黄丽玲从乘客的角度出发，将公交乘客的行程时间可靠性分为候车时间可靠性和乘车时间可靠性两部分，建立候车时间可靠性和乘车时间可靠性模型，并采用层次分析法确定指标权重系数，建立纯电动公交行程时间可靠性综合评价模型。

2.2 公交运营调度优化研究

2.2.1 全程车调度

1. 国外研究现状

Cao 等结合车辆的跳停规则，以乘客等待时间最少的赤字函数作为公交调度优化目标，通过二次迭代的遗传算法求解模型，以奥克兰市公交线路为例进行模型验证，研究结果表明经优化乘客等待时间减少了 1.83%，车辆数减少了 8%。Li 等以公交运营商和乘客最小成本为目标函数，行驶里程与加油量作为约束条件，设计了公交调度整数规划模型，采用 TS 公交客流简化公式用于求解目标函数的近似解。Huang 等考虑通过不固定频率的发车间隔来缩小出行人员等待时间，设计了车辆停留策略搜索模型，通过公交车辆历史行车轨迹，识别出各站点的停站时间，通过 P-LSTM 模型对客流进行预测，将结果代入遗传算法进行计算，结果表明出行人员的平均等待时间减少了 5.94%。Yao 等以不同车型的充电时长、耗能情况为影响因素，建立了总耗电成本最小的公交调度模型，并采用考虑车型交替的启发式算法求解，对比分析表明，考虑电动公交车型交替的方法比传统方法减少了 15.93% 的总调度成本。Cortes 等人提出了一种基于目标优化的混合预测控制（HPC）模型，将滞站、跳站等策略综合考虑，期望实现乘客与公交运营的双赢。Saez 同样提出了一种混合预测控制模型，该模型能让调度员实时地给公交车辆发送调度信息，动态采取合适的滞站等策略。Chen 等针对公交网络设计问题，提出了一个连续近似（CA）建模框架，基于 CA 框架，提出了两个在不同规划场景的优化模型，其中模型考虑了区间车的运营策略，通过最小化乘客和运营机构相关成本，优化公交网络。

2. 国内研究现状

暨育雄等考虑多模式公交服务模式和时刻表的交互作用，建立了多模式公交双层优化模型，上层协同优化多模式公交服务和时刻表，下层考虑乘客出行选择实现多模式公交的客流分配，为上层提供输入。张志熙等对智能公交系统 IC 卡数据、GPS 数据挖掘与应用问题进行了研究，构建了基于公交站点下车概率的乘客下车站点推算模型，该模型提取公交乘客通勤，随机出行等行为链，考虑站点吸引权及当次乘车方向下游站点数等影响因素，判断随机出行下车站点。靳文舟等从车队管控的角度入手，借助公交系统中车队的排班计算，借助逆差函数对现有排班下一天内的车辆运力进行估算，考虑各时段的运力差距，以调动排班后车辆的最小运营时间为优化目标，构建了分时段的公交发车时刻表寻优模型。张思林等从车辆的承载人数角度入手，考虑在不同客流时段提供不同车容量的车辆进行运营，建立了最少发车班次的公交调度模型，通过枚举法进行计算。结果表明，优化后企业的运营成本减少了 3.5%。唐春艳等研究单一公交线路的纯电动公交车调度问题，以公交企业运营成本最小为目标建立允许存在误时发车的柔性调度模型，并通过遗传算法求解。谭华考虑乘客满意度和公交企业运营成本建立优化模型，将客流量以小时为单位划分为客流平峰和客流高峰时段，通过遗传算法分别求解两个时段的发车间隔，并使用南宁市某条公交线路数据进行试验，证明优化后的发车间隔相较于原先发车间隔乘客满意度提高。李雪等以乘客出行成本和公交企业运营成本最小为目标建立优化模型，并提出多车型组合的优化方案，使用广州市某条公交线路数据进行试验，证明优化后的方案有效降低乘客出行成本和运营成本。

2.2.2 区间车组合调度

1. 国外研究现状

Xue 等针对较长公交线路在高峰时段面临客流过饱和状况，提出增加区间车调度模式，考虑乘客乘车需求的时变和动态特性，模型以乘客候车时间最小为区间车组合调度模型的优化目标，求解区间车和全程车的发车频率。Chen 等提出在公交线网设计时增加区间车调度形式来优化线网，以乘客时间成本、公交公司运营成本之和最优为目标函数构建模型。Gkiotsalitis 等以乘客和公交公司成本之和最小为区间车组合调度模型优化的目标，求解结果表明增加区间车运营可以显著减少模型总成本。Ulusoy 等提出以全程车、区间车和大站车 3 种服务模式和相关频率为决策变量，以乘客和公交公司成本之和最小为组合调度模型优化的目标，求解结果表明优化后的公交服务显著降低总成本。Cortés 将区间车调度与放车调度协同组合优化公交车运行。Zhang 等针对多站城市轨道交通线路，考虑了基于乘客需求分析得到的预定车头时距优化区间车服务和全程车服务的调度策略。

Canca等通过增加区间车服务来处理某段路线上需求量的突然增加，通过决策区间车运行的区间段、全程车与区间车发车的相对偏移量来达到两类车的客流平衡。

2. 国内研究现状

金梦宇等针对公交单线路单向客流差异较大以及双向客流不均衡的现象，建立以乘客时间总成本，公交车运行总成本与尾气排放成本之和最小为目标的跳站与区间车组合调度模型。高柳通过人工调查研究线路各个站点的上下车人数，推算线路客流OD矩阵，考虑车辆容量限制，选取乘客候车时间成本与公交公司成本最小作为优化目标，发车间隔为决策变量的区间车组合调度模型。王康通过人工调查确定公交线路的运营组织模式和特征，根据断面不均衡系数和路段客流量差确定区间车的运营站点，以发车间隔和车辆配置数为约束条件，构建区间车组合调度模型。殷巍利用RBF神经网络算法预测公交车内人数，并利用云模型判别公交车内拥挤系数，将拥挤系数考虑在目标函数中，构建区间车组合调度优化模型。巫威眺等将全程车与区间车协同组合优化，其优化目的是最小化运营成本、乘客等待时间成本和在车的出行时间成本的总和，采用马尔可夫模型分析了公共汽车拥挤程度和座位可用性对乘客乘车体验的影响。程赛君考虑了几种公交组合调度策略，包括全程车与区间车或大站快车的不同组合，为了得到最优的发车间隔以乘客与公交公司损失最小为目标建立组合调度模型。

2.2.3 大站车组合调度

Casello等在对比利时城镇公交模式的研究中发现，将传统的单次全程调度模式与大站公交调度方式相组合，可以显著地减少乘客出行的候车、在车与换乘时间。Cao和Ceder以奥克兰市公交为例，结合大站公交跳停规则，以乘客等待时间最小为目标，构建了组合调度模型，模型求解采用二次迭代遗传算法。Tang等基于可视化的差异性票价表对快车服务进行设计，根据票价建立公交系统总成本最小模型，并对三种不同票价结构的模型进行敏感性分析。Mou等结合公交实际运营情况，考虑车辆运行特性与容量限制，提出大站公交设计方案，模型求解运用遗传算法与蒙特卡罗模拟相结合的方法。Blum J等在各种启发式和元启发式方法的基础上，提出一种公交智能优化方法，并在瑞士得到了成功应用，采用Pareto等价条件评估调度成本与乘客成本。Mazloumi等研究了公交调度优化方法的两种算法，蚁群算法和遗传算法，并在澳大利亚墨尔本公交线路中进行微观仿真。同时以成本最小为目标，对比两种算法的准确性和计算效率。Saharidis等从乘客角度出发，以公交过渡站点为研究对象，提出以乘客等待时间最小化为目标，建立混合整数线性模型，并采用启发式算法进行求解。Mahdi等提出了一个双层数学模型，其中上层模型最小化快车未使用容量，而下层模型的优化目标是最小化全部出行者的总预期出行时间。

韩笑宓利用机动车比功率推算出公交排放因子的分布，以公交排放因子推算出车辆尾气排放影响成本，将该成本作为环境成本，并将其纳入模型的考虑之中，构建乘客、企业和环境三方总成本最小的大站公交调度模型，模型的求解借助于遗传算法。马卫红从公交供需平衡和乘客出行时间效率两个视角出发，提出公交组合调度的优化目标函数应由原来运营商运营成本和乘客出行成本最小修改为车队无效运力和乘客出行时间最小，并根据此目标建立双层优化模型，模型采用改进的自适应遗传算法求解。王思腾将研究对象锁定为高峰时段的通勤客流，根据通勤客流在时空上的分布特性构建各调度方式的客流量分配模型，并以通勤时间最短与运营成本最少构建大站公交组合调度模型。邹群勇等引入复杂网络理论，融合公交车和出租车客流数据，提出一种综合考虑站点客流、潜在客流及交通枢纽作用的多指标协同的公交大站快车站点推荐方法。刘子豪结合常规公交组合调度形式，从公交路线、客流以及路况三个角度研究开行大站快车组合调度的实行前提，以公交车辆最大载客人数、发车间隔、乘客候车时间以及开行大站快车组合调度的车站数目为模型的约束，对组合调度方案的设计进行了详细探究。

2.3 研究综述

2.3.1 公交运行可靠性方面

在公交系统中，公交站点是整个公交运营体系的重要组成部分，是影响整个公交系统可靠性的重要因素。现有公交行程时间预测方法的研究通常考虑一般交通情况，而乘客更关心的往往是结合时段、客流、站点设置等复杂交通条件下的公交行程时间预测。因此，在公交行程时间预测时需要将站点设置和客流的影响结合起来考虑。

以往的研究采用乘积法，是基于假定站点和区间之间相互独立，但这在实际中不太合理；采用加权法，把乘客数量作为影响因素，但是没有对站点与区间的相关性进行分析；采用整体法，把所有站点作为一个整体，采用站点运行可靠的概率作为公交线路运行可靠性，但没有考虑运行的情况。因此，需要对评价方法进行改进，采用中间状态指标对公交线路行程时间可靠性进行综合评价。

现有研究考虑的混合交通流影响因素大多局限于安全距离等，而影响混合交通流的因素错综复杂，还应考虑交通组成、饱和度等影响因素。因此，需要对混合机动车交通流特性进行深入研究。

现有的对公交可靠性的研究主要集中在对公交线路自身的研究上，而非基于出行者的层面，因此，有必要从出行者角度对公交在区间内运行的可靠性进行深入研究，从微观角度分析出行者的出行路径选择行为对可靠性的影响。

在出行者最优出行路径选择方面，目前的研究成果是在一定的公交网络环境下为出行者提供满足单一约束条件的所有出行路径的集合，并未从综合的角度考虑公交线路的可靠性。因此有必要将公交线路可靠性综合评估运用在出行者出行路径选择过程中，将换乘次数、出行时间、出行费用和候车时间等因素综合考虑，便于在路径选择过程中以省时、便捷、舒适和可靠为多重优化目标对备选路径进行分析判断。

2.3.2 公交组合调度方面

在全程车调度模型研究中，模型的假设条件较多，并且与所调度线路的实际客流特征联系略显不足。在公交调度算法研究中，多是对启发式算法等传统算法进行改进，对于元启发式算法等新兴算法在公交调度中的应用还存在较大的研究空间。

从关于区间车组合调度的研究成果来看，已有较多学者讨论全程车与区间车的组合调度研究，主要是在全程车的基础上引入区间车联合运营调度，研究集中在组合调度的服务站点及服务频率的确定。大多数研究采用线路的路段不均衡系数或是路段通过量差确定区间车服务站点，公交线路中的固定客流作为线路主要需求群体，停靠站点选取未考虑固定客流的乘车需求。

在大站车组合调度优化研究方面。针对调度优化模型研究，现有研究大多运用非均衡发车策略，站点间运行时间多采用站点平均运行时间得出，与现实情况不太符。在调度寻优算法研究方面，以对传统算法的使用或改进为主，对新兴算法的研究较少。

第3章 基于大数据挖掘的公交运行数据采集与分析

本章介绍了公交运营数据的采集来源及数据特征，梳理了公交刷卡数据、GPS数据和静态数据的数据结构。接着对原始数据进行预处理，结合数据结构特征提出了数据清理、数据修复和数据匹配的预处理技术。然后介绍了常见的数据挖掘算法，并运用聚类分析和分布拟合的方法，借助SPSS软件和Matlab软件对公交行程时间数据深入挖掘与分析。结果表明：公交车辆行程时间具有一定的随机波动性，根据聚类分析结果可以将其分为多个时段用以确定公交行程时间的早高峰和晚高峰，对数正态分布模型能够较好地拟合不同时段的公交行程时间数据分布。

3.1 公交数据采集

公交数据的获取途径有多种，以往的公交数据采集大部分依靠人工调查来完成，这种方法费时费力，而且人工调查往往存在数据收集面不够广、数据精度不够高的问题。随着智能交通系统的广泛应用，公交多源数据的获取主要通过对各系统上传的数据进行采集，提取其中有用的数据信息。现阶段公交多源数据包含三个方面：乘客通过各种支付手段产生的公交刷卡数据，公交车运行过程中产生的GPS数据，线路设置及运营时具有的线路信息、站点信息、调度信息、车辆信息等其他公交数据。

3.1.1 公交数据来源

1. 公交刷卡数据采集流程

公交刷卡数据包括传统的IC卡刷卡数据及移动端二维码支付数据。移动端二维码支付为近几年兴起的便捷支付方式，主要通过公交APP、城市服务APP、支付宝、微信小程序乘车码等移动端的支付手段在乘车时进行支付。公交刷卡模式分为单票制和分段收费两种，单票制是乘车全程都采用统一票价进行结算，是当前最为普遍的收费形式，单次乘车有乘客上车站点信息无下车站点信息；分段收费采用乘客上下车都刷卡的形式，以乘坐站点数的不同进行收费，单次乘车可以记录乘客上下车的站点信息。

公交刷卡数据采集流程主要为：选择公交出行的人员在车辆到站时，上车通过IC卡或者移动端支付手段在多功能刷卡机的识别区域进行支付，多功能刷卡机保留上车人员的交易信息，并将这些数据借助数据采集盒传输至数据采集中心系统，再由数据采集中心系统将收集到的信息统一传输至刷卡数据管理中心，存放在运营公司的专属数据库中。公交刷卡数据采集流程见图3-1。

2. 公交GPS数据采集流程

公交GPS数据包括实时向终端传输的公交车辆在运行过程中的定位信息以及在站点传输的到离站信息。这些数据分为实时和历史运行信息两类，具体内容包括：线路名称、

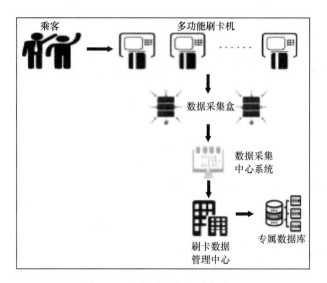

图 3-1　公交刷卡数据采集流程

车辆编号、数据采集日期、时间、行驶方向、经纬度,同时可获取车辆瞬时速度,到/离站时间、是否服务和延误等。

公交 GPS 运营数据来自智能公交系统实时动态监控所得,数据的采集主要涉及三部分内容,包括安装在公交车辆上的定位装置、用于传递数据的网络以及接受信息的终端。整体流程为:公交车辆在线路上运行时,车内的定位装置通过卫星定位系统定位,将自己的实时运行状况借助移动网络信号传输到专门收集信息的服务器上存储和处理,服务于管理中心对车辆进行实时的监测。公交 GPS 数据存储方式有多种多样,如电子表格、SQL数据库、TXT 文本等格式,以便使用者的查看与调用。公交 GPS 数据采集流程见图 3-2。

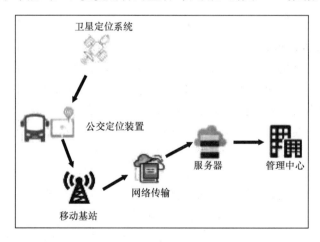

图 3-2　公交 GPS 数据采集流程

3. 其他公交数据采集流程

公交线路的客流特征识别、分析以及公交调度问题的研究,还需要其他公交数据的支持。所涉及的信息包括:线路、站点、日常调度、车辆类型 4 类信息,这类信息的采集通过智能公交系统进行搜索提取。

3.1.2 公交数据特征

1. 数据时效性

由于受到天气、时段、路段交通流量等众多不确定因素的影响,公交车辆的实际运行与其预定的行车计划难免会出现冲突。而一些公交连搭载车载设备,车载设备具有数据的实时采集与实时输送等功能,它能够采集实时变化的车辆位置、速度等信息,并进行实时的信息反馈。最终,车辆控制中心将记录并保存这些实时的运行状态信息,建立公交运行历史数据库。例如,GPS 运营数据及时记录公交车辆日、周、季度的运行状态变化,对公交车辆进行实时监控,具有明显的时效性特征。

2. 数据精确性

数据的精确性取决于数据的正确性与数据的样本量,相较于耗费大量人力、时间—数据精度一般的人工调查,公交运营数据采集是通过车载设备自动采集得到的,它的精度取决于芯片的好坏。随着车载技术的高速发展,芯片接收信号的速度越来越快,在时间上可以精确到秒,保证了数据的正确性。同时,车载设备能够记录车辆在任何线路、任何站点、任何时段的数据,并及时发送给控制中心,从而保障有足够的数据样本量。公交信息管理系统储存和采集道路交通数据、公交运营数据,通过信息交互平台把这些数据进行汇集、处理、分析,也为后续的操作提供数据基础。因此,比起人工跟车调查以及其他设备采集的数据,公交运营数据通过车载设备采集在数量和质量上都具有一定的优势。

3. 数据周期性

公交运营数据的周期性与公交车辆行驶特性息息相关。公交车辆严格按照固定时刻表、固定线路行驶,并在规定的公交站点停靠,使得公交车的运行状况呈现出一定的周期性规律,主要体现在公交车辆在站间的行驶时间、在各站点的停靠时间以及站点固定延误等。同时,现代社会人们规律性的出行,也对公交运行状态产生影响,人们需要较高的公交准点率。上述不同程度的相似性都会在公交运营数据中有所体现。因此,公交运营数据具有一定程度的周期性。

由于公交运营数据具有实时性、精确性、周期性的特征,选取合理的数据挖掘方法深入地挖掘分析数据,能够更准确地获取公交运行的相关特性,为公交调度的优化研究提供可靠的数据支撑。

3.1.3 公交数据结构

1. 公交刷卡数据结构

公交 IC 卡系统是一种广泛应用于公交收费服务的智能系统,目前其收费方式有两种:一是乘客在上车时刷卡收取一定费用后不再进行二次刷卡;二是乘客需在上车和下车时分别刷一次卡,系统会根据乘客的乘坐距离进行扣费。

目前,公交 IC 卡数据库内所包含的信息可以较好地反映乘客出行特征以及公交客流规律,福州市公交车辆刷卡系统产生的 IC 卡数据包括时间信息、乘客信息、费用信息、运营方信息等,部分表头字段的翻译及刷卡信息存储内容见表 3-1 及表 3-2。

刷卡数据表头说明　　　　　　　　　　　　　　　　　　　　　　表 3-1

字段	说明	字段	说明
TRANDATE	交易日期	DISCOUNTAMT	折扣金额
TRANSTYPE	交易类型	UNITID	单位号
CARDID	乘客 ID	UPLINEID	上传线路号
TRANAMT	交易金额		

部分原始刷卡数据　　　　　　　　　　　　　　　　　　　　　　表 3-2

TRANDATE	TRANSTYPE	CARDID	TRANAMT	DISCOUNTAMT	UNITID	UPLINEID
20191014	8351	101751570	1	0.9	1	39
20191014	8351	101773360	2	1.8	2	168
20191014	8351	100781620	2	1.8	2	327
20191014	8451	101555600	2	1.7	4	22
20191014	8451	101556550	1	0.85	2	37
20191014	8251	101760870	1	0.7	1	2

2. GPS 数据结构

GPS 数据包含了公交车辆在连续的运行过程中的实时数据与到离站数据，由到离站数据可以估算出公交车辆的线路行程时间、路段运行时间、车头时距、在站停靠时间等指标，本节以获取的福州市公交 GPS 数据为例，其包括线路、车辆编号、经纬度、实时速度、车辆实时方向角等字段信息。部分表头字段的翻译及 GPS 信息、到离站信息存储内容见表 3-3～表 3-5。

公交 GPS 数据表头说明　　　　　　　　　　　　　　　　　　　表 3-3

字段	说明	字段	说明
LINEID	线路号	LATITUDE	纬度
BUSID	车辆编号	GPSSPEED	车辆实时速度
LONGITUDE	经度	ROTATIONANGLE	车辆实时方向角

部分原始公交 GPS 数据　　　　　　　　　　　　　　　　　　　表 3-4

LINEID	BUSID	LONGITUDE	LATITUDE	GPSSPEED	ROTATIONANGLE
41	90002061	119.2838	26.06912	9.72	327
41	90002081	119.2819	26.07537	0	267
41	1535062	119.331	26.10282	0	177
41	90002060	119.2947	26.0782	2.5	52
41	90002059	119.3287	26.10235	10.27	87
41	90002082	119.3213	26.09507	0	181

部分原始公交到离站数据 表 3-5

站点名称	站点编号	到离	业务时间
闽江学院北门	3665	到	2019-10-16 08:40:59
闽江学院北门	3665	离	2019-10-16 08:49:36
博士后缘墅	3446	到	2019-10-16 08:50:49
博士后缘墅	3446	离	2019-10-16 08:51:22
榕桥村	3722	到	2019-10-16 08:52:28
榕桥村	3722	离	2019-10-16 08:53:04
联心	3613	到	2019-10-16 08:53:24
联心	3613	离	2019-10-16 08:54:04
沙墩	3743	到	2019-10-16 08:57:52

3. 公交静态基础数据结构

对线路客流特征的挖掘过程中，除需要公交动态数据的支持外，还需要用到公交静态基础数据进行辅助。相对而言，公交静态基础数据内容与结构都相对完善，可直接进行使用。

（1）线路调度数据

该类数据主要包含车牌号、到发车时间、车辆运行方向、站点报站率等，可用于获取线路现状的发车调度、运行时长等信息，需要选取与研究日期一致的线路调度信息，具体示例如表 3-6 所示。

福州市 125 路公交线路调度信息示例 表 3-6

车牌号	运营日期	发车时间	到达时间	时长（min）	运行方向	报站率
XA00307D	2020-11-18	08:17:25	09:30:56	74	下行	93.75%
XA04631D	2020-11-18	18:14:47	19:32:27	78	上行	93.94%
XA03921D	2020-11-18	12:25:08	13:40:07	75	上行	87.89%
XAYB052	2020-11-18	08:56:38	10:06:22	70	下行	87.88%
XA03769D	2020-11-18	15:00:18	16:11:56	72	下行	96.88%

（2）公交线路信息

该类信息主要包含公交线路的名称、对应配备的车辆数、线路的等级级别等对后续优化研究有帮助的信息，通过公交线路信息能够对公交线路的情况进行掌握，具体示例如表 3-7 所示。

福州市公交线路信息示例 表 3-7

所属公司	线路名称	配车数	线路分类	线路等级	线路运行方式	票价	企业线路编号
公交集团	101 路	22	常规公交	普线	上下行	1	20000101
××公交	310 路	38	常规公交	次线	上下行	1	30000010
××巴士	148 路	16	常规公交	定时班线	上下行	2	148
××公交	××6 号线	20	常规公交	旅游公交	上下行	8	30000039
××公交	902 路	30	常规公交	主线	上下行	2	59101002

(3) 站点位置信息

该信息记录着公交站台处的位置数据，主要包含该处站点编号、站点名称、站点所属道路、站点处的经纬度坐标、途径线路等内容。可借由经纬度坐标确定两个站点之间的距离，辅助确定下车与换乘情况，具体示例如表3-8所示。

福州市公交站点信息示例 表3-8

站点编号	站点名	所属道路	站点经度	站点纬度	途经线路
1422	义序	义序路	119.320000	26.003783	156、25、KD100、KD200
1423	义序	义序路	119.320317	26.004000	156、25、KD100、KD200
1408	下道村	金洲南路	119.263417	26.041383	133、139143、163、317、夜班2号线
1409	下道村	金洲南路	119.263267	26.040983	133、139、163、317、地铁接驳2号专线、夜班2号线
1075	仓山镇	首山路	119.309500	26.038483	106、167、190、20、319、501、50、60、66、87
1076	仓山镇	首山路	119.309400	26.038700	106、167、190、20、319、501、50、60、66、87

(4) 公交车辆管理信息

该部分信息主要包含车辆编号、车辆长度、核定载客数等内容，能为后续模型的参数标定提供帮助，具体示例如表3-9所示。

福州市公交车辆信息示例 表3-9

车牌号	车辆编号	燃油类型	车辆长度（m）	标台系数	核定载客数（人）
XAYC161	C161	纯电动	11.5	1.3	90
XAYC173	C173	纯电动	11.5	1.3	90
XAYC237	C237	纯电动	11.38	1.3	76
XAYC276	C276	纯电动	11.5	1.3	90
XAYC602	C602	纯电动	11.38	1.3	76
XAYC685	C685	纯电动	11.5	1.3	90

(5) 营运收入情况

营运收入信息包含有各线路的线路名、运营班次、总营业收入与各种类型的票价收入，能为后续分析乘客刷卡率提供辅助信息。具体示例如表3-10所示。

福州市公交营运收入情况示例 表3-10

2020年11月份营运情况统计表										
填报单位：									2020-11-30	
序号	线路名	实际配车数	班次	行驶里程（万km）	客流量（万人次）	营业收入（万元）				
						票箱收入	IC卡			总计
							学生月票卡	成人月票卡	九折卡	其他卡	
1	1	24	7675	10.84	24.58	3.20	0.04	0.16	4.42	0.00	7.82
2	17	15	5162	9.83	20.46	2.27	0.10	0.15	5.28	0.00	7.80
3	28	26	9314	17.31	36.86	5.70	0.13	0.30	8.63	0.00	14.76

各类数据结构虽有所不同，但可进行匹配联动，刷卡数据包含乘客卡号、乘客ID、线路编号、车辆编号、刷卡时间等内容，GPS数据中包含车辆编号、线路编号、到离站时间、公交车辆经纬度信息、车辆实时速度等内容，公交静态基础数据为公交公司日常运营的线路调度信息、线路站点信息、营运收入信息等，可辅助IC卡数据和GPS数据的进一步处理。刷卡数据可记录某一个站点乘客上车打卡时间，具体到秒，用以匹配GPS数据中当前时段该站点附近的打点数据，可基本确定公交到离站时间。公交刷卡数据中仅有乘客上行方向上车刷卡的站点数据，可通过该ID常用下行方向的上车刷卡站点进行匹配，确定其上行方向的下车站点。

3.2 公交数据预处理

由于数据来源于公交公司平台的不同部分，其内部格式不尽相同，并且在采集传输过程中易受外界影响，导致数据容易出现各种错误。运营数据的获取过程中，通常受到采集设备运行状况以及通信信号的影响，难免会出现数据偏差，如IC卡系统的异常、GPS信号的丢失、错误以及信号的延时和堵塞等。因此，在数据挖掘分析之前还应对原始数据进行一定的预处理，对原始数据的预处理方式包括缺失数据替代、冗余数据删除、数据一致性检验、无用字段删除、异常数据处理、规范数据格式、公交数据修复、公交数据匹配等，其核心内容主要是对冗余数据、错误数据、缺失数据三类异常数据的处理，对缺失数据选用合适的方法进行修复，对不同类型数据的匹配。针对这些预处理方法，本节将先介绍IC卡刷卡数据清理和GPS问题数据清理的处理方法，再介绍公交数据的修复流程，最后根据研究需求对数据进行匹配，为后续数据使用奠定基础。

3.2.1 公交IC卡数据预处理

1. 选择分析数据

考虑到后续对乘客出行规律的判定需要借助于该部分数据，因此，需将实体卡和移动支付数据以日为单位，进行完整分割，再以日为单位进行存储。此外，由于节假日、恶劣天气等状态下的刷卡数据无法反映线路真实客流情况，因此选择的研究日期应避开上述情况。

在选定研究日期后，需要分别对两部分刷卡数据进行处理，再通过重要字段整合，将移动支付数据与实体卡数据进行合并，形成完整的公交刷卡数据。

2. 刷卡数据清理

（1）无用信息清理

通过对数据结构进行观察可以发现，有较多对后续数据挖掘无帮助的无用信息项蕴含在原始数据源之中。为提升处理速度，需提前剔除多余的无用数据项，如刷卡时间、卡编号、线路编号、车辆编号等进行保留，将其余无用信息删去。

（2）代刷信息清理

原始的刷卡数据源中会出现同一卡号在短时间内有多次刷卡记录的问题，这可能是由于传输过程不畅或代刷行为导致，而此类数据会对后续研究带来影响，需要提前对其进行识别与清理。

设定同卡号刷卡的最小时间间隔阈值等于平均站间行程时间,结合福州市500m站点覆盖率情况及公交平均行驶速度,可设该阈值为50s,当相邻两次刷卡的时间差比50s更小时,可选择对重复数据中的第一条刷卡记录进行保留,将其余记录删去。

(3)无效信息清理

实际公交运营中,受外界环境干扰或仪器内部老化的影响,某些情况下会产生数据属性值明显超过正常取值的情况,如乘客的刷卡时间不在公交运营的时间段内的数据,对此类数据应予以删除。此外,数据中还有可能含有"null""0"等无效数据,应对该类数据提前进行删除。

3. 规范数据格式

由于刷卡数据和企业的收入息息相关,所以数据的可靠性较高,但对部分数据的格式还需进行统一。例如,在时间格式方面,移动支付数据的时间格式为20201118062829(表示2020年11月18日06点28分29秒),而实体卡的时间格式为62829(表示06点28分29秒),为了后期研究能够易于处理,需要在前期预处理阶段进行统一。

3.2.2 公交GPS数据预处理

1. 选择分析数据

GPS数据由公交轮询数据与公交到离站数据构成,对于公交轮询数据而言,GPS设备约在10s左右会生成一条对应数据信息。与之相比,每经过一个站点只会产生进站和出站两条数据,所以公交轮询数据量将大大超过公交到离站数据量。因此,若是依靠公交轮询数据对客流OD进行推导,会带来极大的不便。

虽然城市之间的GPS数据结构各不相同,但是利用GPS数据的主要目的是判定乘客上下车站点或是获取车辆站间运行时间。

2. 问题数据清理

GPS数据预处理的主要工作是对问题数据进行清理,存在的数据问题包括数据重复、数据异常和数据缺失,本节介绍问题数据的处理方式,具体GPS数据预处理流程如图3-3所示。

(1)重复数据处理

当同班次公交在某站点处含有多个到离站记录,且各条记录的时间间隔较短时,即判定为产生数据重复问题,此类数据问题可能是由于车载设备多次接收公交到离站信息而产生的。由于该类数据问题会导致站间行程时间的计算出现错误,并且会使得数据变得冗余,需要在预处理阶段将其进行删除。针对此类数据问题,可以车辆班次作为划分单元,保留每个班次内各站点最早与最晚的时间数据作为最终的到离站数据。

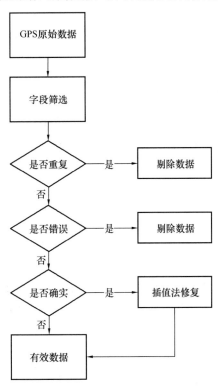

图3-3 GPS数据预处理流程图

(2) 异常数据处理

当将 GPS 数据按照班次划分后，可对各班次中的站点数据进行校对。当班次中出现某些站点的经纬度坐标明显超出该公交线路实际的运营路线时，即将该类数据判定为异常数据，对于该类数据在预处理阶段应及时予以删除，再对删除后的空缺数据进行修复。

(3) 数据缺失处理

当 GPS 数据中时间不连续，则可以判断出数据存在缺失。假设 GPS 数据的采样间隔是 10s，若相邻时刻数据的时间间隔超过了 10s，则将其判定为数据缺失。常用的缺失数据处理方法有数据删除法和插值填补法，这两种方法有自身的使用条件，当缺失数据占总体数据量的比例较小时，对数据整体效果影响微乎其微，可采用数据删除法对缺失数据进行修复，忽略不计这些缺失数据；但当缺失数据不可或缺时，采用差值填补法对缺失数据进行填补。

3.2.3 公交数据修复

1. 数据缺失类型分析

缺失类型主要有两种：第一种是车辆经过某站后，后续站点数据全部缺失，使得班次信息不完整，这可能是由于车载设备故障或公交运营事故导致；第二种是整个班次信息都相对完整，只丢失部分站点的数据，这可能是因为车辆在行经某些路段时，传输信号被遮挡从而导致传输故障的结果。

2. 缺失数据类型判别

设研究对象共有 N 个公交站点，若是在记录完整的情况下，线路中的各公交班次应都具有 $2(N-1)$ 条公交到离站数据。将车辆班次数据与静态站点数据进行对比，当班次 m 缺失部分站点到离站数据时，判定缺失类型属于第二种类型；当记录中第 $k(1<k<N)$ 个公交站点之后的到离站数据全都丢失，且在该运营区段内无乘客刷卡记录，则判定该缺失类型属于运营事故；当在该运营区段内有乘客刷卡记录时，则认定缺失类型属于设备故障。

3. 缺失数据修复方法

因运营事故而造成的数据丢失反映了实际公交作业情况，因此无需对其进行修复。而对于因记录设备损坏或传输故障而造成的数据丢失，原则上可以通过插值法进行修复。但当缺失数据量较大时，插值法修复的数据就会显得精度不足，就需要对数据质量提出要求。

通常情况下，与站间运行时间相比，到离站数据的完整性会对车头时距产生更大影响。根据已有研究，当数据的完整率超过 80% 时，车头时距可靠性能得到保证。因此，可将 80% 的数据完整率，即 20% 的数据丢包率作为公交到离站数据能否采用插值法修补的判断准则。公交数据丢包率的判别方法如式（3-1）所示：

$$\frac{2(N-1)-n}{2(N-1)} < 20\% \tag{3-1}$$

式中 n——该班次中缺失站点数量；
$\qquad N$——线路站点总量。

具体的数据修复流程以福州市 125 路公交为例，取其一周内 1307 次发车班次对其报站率进行观察，其结果如图 3-4 所示。可以看出，各班次整体报站率都高于 80%，数据质量较好。这种情况下，可以按照下述方法进行到离站数据修复。

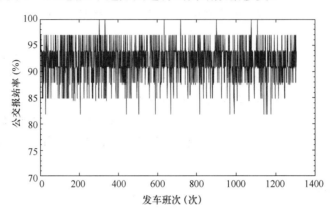

图 3-4 福州市 125 路公交报站率图

（1）线路末站丢失公交数据

对于运营班次 m 在线路末站处丢失公交到站数据，或在线路首站处丢失公交离站数据的情况，其缺失的数据可借由相邻运营班次数据进行修复，计算方法见式（3-2）与式（3-3）：

$$t_{m,1}^{\text{out}} = t_{m-1,1}^{\text{out}} + \frac{1}{2}(t_{m+1,1}^{\text{out}} - t_{m-1,1}^{\text{out}}) \tag{3-2}$$

$$t_{m,N}^{\text{in}} = t_{m-1,N}^{\text{in}} + \frac{1}{2}(t_{m+1,N}^{\text{in}} - t_{m-1,N}^{\text{in}}) \tag{3-3}$$

式中 $t_{m,1}^{\text{out}}$ —— m 班次在首站的离站时间；

$t_{m,N}^{\text{in}}$ —— m 班次在末站的到站时间。

（2）线路中间停靠站丢失到站时间

对于运营班次 m 在线路中间停靠站 k 缺失到站时间的情况，可将相距最近站点的到站时间作为基准，加上站间平均运行时间进行修复。其中，站间平均运行时间是通过历史运营数据来获取，基于运营时间对时段进行划分，再对相应时段内的站点平均运行时间进行计算。中间站 k 的到站时间以式（3-4）进行计算：

$$t_{m,k}^{\text{in}} = t_{m,k-1}^{\text{in}} + \overline{T_{kk-1}^{\text{p}}} \tag{3-4}$$

式中 $t_{m,k}^{\text{in}}$ —— 中间站到站时间；

$\overline{T_{kk-1}^{\text{p}}}$ —— p 时间段内站点间平均运行时间。

（3）线路中间停靠站丢失离站时间

对于运营班次 m 在线路中间停靠站 k 缺失离站时间的情况，可利用对应站点的到站时间加上预估的站点停靠时间来修复。其中，预估的站点停靠时间可借由相邻运营班次在该时段该站点的平均停靠时间获取，以式（3-5）进行计算：

$$t_{m,k}^{\text{out}} = t_{m,k}^{\text{in}} + \frac{(t_{m-1,k}^{\text{out}} - t_{m-1,k}^{\text{in}}) + (t_{m+1,k}^{\text{out}} - t_{m+1,k}^{\text{in}})}{2} \tag{3-5}$$

式中 $t_{m,k}^{\text{in}}$、$t_{m,k}^{\text{out}}$——中间站的到、离站时间；

$t_{m-1,k}^{\text{out}}$、$t_{m-1,k}^{\text{in}}$——前一班次的到、离站时间；

$t_{m+1,k}^{\text{out}}$、$t_{m+1,k}^{\text{in}}$——后一班次的到、离站时间。

3.2.4 公交数据匹配

公交数据匹配是指将各个数据集中不同类型、结构的数据按照一定的逻辑进行匹配、关联，融合数据需要分析数据结构找出共同特征，但不同渠道获取的数据会采用不同的格式，需要找出各个数据集中的共有含义，转换为相同格式后实现数据匹配。

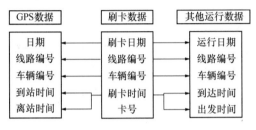

图 3-5 福州市公交数据关联情况

刷卡数据包含乘客卡号、线路编号、车辆编号、刷卡时间等内容，GPS 数据中包含车辆编号、线路编号、到离站时间等。以福州市数据结构为例，刷卡数据、GPS 数据具有公交线路编号与车辆编号两个相同字段，可以利用关联线路编号与车辆编号找出相同班次的刷卡数据、GPS 数据，根据公交刷卡时间与公交到离站数据的时间字段，完成两类数据集的匹配。福州市公交数据关联情况见图 3-5，数据匹配过程中所用代码见图 3-6。

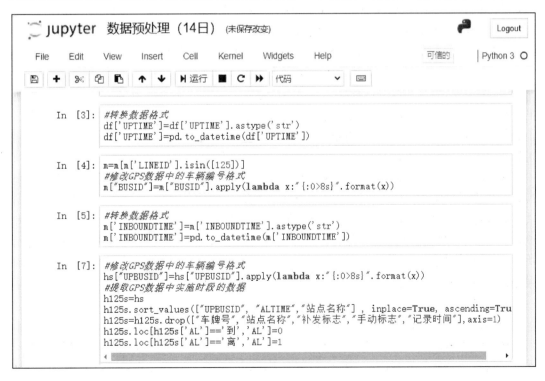

图 3-6 数据匹配部分代码

3.3 公交大数据挖掘

3.3.1 数据挖掘常用方法

数据挖掘的任务是在海量的数据集合中，利用各种算法寻找有效信息。其方法可以分为描述性和预测性两种：描述性方法侧重挖掘数据中存在的一般规律，再通过数学统计模型等方式对其进行描述，常用的方法包括关联分析、聚类分析、分布拟合等。预测性方法是指基于当前数据集合，通过利用决策树、贝叶斯、随机森林、人工神经网络等机器学习算法建立预测模型进行回归或分类，实现对未知样本的预测。本节将对常用的数据挖掘方法进行介绍。

1. 关联分析

关联分析又称关联挖掘，就是在数据、关系数据或其他信息载体中，查找存在于项目集合或对象集合之间的频繁模式、关联、相关性或因果结构。关联分析是一种简单、实用的分析技术，就是发现存在于大量数据集中的关联性或相关性，从而描述了一个事物中某些属性同时出现的规律和模式。

2. 聚类分析

聚类分析是将具有较高的相似度的样本或指标对象划分为同个类或簇的一种数理统计方法。而不同类之间的对象相似性程度较低，区别较大。一般将指标的聚类称为 R 型聚类，将样品的聚类称为 Q 型聚类。聚类分析简单直观，不管实际数据中是否真正存在不同的类别，利用聚类分析都能得到分成若干类别的解，这也说明聚类分析的解完全依赖于研究者所选择的聚类变量，增加或删除一些变量对最终的解都可能产生实质性的影响。聚类分析的方法丰富多样，经典的聚类方法当属系统聚类法和 K-means 聚类法。

其中，系统聚类法的基本思想是将数据样本按距离准则逐步分类，先计算出样品之间的距离和类与类之间的距离，然后将距离最近的两类合并成一个新类，重新计算新类与其他类的距离，重复进行合并，类别由多到少，直到达到合适的分类要求为止。合并的过程可以用聚类图直观地表现出来。

K-means 聚类法则是先在给定的样本中任意地选择 K 个个体作为初始聚类中心，将其划分为 K 个类，按最小距离原则将各样本分配到 K 类中的某一类，之后采取平均的方法不断计算类心并进行调整，通过如此不断地迭代循环分配，直至收敛。与系统聚类法相比，K-means 聚类法计算速度快，易于实现，适用于样本量较大的情况。但无论哪种方法，核心思想都是通过对研究样本数据特征进行分类，计算类之间的关系距离，对聚类结果进行评估，最后将其描述、展示。

3. 分布拟合

分布拟合是指在总体方差尚不明确的前提下，根据现有的样本数据集合来推测总体分布规律。将数据拟合一种或者多种分布类型，根据分布拟合检验判断该假设或模型是否与实际数据吻合，从而得到最佳的拟合分布模型，获得分布参数进而得到估计值，用以描述数据的分布特征。常用的概率分布模型有正态分布、对数正态分布、伽玛分布和威布尔分布四种。

4. 预测建模

预测建模的目标是依据数据的一般属性的值来预测特定属性的值。根据预测数据的连续与否，预测建模可以分为分类预测和回归预测两类。分类预测是预测离散的目标变量，而回归预测是预测连续的目标变量。根据公交运营数据特征，通常采用回归预测的方法进行预测，为动态运营调度优化提供必要的数据支持。本章侧重获取公交运行的一般规律，主要介绍这两种方法在应对海量的公交运营数据集合时的处理过程，预测建模的内容在第5章作具体介绍。

3.3.2 公交运行时间聚类分析

根据公交原始数据中实际到/离站时间可以计算出一个公交车次的单程运行时间。利用不同时间段的单程运行时间来进行全天时间段的划分。经聚类分析后，可以得到一天的公交运行时间早高峰时间段和晚高峰时间段，时段的不同，对应的公交运行时间也有所区别，划分后的同一类别时间段内的公交运行状态大致相同，可为数据建模过程中发车间隔的确定提供合理的依据。

本节选取福州市 27 路公交上行方向（福新公交枢纽站—福大东门）2017 年 3 月的 5 个工作日全天（6:00～22:00）共 431 组有效运行数据为例，用于研究公交全天时间段的划分。每组数据是经数据预处理之后的 1 个车次公交车从起始站点到达终点站的运行时间。考虑到样本数据比较多，本节采用 K-means 聚类法进行分析。全天单程公交运行时

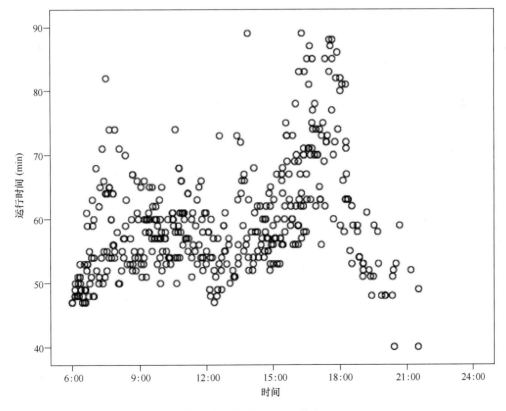

图 3-7 公交运行时间散点图

间的散点图见图 3-7，可利用 SPSS 软件的分析模块进行 K-means 聚类分析，最终得到 7 个聚类。输出的初始聚类中心、最终聚类中心分别如表 3-11、表 3-12 所示，各聚类类别时间范围如表 3-13 所示。

初始聚类中心 表 3-11

类别	聚类						
	1	2	3	4	5	6	7
运行时间（min）	47	52	54	49	59	61	49
时间	06:00	08:12	10:22	12:59	15:23	19:10	21:31

最终聚类中心 表 3-12

类别	聚类						
	1	2	3	4	5	6	7
运行时间（min）	54	68	59	56	59	69	51
时间	06:35	08:09	10:21	12:33	15:14	18:04	20:36

聚类类别范围 表 3-13

类别	开始时间	结束时间	类别	开始时间	结束时间
1	6:00	7:00	5	13:33	16:56
2	7:11	9:08	6	16:57	19:12
3	9:09	11:34	7	19:13	22:00
4	11:35	13:32			

根据表 3-13 的聚类结果可以发现，各聚类类别对应的运行时间范围与各交通时段基本相符。类别 2 与类别 6 的时间范围在 7:00～9:00 和 17:00～19:00 左右，分别对应早高峰时期和晚高峰时段，聚类中心点对应的运行时间分别为 68min 和 69min；其余类别与平峰时段相对应，聚类中心点对应的运行时间相对较短，约 56min。

根据上述的结果，可以看出时段不同，其对应的公交运行时间也有所区别。这可能是受到不同时段下的路段交通流量的影响。划分后的同一类别时间段内的公交运行状态大致相同，可为后续确定发车间隔提供合理的依据。

3.3.3 公交行程时间分布拟合

公交车辆运行过程中由于交通拥堵和交叉口排队延误等原因导致了公交车辆行程时间具有一定的随机波动性。即使在同一天的同一时段内，公交车辆通过同一个路段的行程时间也不是一个固定的值。因此，研究公交调度首先要明确公交行程时间的分布情况。

根据目前的研究成果，国内外众多学者对于公交行程时间分布情况观点不一。May 等认为最适合的分布是正态分布，Yaron H、宋晓梅、童小龙认为对数正态分布拟合效果最好。为了认清公交行程时间的分布规律，本节将继续对公交 GPS 数据进行分割式分析。选取经数据预处理的福州 27 路公交上行方向 7 个工作日全天行驶时间的统计数据，采用正态分布、对数正态分布、伽玛分布、威布尔分布四种概率分布模型进行统计分布的拟合比较，来确定拟合效果最好的概率分布模型。

根据 3.3.2 节的时段划分结果分时段进行公交行程时间的概率分布拟合。具体步骤如下：

步骤 1：分别统计各时段公交车辆的行程时间，选择某一时段的行程时间为数据样本进行频数和频率分析，画出概率分布图，初步判定该时段行程时间的大致分布及特征，如图 3-8 所示。

步骤 2：选择正态分布、对数正态分布、伽玛分布和威布尔分布四种分布分别对各时段的行程时间数据进行拟合，利用 Matlab 的 Distribution Fitting Toolbox 工具箱加以实现，拟合结果如图 3-9 所示。

步骤 3：采取 K-S（Kolmogorov-Smirnov）检验来评价四种概率分布拟合效果。K-S 检验是统计学中用来检验某样本是否来自某一特定分布的方法。它将某一样本数据的累计频数分布与特定的理论分布进行对比。如果二者间的差异不大，就可以认为该样本服从该特定分布。检验的原假设为 H_0：某时段的公交行程时间服从某特定分布；备择假设为 H_1：某时段的公交行程时间不服从某特定分布。K-S 检验的判别标准是比较与构造量 D 对应的显著性水平 P 值，若 P 值大于设定的显著性水平，则接受原假设；否则拒绝原假设。检验统计量 D 的计算公式为：

$$D = \max|F_n(t) - F_0(t)| \tag{3-6}$$

式中　$F_n(t)$——公交行程时间总体分布函数的估计；

$F_0(t)$——拟合曲线的分布函数。

以 6:00~7:00 为例，该时段的概率分布直方图见图 3-8。由图可知在 6:00~7:00 时段内公交车辆的行程时间的分布范围大约在 47~71min，平均时间为 52.96min，多数车辆的行程时间为 50min 左右，少数超过 70min。

运用 Matlab 对该时段的行程时间数据进行拟合分析，公交行程时间分布拟合图见图 3-9。

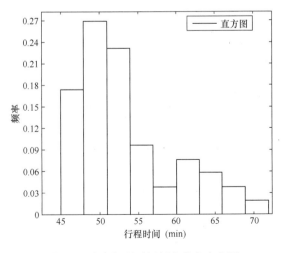

图 3-8　公交行程时间频率分布直方图
（6:00~7:00）

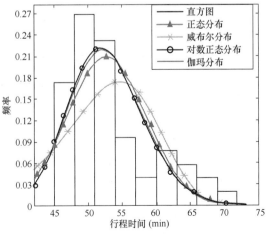

图 3-9　公交行程时间分布拟合图
（6:00~7:00）

同理，运用同样的方法对其余 6 个时段的行程时间数据进行分析，四种概率分布类型下的 K-S 检验结果见表 3-14。

各时间段公交行程时间 K-S 检验结果 表 3-14

时段	检验值 ($\alpha=0.05$)	样本量	正态分布	威布尔分布	对数正态分布	伽玛分布
6:00～7:00	P	100	0.2625	0.0290	0.8118	0.8063
7:00～9:00	P	132	0.1103	0.0822	0.9012	0.8231
9:00～11:30	P	110	0.0734	0.1025	0.8836	0.7354
11:30～13:30	P	106	0.3191	0.0432	0.9304	0.7183
13:30～17:00	P	242	0.0377	0.0286	0.8883	0.7011
17:00～19:00	P	140	0.4211	0.2988	0.9322	0.6829
19:00～22:00	P	184	0.1298	0.0833	0.8066	0.6919

由表 3-14 可知，在四种概率分布中，除了威布尔分布，其他四种分布在显著水平 $\alpha=0.05$ 时都能通过显著性检验。P 值越大，说明拟合效果越显著。通过对比各分布类型的 P 值可知，对数正态分布和伽马分布的拟合效果明显优于其他两类分布，尤其是对数正态分布，P 值都在 0.8 以上，对行程时间的拟合度是最好的。因此，可以认为公交的行程时间服从对数正态分布，其概率密度函数可表示为：

$$f(t_{ik}) = \frac{1}{\sqrt{2\pi}\sigma t_{ik}} \exp\left[-\frac{(\ln t_{ik} - u^2)}{2\sigma^2}\right] \tag{3-7}$$

式中　t_{ik}——第 k 个时间段车次 i 的行程时间（min）；

　　　u——$\ln t_{ik}$ 的均值；

　　　σ——$\ln t_{ik}$ 的标准差。

u 和 σ 可分别用式（3-8）和式（3-9）进行计算，

$$u = \frac{1}{n} \sum_{i=1}^{n} \ln t_{ik} \tag{3-8}$$

$$\sigma = \sqrt{\frac{1}{n-1} \sum_{i=1}^{n} (\ln t_i - \frac{1}{n} \sum_{i=1}^{n} \ln t_i)} \tag{3-9}$$

经计算，各时段的公交行程时间的对数的期望值和方差见表 3-15。

各时段公交行程时间概率分布函数 表 3-15

时段	样本量	正态参数	
		u（min）	σ
6:00～7:00	100	3.3955	0.1099
7:00～9:00	132	4.2980	0.2131
9:00～11:30	110	4.0977	0.1655
11:30～13:30	106	3.9982	0.1308
13:30～17:00	242	4.0724	0.2270
17:00～19:00	140	4.3932	0.2829
19:00～22:00	184	4.1271	0.2018

第4章 公交行程时间可靠性影响因素分析

公交车辆在公交站点停靠以及在公交区间运行过程中会受到许多因素的干扰。在不同的公交站点,经过的公交线路数、单位时间公交车辆到达数、公交站点类型、公交站点泊位数及公交站点位置都是不一样的。在不同的交叉口和站点区间也都会使公交车辆行程时间具有较大的波动性,包括车辆特性、驾驶员特性、日期和时段、天气状况等其他因素都会造成在运行过程中公交车辆难以做到严格按照规定的行车计划运行,导致公交行程时间可靠性下降。因此,有必要对公交行程时间影响因素进行深入分析,进而提出公交运行的改善措施,提高公交的行程时间可靠性。延误的产生主要来源于站点设置、交叉口设置以及站点区间设置三部分,以下将分析这三部分以及其他因素对公交行程时间可靠性的影响。

4.1 公交服务可靠性主要评价指标

在交通领域,可靠性最早是用来对城市道路网络的服务水平进行评价。此处结合可靠性理论,对公交线路行程时间可靠性进行界定:在一定的公交服务水平下,公交车辆实际行程时间和乘客预期行程时间的相对延误在可接受范围内的概率。相对延误是指公交车辆实际行程时间与公交乘客预期行程时间的相对偏差程度。

公交服务水平好坏是出行者是否选择公交出行的重要依据,是公交企业提高经济收益的重要保障,同时,也是城市推进公共交通事业发展的重要依据。美国出版的《公共交通通行能力和服务质量手册》(Transit Capacity and Quality of Service Manual)简称TCQSM,以乘客为主体,将公交服务可靠性描述为:在TCQSM指标结构下,影响乘客从出发点到公交车站的行程时间、在站候车时间和全程旅行时间以及公交车上舒适度水平的公交线路服务准点率或车头时距的规则性。公交服务可靠性主要评价指标主要包括以下几方面。

1. 准时性

准时性是指公交车辆按照规定时间到达站点的能力,是评价公交服务可靠性应用最为广泛的指标,频数计算法和概率计算法是常用的公交准时性评价标准。

某一公交线路的准时性,应根据准时到达的车辆数占所有运行车辆数的比例来表征准点率,即:

$$p = \frac{N_{准点}}{N_{总}} \times 100\% \tag{4-1}$$

式中 p ——线路的准点率;

$N_{准点}$ ——准点到达的车辆数;

$N_{总}$ ——线路上所有运行的车辆数。

在实际应用过程中,不同机构对于准时性的评判有着不同的标准,通常情况下,定义

"准时性"为晚点 0~5min 以内。例如，北京公交集团认为公交车辆与运行时刻表相比，早于时刻表 1min 到达或晚于时刻表 2min 到达时，都认为是准时的。

2. 路径公交行程时间可靠性

路径公交行程时间可靠性是指在规定时间内，公交车能完成乘客所需公交出行的概率，路径公交行程时间可靠性可以表示为：

$$R_r = P(t_r \leqslant t_2) \tag{4-2}$$

式中　R_r——路径公交行程时间可靠性；
　　　t_r——公交实际行程时间（s）；
　　　t_2——路径公交行程时间期望值（s）。

路径公交行程时间可靠性也可理解为公交完成乘客所需公交出行的实际行程时间与自由流行程时间之差与实际行程时间的比值小于等于乘客公交运行延误时间容忍度的概率。即路径公交行程时间可靠性也可表示为：

$$R_r = P\left[\frac{t_r - t_f}{t_r} \leqslant \alpha\right] = P\left[\frac{t_d}{t_r} \leqslant \alpha\right] \tag{4-3}$$

式中　t_f——自由流行程时间（s）；
　　　α——乘客公交运行延误时间容忍度；
　　　t_d——公交运行延误时间（s）。

3. 车头时距稳定性

车头时距稳定性衡量的是公交车辆依次到达站点时间间隔的均匀性，用来表明线路中公交车辆的分布状态，是公交运行状态的重要特征。车头时距可靠性定义为：同一线路中，前后两辆连续公交车到达站点的时间差值小于某一固定值（乘客的最大忍耐时间）的概率。

对于站点的概率模型为：

$$R_i = P(h_i \leqslant h_0) \tag{4-4}$$

对于线路的概率模型为：

$$R_L = P(H \leqslant H_0) \tag{4-5}$$

式中　R_i——第 i 站点车头时距；
　　　h_i——第 i 站点车头时距；
　　　h_0——计划车头时距；
　　　R_L——线路车头时距稳定性；
　　　H——线路中所有站点车头时距的集合；
　　　H_0——线路能忍受的最大车头时距。

4. 候车时间可靠性

乘客候车时间是指乘客到达站点的时间与公交车到达该站点的时间差值，候车时间的长短直接影响乘客对公交服务水平的评价。当乘客等待的时间超过最大忍受时间时，就会考虑选择其他交通方式。候车时间长短与实际车头时距和车头时距变异系数相关，表达式为：

$$E(w) = \frac{h}{2}(1 + C_v^2) \tag{4-6}$$

式中　　$E(w)$——候车时间可靠性；
　　　　h——平均车头时距；
　　　　C_v——车头时距变异系数。

4.2 站点设置

4.2.1 公交站点类型

常见的公交站点类型有两种：直线式和港湾式。类型不同的公交站点具有不同的特性，根据客流量的大小和道路的实际情况，选取合适的公交站点类型，可以减少乘客上下车时间，提高公交站点服务水平。不同类型公交站点的差异性主要体现在公交车辆的进出站行为，主要特征见表4-1。

直线式和港湾式公交站点特征　　　　　　　　　　表4-1

公交站点类型	优点	缺点
直线式	1. 建设过程简单，费用较低，占地面积较小，选、改址容易； 2. 公交车辆能够比较容易进出公交站点，有效减少公交进出站时间，使公交站点延误较小	1. 公交车辆停靠接放乘客时，处于跟驰状态的社会车辆驾驶员需采取变道或停止措施，容易引发交通事故； 2. 公交车辆停靠过程中占用路段的一个车道，高峰时段会成为路段的一个交通瓶颈，使道路通行能力下降
港湾式	1. 乘客上下车、公交车辆停靠有专门区域，避免与社会车辆发生交通冲突，安全性较高； 2. 使直行社会车辆的延误大大降低	1. 尤其在高峰时段，公交车辆进出站点困难，导致公交进出站时间大大增加，从而造成公交站点延误较大； 2. 建设费用较高，占地面积较大，尤其在城区时选址难，改造难

在直线式公交站点，公交车辆停靠过程中会占用路段的一个车道，从而对路段其他车辆具有较大的影响，然而对于公交车辆而言，此时进出公交站点比较方便，但车辆在进站时，需要减速变换车道，具有安全隐患。当公交车辆离站时，如果前方有其他公交车辆，则该公交车辆只能低速跟驰或停止；如果前方无其他公交车，则该公交车辆可以从静止加速离站，直到正常运行。

在港湾式公交站点，公交车辆进出站比较困难，可能会长时间滞留在进出口，使得公交车在站点的延误增大。但是港湾式公交站点有专门的公交车辆停靠位置，对其他直行交通影响比较小，停靠安全性也会提高。因此，对于公交站点选择直线式还是港湾式，要考虑各种因素，例如空间是否足够，距离交叉口的长度等。

为了定量分析公交车辆进出公交站点加减速时间与公交站点类型的关系，选取福州市经过调查站点的公交线路数及其所处道路的车道数、交通量较为接近的两种类型公交站点进行实地调查。分别测得直线式、港湾式公交站点减速时间有效样本148个、155个，加速时间有效样本152个、153个。分析数据可以得到：公交车辆驶进直线式、港湾式站点减速时间分布图，如图4-1和图4-2所示；公交车辆驶出直线式、港湾式站点加速时间分布图，如图4-3和图4-4所示；减速时间、加速时间的特征值表，如表4-2和表4-3所示。

公交车辆进站减速时间特征值表 表4-2

类别		总体	直线式公交站点	港湾式公交站点
减速时间	平均值（s）	6.56	6.25	6.86
	标准差（s）	2.01	1.73	2.20
	协方差	4.02	3.01	4.84

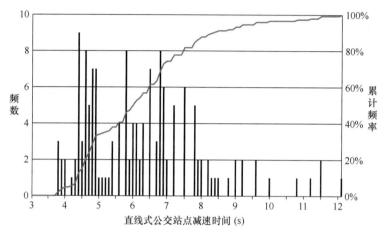

图4-1 公交车辆驶进直线式站点减速时间分布图

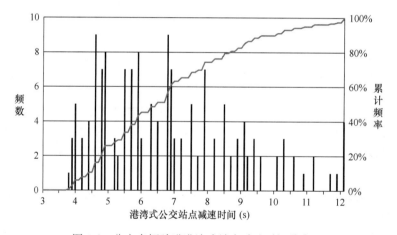

图4-2 公交车辆驶进港湾式站点减速时间分布图

如表4-2、图4-1和图4-2所示，公交车辆在直线式与港湾式公交站点进站减速时间差别不是很大。直线式公交站点减速时间的标准差是1.73s，小于港湾式公交站点的2.20s，说明直线式公交站点减速时间分布比较均匀，而港湾式公交站点则相对分散。直线式公交站点减速时间主要集中在4~8s之间，占调查总数的83.11%，其中以4~6s为最多，占调查总数的45.27%，其次为6~8s，占调查总数的37.84%；而港湾式公交站点则主要集中在4~10s，占调查总数的83.73%，其中以4~8s为最多，占调查总数的68.38%。公交车辆进站减速时间在直线式公交站点的平均值是6.25s，而在港湾式公交站点则是6.86s，说明公交车辆在直线式公交站点进站比港湾式公交站点快。

第4章 公交行程时间可靠性影响因素分析

公交车辆离站加速时间特征值表　　　　　　表 4-3

类别		总体	直线式公交站点	港湾式公交站点
加速时间	平均值（s）	11.53	10.04	13.01
	标准差（s）	3.36	2.25	3.62
	协方差	11.29	5.07	13.10

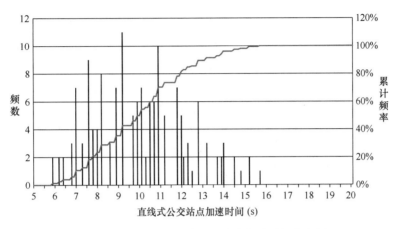

图 4-3　公交车辆驶出直线式站点加速时间分布图

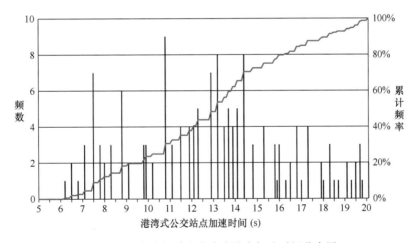

图 4-4　公交车辆驶出港湾式站点加速时间分布图

如表 4-3、图 4-3 和图 4-4 所示，公交车辆在直线式与港湾式公交站点离站时的加速时间具有比较明显的差异。直线式公交站点加速时间的标准差是 2.25s，小于港湾式公交站点的 3.62s，说明直线式公交站点加速时间分布比较均匀，而港湾式公交站点则相对分散。公交车辆在直线式公交站点的离站加速时间一般集中在 7~13s 之间，占调查总数的83.55%，其中以 8~11s 为最多，占调查总数的 49.34%。而公交车辆在港湾式公交站点的离站加速时间则相对离散，大概集中在 7~18s 之间，占调查总数的 86.93%，其中以10.5~14.5s 为最多，占调查总数的 45.75%。公交车辆离站加速时间在直线式公交站点的平均值是 10.04s，而在港湾式公交站点则是 13.01s，说明公交车辆在直线式公交站点离站明显比港湾式公交站点快。

4.2.2 公交站点位置

1. 公交站点分类

根据公交站点与交叉口相对位置的不同,将公交站点划分为交叉口上游公交站点、路段公交站点和交叉口下游公交站点。

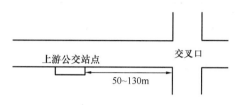

图 4-5 交叉口上游公交站点示意图

(1) 交叉口上游公交站点

在交叉口的上游,即进口道处设置公交站点,由于与交叉口的距离较小,当公交车在驶进、驶出该公交站点时,前方公交车辆排队情况、该交叉口的车辆停止线设置、进口道其他车辆运行情况、信号控制方式及行人过街情况都会对该公交车进站时的减速时间、出站时的加速时间产生较大的影响。一般情况下,公交车辆驶进站点时减速过程影响区域的范围应该在30~50m之间,驶出站点时加速过程影响区域的范围应该在50~80m之间,交叉口影响区域的范围应该在30~50m之间。因此,交叉口停止线与交叉口上游公交站点之间的距离应该在50~130m之间,见图4-5。

(2) 路段公交站点

在道路的中间段,即与交叉口的距离较大的地方设置公交站点,当公交车在驶进、驶出该公交站点时,前方公交车辆排队情况会对该公交车进站时的减速时间、出站时的加速时间产生较大的影响,但是交叉口的影响甚小。根据交叉口上游公交站点描述的影响区域范围,上游、下游交叉口与路段公交站点之间的距离应该分别不小于100m、130m,具体情况,如图4-6所示。

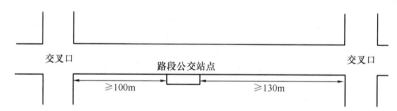

图 4-6 路段公交站点示意图

(3) 交叉口下游公交站点

在交叉口下游,即出口道处设置公交站点,此时,前方公交车辆排队情况及该交叉口出口道处其他车辆运行情况都会对该公交车进站时的减速时间、出站时的加速时间产生较大的影响。根据交叉口上游公交站点描述的影响区域范围,交叉口出口道与交叉口下游公交站点之间的距离应该在50~100m之间,见图4-7。

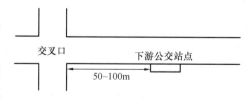

图 4-7 交叉口下游公交站点示意图

2. 公交车辆进出站点运行特性分析

公交车辆进出站点的运行过程包括减速进站、驻站停靠和加速出站三个阶段。

(1) 交叉口上游公交站点

1) 减速进站

公交车辆从开始减速、变道驶进站点到车辆停稳的过程中，会与进口道处的其他车辆发生交通冲突，并对右转车道上的车辆运行产生很大的干扰，右转车辆只能低速行驶绕过公交站点，造成社会车辆的延误大大增加，同时使行车安全性大大降低。尤其当高峰时段车流量较大、下游信号控制交叉口处于红灯相位时，公交站点区域将会出现拥堵的现象，此时公交车需停车等待才能实现变道，造成公交车进站时间大大增加。当该公交站点类型是直线式时，冲突和干扰现象将更加严重。当公交站点位于公交专用道时，一般在进口道设有与公交专用道物理隔离的右转车道供右转车辆运行，可以有效缓解冲突。

交叉口位于城市主干路时，由于交通流量较大，道路上车辆的运行速度都相对较低，公交车进站停靠时车速变化较小，则花费的减速时间较短，运行较为平稳。

2) 驻站停靠

公交站点停留时间主要由公交车开门时间、接放乘客时间、公交车关门时间以及损失时间组成。

公交车辆在直线式公交站点停靠时，将会占用右转专用车道，此时无论下游信号控制交叉口处于绿灯相位还是红灯相位，由于公交车辆在站点接放乘客，将会造成与公交车辆处于同一车道的社会车辆需要变换车道或在站点上游进行排队，将会使社会车辆行车延误大大增加。

3) 加速出站

公交车辆从静止开始加速驶出站点的过程中，会与进口道的社会车辆发生冲突。当公交车辆驶出站点后右转或直行时，不需要进行车道的变换，但是经常会影响右转车辆的运行。尤其当高峰时段车流量较大、下游信号控制交叉口处于红灯相位时，社会车辆在交叉口进口道排队到站点，会造成公交车辆停车等待出站。当公交车辆驶出站点后要左转时，则需要变换车道，与其他车辆发生多次干扰，而且公交车左转比例越大，干扰越大。当道路直行交通流量过大、下游交叉口与站点之间距离过小时，将可能造成公交车无法成功变换车道至左转车道。因此，交叉口上游设置公交站点，由于公交车与其他车辆相互影响，会使车辆行车延误大大增加。

交叉口上游设置公交站点，公交车在驶进、驶出公交站点的过程中，与其他车辆之间的交通冲突情况，如图4-8所示。

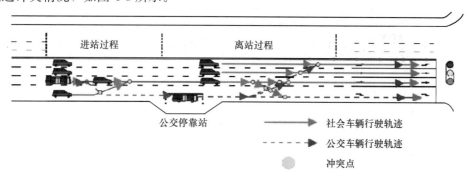

图4-8　交叉口上游公交站点交通冲突示意图

(2) 路段公交站点

1) 减速进站

公交车辆一般要经过变道、减速才能驶进站点。站点位于公交专用道时,公交车直接进站。在保证行车安全的情况下,为了减少行车延误,大多数驾驶员先匀速行驶,直到站点附近,再用比较大的减速度减速停车。

2) 驻站停靠

公交驻站停靠主要由公交车开门、接放乘客、公交车关门组成。

3) 加速出站

公交车辆一般是从静止开始加速驶出路段公交站点。但是,当公交站点类型是港湾式时,公交车辆驶出站点之后,经常需要通过寻找社会车流间隙以便汇入车流之中。

(3) 交叉口下游公交站点

1) 减速进站

当在交叉口下游设置公交站点时,公交车在驶进站点的过程中,会与同侧右转的其他车辆发生交通冲突。目前大部分交叉口只对直行和左转车辆进行信号控制,右转车辆不受限制,与公交车辆的干扰程度大大减小。

在通过交叉口时,公交车多为低速行驶,进站停靠时车速变化较小,则花费的减速时间较短,运行较为平稳。

2) 驻站停靠

对设置在交叉口下游的站点而言,公交驻站停靠过程与路段公交站点相似。但是当公交车辆集中到达时,可能造成交叉口下游公交站点的服务水平无法满足需要,造成公交车辆排队长度过长,影响交叉口车辆的正常通行。

3) 加速出站

公交车辆在交叉口下游站点可以直行加速驶出站点,大部分不需要变换车道。此时,公交车辆的运行速度可以在较短时间内迅速提速至正常车速。

交叉口下游设置公交站点,公交车在驶进、驶出公交站点的过程中,与其他车辆之间的交通冲突具体情况,如图 4-9 所示。

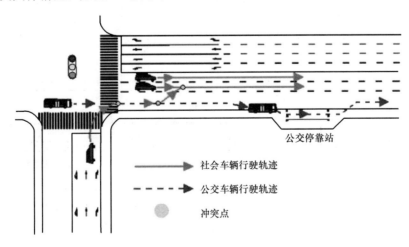

图 4-9 交叉口下游站点交通冲突示意图

4.2.3 公交站点泊位数

合理的站点泊位数能够起到规范站点秩序、充分利用站点泊位、提高站点通行能力的作用，使公交行程时间大大减少。当站点泊位数不能满足停靠需求时，容易造成公交车辆需要排队等候进站，使站点延误时间大大增加；当站点泊位数过多时，虽然提高了公交站点容量，但是容易造成公交车辆停靠秩序混乱，使站点泊位利用率下降、道路空间资源浪费以及导致乘客无法预估公交车辆实际的停靠位置，公交车门打开后，多数乘客与公交车门具有一段距离，经常出现需要跑步上车的现象，从而增加公交站点停留时间，使公交线路行程时间可靠性降低。因此，有必要根据实际需求合理设置公交站点泊位数。

站点通行能力可以通过各站点泊位的通行能力进行计算。根据《HCM 2010》，通过对直线式和港湾式公交站点进行分析，得到两种类型公交站点实际停靠泊位数与各停靠泊位有效利用率、累计有效停靠泊位数的对应关系，如图 4-10 和图 4-11 所示。

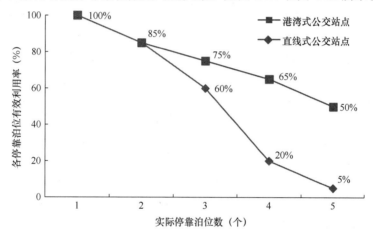

图 4-10 各停靠泊位有效利用率随实际停靠泊位数增加变化趋势图

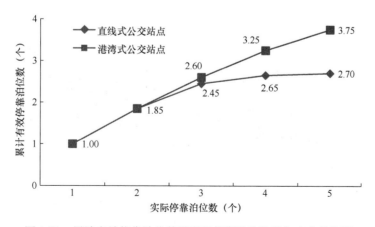

图 4-11 累计有效停靠泊位数随实际停靠泊位数增加变化趋势图

如图 4-10 所示，两种类型公交站点的各停靠泊位有效利用率都是随着实际停靠泊位数的增加而降低，与港湾式公交站点相比，直线式公交站点的停靠泊位有效利用率下降速度更快；当实际停靠泊位数大于 3 个时，直线式公交站点停靠泊位有效利用率大幅度下降,尤其当实际停靠泊位数为 5 个时,停靠泊位有效利用率下降到 5%,此时,港湾式公交站点的停靠泊位有效利用率也仅达到 50%。

如图 4-11 所示,两种类型公交站点的累计有效停靠泊位数都是随着实际停靠泊位数的增加而增加,与直线式公交站点相比,港湾式公交站点的停靠泊位数增长速度更快;当实际停靠泊位数大于 3 个时,直线式公交站点累计有效停靠泊位数增长速度明显下降;当实际停靠泊位数大于 4 个时,直线式公交站点累计有效停靠泊位数增长速度明显下降。而且,当站点泊位数过多时,容易造成公交车辆停靠秩序混乱。因此,对公交站点实际停靠泊位数进行规划时,直线式公交站点一般不超过 3 个,港湾式公交站点一般不超过 4 个。

4.2.4 公交站点间距

公交站点间距对公交车辆的平均运行速度具有很大的影响。一般情况下,相邻站点之间的距离越长,车辆运行速度越可能达到道路设计车速,并且在该速度下保持较长的行程时间,从而使公交车辆平均运行速度增大。同时,由于站点之间的距离越大,驾驶员主观意识对车辆运行速度选择的影响就越大,因此站点间距对公交车辆运行速度的波动性也会有影响。因此,当公交线路的站点间距过大,公交车辆运行速度越大且稳定,行程时间将会减少;反之,如果站点间距过小,公交车辆频繁停靠站点,车辆经常加速减速,使运行速度具有较大波动,从而使公交车辆的行程时间增加。

为了定量分析公交车辆的平均速度与公交站点间距的关系,对福州市公交线路进行实地调查,并且调查站点区所处道路的车道数、交通量较为接近,测得有效样本 141 个。利用 SPSS 对公交车辆平均运行速度与公交站点间距进行相关性分析,如图 4-12 所示。结果表明:公交站点间距(x)与平均运行速度(y)呈极显著正相关($p<0.01$),相关系数 $r=0.731$,其间的线性回归方程为 $y=0.0081x+1.2139$,说明公交站点间距对平均运行速度影响显著,公交车辆平均运行速度随着站点间距的增加而增大。

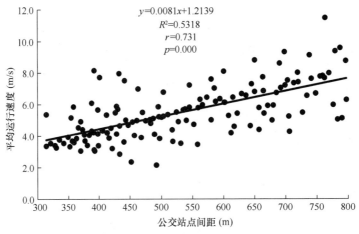

图 4-12 平均运行速度随站点间距增加变化趋势图

4.2.5 公交站点客流

公交系统可靠性在很大程度上会受到公交站点停留时间的影响。缩短公交车辆在站点处的停留时间,有助于提高公交的行程时间可靠性。公交站点停留时间是构成公交行程时间的主要部分之一,是由开门、乘客上下车、关门三部分组成。其中,乘客上下车时间在整个停站环节中属于相对不可控的因素,其主要受公交站点客流影响,是制约整个公交系统运行效率的关键因素。

将公交车停留涉及的时段分为 4 个部分:公交车开门时间 T_o、接放乘客时间 T_s、公交车关门时间 T_c、损失时间 T_1。因此,公交站点停留时间 $t_{站}$ 可以表示为:

$$t_{站} = T_o + T_s + T_c + T_1 \tag{4-7}$$

实际调查的公交车具有独立的上下车门,乘客从前门刷卡、投币依次上车,从后门依次下车,乘客上车、下车可以同时进行。因此,接放乘客时间取乘客上车时间与下车时间的最大值。损失时间分为两种:一种是公交车前门开启时刻到第一个乘客上车时刻的时间与最后一个乘客上车时刻到前门关闭时刻的时间之和 T_1^b;另一种是公交车后门开启时刻到第一个乘客下车时刻的时间与最后一个乘客下车时刻到后门关闭时刻的时间之和 T_1^a。于是式(4-7)可改写为:

$$t_{站} = T_o + \max(T_A + T_1^a, T_B + T_1^b) + T_c \tag{4-8}$$

式中 T_A——相邻乘客下车时间间隔之和;
  A——下车人数;
  T_B——相邻乘客上车时间间隔之和;
  B——上车人数。

于是 T_A 与 T_B 可表示为:

$$T_A = \sum_{i=1}^{A-1} h_i^a \tag{4-9}$$

式中 h_i^a——第 i 个乘客与第 $i+1$ 个乘客下车时间间隔。

$$T_B = \sum_{i=1}^{B-1} h_i^b \tag{4-10}$$

式中 h_j^b——第 j 个乘客与第 $j+1$ 个乘客上车时间间隔。

于是式(4-8)可改写为:

$$t_{站} = T_o + \max(\sum_{i=1}^{A-1} h_i^a + T_1^a, \sum_{j=1}^{B-1} h_j^b + T_1^b) + T_c \tag{4-11}$$

从式(4-11)可以看出,站点停留时间主要受站点客流、上车时间间隔、下车时间间隔、损失时间的影响。

1. 上车时间间隔

高峰时段、平峰时段分别测得上车时间间隔有效样本分别为 573 个、552 个。分析数据可以得到:高峰时段和平峰时段的上车时间间隔频率分布图,如图 4-13 所示;上车时间间隔的特征值表,如表 4-4 所示。

由于调查的是同种型号公交车,高峰时段与平峰时段的频率分布具有相似性。分析图表可以发现:高峰时段的标准差是 0.62s,小于平峰时段的 0.85s。说明高峰时段的频率分布比较均匀,聚集在 1.75s 附近,平峰时段则相对分散;乘客上车的最短时间间隔在 0.6~1s,与 Sun L 等在研究中得出的数值 0~0.5s 有偏差,主要是因为调查的公交车型前门不能容纳两个乘客同时上车;乘客平均上车间隔在高峰时段是 1.73s,而在平峰时段是 1.91s，说明高峰时段乘客上车的速度比平峰时段快，主要是由于：一是高峰时段的大多乘客经常乘坐公交，熟悉要乘坐的公交线路和乘坐过程，会事先准备公交卡或零钱，平峰时段更多偶尔乘坐公交、年老的乘客及一些游客，这些乘客不熟悉公交线路，更有可能在上车前询问司机关于线路站点的问题，如有没有经过目的公交站点；二是高峰时段乘坐同一辆公交车的人数比平峰时段多，同一公交同一站点平均上车时间间隔随上车人数的增加而减少。

上车时间间隔的特征值表　　　　　　　　　　　　　表 4-4

类别		总体	高峰时段	平峰时段
上车时间间隔（s）	平均值（s）	1.82	1.73	1.91
	标准差（s）	0.76	0.62	0.85
	协方差	0.42	0.36	0.45

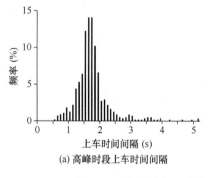
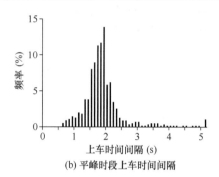

(a) 高峰时段上车时间间隔　　　　　　(b) 平峰时段上车时间间隔

图 4-13　高峰时段、平峰时段上车时间间隔变化频率图

利用 SPSS 对上车人数和平均上车时间间隔进行相关性分析，如图 4-14 所示。结果表明：上车人数（x）与平均上车时间间隔（y）呈极显著负相关（$p<0.01$），拟合度 $R^2=0.8672$，相关系数 $r=-0.931$，其间的线性回归方程为 $y=-0.0519x+2.6374$，说明上车人数对平均上车时间间隔影响显著，平均上车时间间隔随着上车人数增加而显著减少。

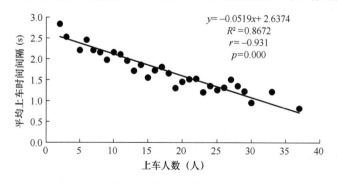

图 4-14　平均上车时间间隔与上车人数关系图

2. 下车时间间隔

高峰时段、平峰时段分别测得下车时间间隔有效样本分别为 512 个、506 个。分析数据可以得到：高峰时段和平峰时段的下车时间间隔频率分布图，如图 4-15 所示；下车时间间隔的特征值表，如表 4-5 所示。

由于调查的是同种型号公交车,高峰时段与平峰时段的频率分布具有相似性。分析图表可以发现:高峰时段的标准差是0.69s,大于平峰时段的0.65s,说明高峰时段的频率分布比平峰时段分散,但差别不大;乘客下车的最短时间间隔在0~0.5s,且高峰时段下车时间间隔在这段区间的比平峰时段多,主要由于调查的公交车型后门能容纳两个乘客同时下车,且高峰时段乘客比较赶时间上班、上学等,急于下车;乘客平均下车间隔在高峰时段是1.58s,而在平峰时段是1.53s,说明平峰时段乘客下车的速度比高峰时段快,主要是由于高峰时段公交车内的乘客数比平峰时段多,导致高峰时段车上站立乘客与下车乘客之间的相互作用远大于平峰时段,降低了下车速度。总的下车平均时间是1.56s小于总的上车平均时间1.82s,说明下车速度比上车速度快,主要是由于下车乘客可以提前到后门等候下车,且下车过程不用刷卡、投币。

下车时间间隔的特征值表 表4-5

类别		总体	高峰时段	平峰时段
下车时间间隔	平均值(s)	1.56	1.58	1.53
	标准差(s)	0.67	0.69	0.65
	协方差	0.43	0.44	0.42

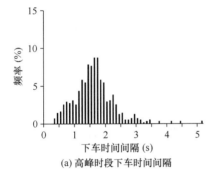
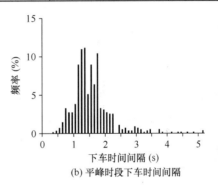

图4-15 高峰时段、平峰时段下车时间间隔变化频率图

利用SPSS对下车人数和平均下车时间间隔进行相关性分析,如图4-16所示。结果表明:下车人数(x)与平均上车时间间隔(y)呈极显著负相关($p<0.01$),拟合度$R^2=0.8753$,相关系数$r=-0.936$,其间的线性回归方程为$y=-0.0551x+2.513$,说明上车人数对平均上车时间间隔影响显著,平均下车时间间隔随着下车人数增加而显著减少。

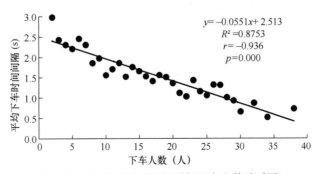

图4-16 平均下车时间间隔与下车人数关系图

3. 损失时间

高峰时段、平峰时段分别测得损失时间有效样本分别为 395 个、399 个。分析数据可以得到：高峰时段和平峰时段的损失时间频率分布图，如图 4-17 所示；损失时间的特征值表，如表 4-6 所示。

损失时间的特征值表　　　　　　　　　　　表 4-6

类别		总体	高峰时段	平峰时段
损失时间	平均值（s）	3.15	3.55	2.75
	标准差（s）	1.85	1.83	1.88
	协方差	0.60	0.52	0.67

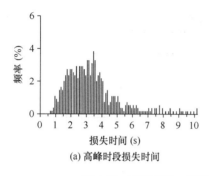 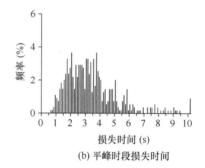

(a) 高峰时段损失时间　　　　(b) 平峰时段损失时间

图 4-17　高峰时段、平峰时段损失时间变化频率图

由于调查的是同种型号公交车，高峰时段与平峰时段的频率分布具有相似性。分析图表可以发现：高峰时段的标准差是 1.83s，小于平峰时段的 1.88s，说明高峰时段的频率分布比平峰时段集中，但差别不大；两个时段损失时间的最小值都在 0.6~1s；平均损失时间在高峰时段为 3.55s，平峰时段为 2.75s，主要是由于高峰时段公交站点的乘客数远多于平峰时段，导致高峰时段公交站点候车乘客与准备上车乘客之间的相互作用远大于平峰时段，降低了乘客从候车位置到公交车门的速度。

利用 SPSS 对站点候车总人数和平均损失时间进行相关性分析，如图 4-18 所示。研究结果表明：站点候车总人数（x）与平均损失时间（y）呈极显著正相关（$p<0.01$），拟合度 $R^2=0.7998$，相关系数 $r=0.894$，其间的线性回归方程为 $y=0.0648x+1.229$，说明站点候车总人数对损失时间影响显著，平均损失时间随着站点候车总人数的增加而显著增加。主要原因是上、下车乘客与站点其他候车乘客相互干扰。随着候车总人数的增加，乘客相互之间的干扰就越大，上、下车乘客无法及时上、下车造成损失时间增加，从而增加公交车站点停留时间。

4.3　交叉口设置

4.3.1　交叉口几何类型

交叉口是两条或两条以上道路的交会处，是车辆、行人交通汇集、转向和疏散的必经

第4章 公交行程时间可靠性影响因素分析

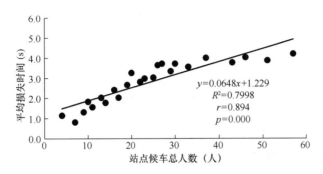

图 4-18 平均损失时间与站点候车总人数关系图

之处。按相交道路的条数可分为三岔、四岔和多岔。为保证交通安全和通畅，交叉口常设有信号灯等交通控制设施和其他交通管理设施。城市道路交叉口应根据相交道路的等级、分向流向、公交站点的设置、交叉口周围用地的性质，确定交叉口的形式及其用地范围。正确地设计道路交叉口，合理地组织和管理交叉口交通，是提高通行能力和保障交通安全所必不可少的。平面交叉口的主要形式可分为普通交叉口与异形交叉口。

1. 普通交叉口

（1）十字形交叉

十字形交叉的相交道路互相垂直或近于垂直。这种路口形式简单，交通组织方便，适用范围广，是最常见的交叉口形式。

（2）X形交叉

X形交叉是相交道路交角小于90°的四路交叉。当相交的锐角较小时，将形成菱形加长加宽的交通冲突带，一方面使车辆通过时间较长，另一方面使驾驶员视线不畅，对交通极为不利，所以设计时尽量使相交的锐角大一些。

2. 异形交叉口

（1）T形交叉

T形交叉的相交道路是在道路交叉处互相垂直或近于垂直的三路交叉。这种形式的交叉口视线良好，行车安全，也是常见的交叉口形式。

（2）Y形交叉

Y形交叉是相交道路交角小于75°的三路交叉。Y形交叉与X形交叉均为斜交路口，其交叉口夹角不宜过小，角度小于45°时，视线受到限制，行车不安全，所以，一般夹角宜大于60°，适用于入城道路。

（3）错位交叉

两条道路从相反方向终止于一条贯通道路而形成两个距离很近的T形交叉所组成的交叉即为错位交叉。由于其距离短，交织长度不足而使进出错位交叉口的车辆不能顺利行驶，从而阻碍贯通道路上的直行交通。因此在规划与设计时，应尽量避免此类交叉。

（4）环形交叉

环形交叉是在几条相交道路的平面交叉口中央设置一个半径较大的中心岛，使所有经过交叉口的直行和左转车辆都绕着中心岛作逆时针方向行驶（靠左行驶的国家或地区则为顺时针方向）。

不同类型的交叉口形式,其公交行车方式存在较大差异,例如,在十字形交叉口,交叉口距离较长时,会造成公交行程时间增加;环形交叉口环岛的形式直接影响行车,若环岛为椭圆形,存在长轴和短轴,很明显在长轴方向交织区长度更长,公交行车更加困难,行程时间更长。此外,对于错位交叉口,由于视线较差,造成行程困难,驾驶员为保证安全通常会减速行车,从而增加交叉口行程时间。因此,不同类型的交叉口对公交行程时间有一定的影响。

4.3.2 交叉口信号控制方式

解决交叉口的交通冲突,理论分析有两种方法:一种是空间分离法,如平面渠化、立体交叉等;另一种是时间分离法,如信号控制法、多路停车法及让路法等。本小节主要讨论时间分离法,且以讨论信号控制法为主。交通信号的作用是从时间上将相互冲突的交通流予以分离,以保证行车安全,同时交通信号对于控制交通流的流向、流量、流速以及维护交通秩序等均有重要的作用。信号控制使车流有序地通过路口,提高了交叉口通行能力,从而对公交行程时间产生影响。

目前交叉口信号控制方式分为信号控制与无信号控制两类,其中,根据信号灯控制的范围,信号控制可分以下三种类型:单点交叉口交通信号控制、干线交通信号协调控制和区域交通信号控制。

1. 单点交叉口交通信号控制

简称"点控制",以单个交叉口为控制目标,是交通信号控制的最基本形式。点控制有两种,即定周期自动信号控制与感应式信号控制。感应式信号控制又分为全感应式自动信号控制和半感应式自动信号控制。

(1) 定周期自动信号控制

交叉口交通信号控制机按事先设定的配时方案运行,也称定时控制。一天只用一个配时方案的称为单段式定时控制;一天按不同时段的交通量采用几个配时方案的称为多段式定时控制。

(2) 感应式自动信号控制

感应控制是在交叉口入口引道上设置车辆检测器,信号灯配时方案由计算机或智能化信号控制机计算,可随检测器检测到的车流信息而随时改变的一种控制方式。

半感应式控制:只在交叉口部分进口道上设置检测器的感应控制。

全感应式控制:在交叉口的全部进口道上都设置检测器的感应控制。

2. 干线交通信号协调控制

简称"线控制""绿波控制",就是把一条主要干线上一批相邻的交通信号灯协调控制,以便提高整个干线的通行能力。线控制往往是面控制系统的一种简化形式,控制参数基本相似。

3. 区域交通信号控制

简称"面控制",是把整个区域中所有信号交叉口作为协调控制的对象。控制区内各受控交通信号都受中心控制室的集中控制。对于范围较小的区域,可以整区集中控制;对于范围较大的区域,可以分区分级控制。分区的结果往往形成由几条线控制组成的分级集中控制系统,这时,可以认为各线控制是面控制中的一个单元。

不同的信号控制方式的交叉口，公交车辆在交叉口的交通运行状态也不一样。例如，单点控制较线控的延误则相应较大；合理的周期，绿信比越大，车流的延误越小；而信号周期过长或者较短都会导致延误增加；许可型相位下左转车流需要让行对向直行车流，会导致左转行车延误；此外，在无信号控制时，当相交道路的通行地位相同或者差不多，各向车流没有明确的先后通行权利，在车辆到达交叉口时，驾驶员将在距冲突点一定距离处做出决策，或减速让路，或直接通过；而主路优先控制的交叉口，交通量较大的主路车流到达交叉口时具有通行优先权，而交通量较小的车流需要让行主要车流，这将导致次要车流延误，同时对次要车流进行停车让行控制或者减速让行控制，都会导致次要车流不同程度的延误。

4.3.3 交叉口交通组成

交叉口交通组成是指各种车型车辆的组成情况。由于不同类型的车辆以及车辆的车龄差异或导致其动力性能不一样，其行车延误也就不同。通常来说，小型车辆的启动时间较大型车辆更短，而大型车辆比拖挂型车辆的启动时间更短；此外，小型车相较于大型车及拖挂车等的加速性能更强，其行车延误更少。因此，当交叉口中大型车辆比例较多时，交叉口公交行程时间延误更多。此外，若交叉口行人、非机动车交通量较大，对行车干扰较大，导致机动车辆延误增加，交叉口公交行程时间也就相应增加。

4.4 站点区间设置

公交站点区间是指相邻公交站点之间的距离；公交站点区间公交行程时间是指公交车辆从公交站点 n 启动到公交站点 $n+1$ 停稳所用的时间。

根据系统可靠性理论，对公交站点区间公交行程时间可靠性进行界定：在一定条件下，公交车辆在相邻公交站点之间的行程时间在期望行程时间内的概率。表示为：

$$R_a = P(t_{ar} \leqslant t_1) \tag{4-12}$$

式中 R_a ——公交站点区间公交行程时间可靠性，$0 \leqslant R_a \leqslant 1$，该值越趋近于 1，可靠性越高，越趋近于 0，可靠性越低；

t_{ar} ——公交站点区间公交实际行程时间（s）；

t_1 ——公交站点区间行程时间期望值（s）。

4.4.1 站点区间距离

公交站点区间距离是指道路中相邻的两个公交站台之间的距离。合理的站点区间距离能减少乘客的出行时间，同时保证合理的公交站站点覆盖率，为快捷的城市交通服务。公交站点区间距离的设置标准不仅和区域城建规模有关，还要考虑公交线路所处的道路等级、公交线路的功能定位等因素，如在城市快速道路或者交通性主干道上的公交线路一般以快速、大容量公交为主，这种情况下的公交站点区间距离就会比较大，一般为 800～2000m；而在城区主干道上的公交线路主要承担的是干线交通功能，此时就要结合交叉口的情况来确定，一般为 500～800m；城市次干路和支路沿途通常分布较密集的商超和服务设施等，线路以集散为主，因此公交站点区间距离在 350～500m，此时的站间距相对最小。不同类型公交站间距见表 4-7。

不同类型公交站间距 表 4-7

公交交通方式	市区线（m）	郊区线（m）
公共汽车与电车	350～800	800～1000
公共汽车大站快车	1500～2000	1500～2500
中运量快速轨道交通	800～1000	1000～1500
大运量快速轨道交通	1000～1200	1500～2000

公交站点区间距离直接影响到人们出行的便捷性，公交站点区间距离较小时，公交车需要频繁地加减速和停车，公交行程时间的波动性和延误指数越大，公交行程时间可靠性较低；其距离适中时，会弱化公交运行过程中其他因素带来的扰动，相应的公交行程时间可靠性越高；其距离较大时，由于途经的交叉口较多，停车延误较大，其相应公交行程时间可靠性越低。

4.4.2 站点区间辅助和影响设施

为响应国家优先发展公交政策，缩短公交行程时间，提高公交车辆的竞争力，在条件许可时，可采用下列管理措施。

1. 设置公交专用车道

公交专用车道是指专门为公交车设置的独立路权车道，属于城市交通网络建设配套基础设施。公交专用车道给公交车辆较多的道路使用权，以提高行驶速度，减少行程时间与延误，降低运输成本，提高公交车对乘客的吸引力和服务水平，转变公交客运占比下降之势，更好地为城市大众服务。公交专用车道按车辆行驶方向可分为顺向式、逆向式和可变式；按设置区位则可分为外侧式和中央式；按行驶时间又可分为全天式和高峰式（即高峰拥挤时采用）；按其与一般车道的分隔方式考虑，可分为物体分隔式和画线分隔式，而物体分隔又分为隔离墩分隔和绿岛分隔。

2. 设置港湾式停靠站

在新设公交路线时应建立公交车辆专用的港湾式停车站，对于老的公交线路也应尽可能争取设置港湾式停车站，避免公交车停驻时造成路段堵塞。

站点区间设置公交专用车道、拓宽车道、各转向专用道等，断面通行能力增加，公交行车延误降低；反之，未设置相应的车道，各转向车辆行车干扰较大，行程延误增加；设有交通标志标线时，有助于引导行车，加快通行；照明设施的设置，利于夜间行车，降低延误、保证安全。此外，公交站点的设置会对行车造成很大影响，例如，路边式公交站对相邻外侧车道行车干扰严重，导致行程时间增加，而港湾式公交站对车辆行车干扰较小，造成的延误相应更小。

4.4.3 站点区间混合机动车交通流

交通条件是影响公交运行的主要因素，主要表现在车流变化即混合机动车交通流的变化影响公交的运行。混合机动车交通流是指由不同类型机动车组成的交通流，其中不同类型的机动车可以按车型大小、服务性质、承载类型和动力来源方式等划分，划分种类及界定标准详见表 4-8。

混合交通流包括混合交通量和混合交通流组成比例。

1. 混合交通量

混合交通量越大，交通流中不同车辆之间的相互干扰越大，公交行驶过程中的延误越大，导致公交行程时间越长，公交行程时间可靠性越低。道路拥挤程度会影响公交行程时间的长短，道路越拥挤，公交行程时间超过乘客理想公交出行时间的概率越大，公交行程时间可靠性越低。

2. 混合交通流组成比例

由于不同车型的物理特性、性能等不同，其速度、加速度等特性有所差异，因此，由不同混合交通比例组成的混合交通流，其对公交车的影响有所差异，其公交行程时间可靠性有所差异，混合交通比例中大型车占比越大，其对公交车的影响就越大。

机动车划分依据、种类及界定标准　　表 4-8

划分依据	种类		界定
车型大小	大型车	大型客车	车长大于或等于 6m，或者乘坐人数大于或等于 20 人
		重型货车	车长大于或等于 6m，总质量大于或等于 12000kg
	中型车	中型客车	车长小于 6m，乘坐人数大于 9 人且小于 20 人
		中型货车	车长大于或等于 6m，总质量大于或等于 4500kg 且小于 12000kg
	小型车	小型客车	车长小于 6m，乘坐人数小于或等于 9 人
		轻型货车	车长小于 6m，总质量小于 4500kg
服务性质	公交车		为解决城市和城郊运输而设计及装备的大、中型客车
	社会车辆		除公交车以外的机动车
承载类型	客车		承载物主要为人的机动车
	货车		承载物主要为货物的机动车
动力来源方式	新能源汽车		采用非常规车用燃料作为动力来源的汽车
	非新能源汽车		采用常规的车用燃料、采用传统车载动力装置的汽车

4.5　其他因素

4.5.1　普通公交车影响因素

1. 其他影响因素

鉴于城市常规公交的运行环境比较复杂，影响常规公交行程时间的因素还有许多，将其划分为内部影响因素和外部影响因素。

（1）内部影响因素

内部影响因素与公交线路运行系统本身有关，主要包括车辆特性、驾驶员特性等方面。

1）车辆特性：公交车辆的车型（前后门设置、座位数等）会影响乘客的上下车时间和载客量。

2）驾驶员特性：作为公交车辆的驾驶者，其驾驶行为对公交运行系统的影响主要体现在驾驶水平差异、性格、职业态度等方面。同一条公交线路上，驾驶经验丰富的驾驶员所用的行程时间要比经验生疏的驾驶员短；职业态度好的驾驶员也会比无职业道德的驾驶员更愿意遵守公交企业的决策来执行驾驶行为。

（2）外部影响因素

外部影响因素主要包括日期及时段、天气状况、突发事件等。

1）日期、时段因素：一周中的不同天以及一天中的不同时段都有不同的道路交通流量及公交客流量，进而影响公交行程时间。

2）天气状况：空气能见度、突发降雨、降雪等恶劣天气都影响着公交车辆在线路上的运行性能的发挥。

3）突发事件：道路施工、交通事故、交通临时管制等也会对公交车辆的运行存在干扰；还有道路建设和施工养护，会带来行程时间的延误或者造成车辆绕道行驶。这些为非常态下的公交运行系统，本章内容暂不涉及。

由上述分析可知，除了驾驶员特性、车辆特性等相对确定因素会对公交行程时间产生影响外，日期、时段、天气状况等随机因素也会对公交车行程时间产生重要的影响，且公交乘客往往更关心这些随机因素下公交行程时间的可靠性和稳定性。

2. 差异性检验原理

（1）方差分析

方差分析（Analysis of Variance）是由英国统计学家 R. A. Fisher 于 1923 年提出的。该分析方法的基本思想是将多个观测值视为一个整体，然后将观测值总变异的平方和及自由度分为组间和组内的平方和及自由度，再获得两者来源的总体方差的估计值；通过计算两者总体方差的估计值比值，检验各样本所归属总体的均值是否相等。两个方面产生的差异用两个方差来计量，一是组间的总体差异，包括系统性差异及随机性差异；另一个是组内的总体差异，仅包括随机性差异。如果因素对结果没有影响，这时仅仅有随机性差异，没有系统性差异，两个方差的比值接近于1；反之，如果不同的因素对结果产生影响，此时包括了随机性差异和系统性差异，两个方差的比值大于1，当这个比值大到某个程度时，即达到某临界点，就可以做出判断，认为不同是水平之间存在着显著性差异。方差分析包括单因素、多因素、重复测量以及协方差分析。

$$SS_T = SS_A + SS_E \tag{4-13}$$

$$SS_A = n\sum_{i=1}^{k}(\overline{x_{i.}} - \overline{x_{i..}})^2 \tag{4-14}$$

$$SS_E = \sum_{i=1}^{k}\sum_{j=1}^{k}(x_{ij} - \overline{x_{i.}})^2 \tag{4-15}$$

式中　　SS_T——总的误差平方和；

SS_A、SS_E——组间、组内的误差平方和。

本章主要应用方差分析中的单因素方差分析，该方法是针对一个因素进行，旨在分析该因素对样本的观测值是否产生显著影响。

（2）非参数检验

非参数检验（Nonparametric Tests）是指在总体分布未知或者知之甚少时，利用已知样本数据对总体分布形态做出推断的方法。非参数检验虽然适用范围较广且稳健性良好，但是也存在其自身的缺点。非参数检验通常利用的不是原始数据，而是原始数据的秩或等级，这就可能损失了原始数据中所包含的信息。如果大部分数据分布比较集中，但存在少数非常大或者非常小的极端值，此时采用非参数检验就不能完全覆盖信息。如果人们对总体有充分的了解且足以确定其分布类型，非参数检验就不如参数假设检验具有更强的针对性，有效性可能会更差一些。因而，非参数检验并非要取代参数假设检验，而是作为参数假设检验的一个有力的补充，符合人类认识问题、解决问题的认知过程。与参数假设检验类似，非参数检验过程也是先根据问题提出原假设，然后利用统计学原理构造适当的统计量，最后利用样本数据计算统计量的概率 P 值，与显著性水平进行比较得出拒绝或者接受原假设的结论。常用的非参数检验方法有单样本非参数检验、两独立样本非参数检验、多独立样本非参数检验等。本章主要应用两独立样本非参数检验，包括 K-S 检验（Kolmogorov-Smirnov）、曼-惠特尼 U 检验（Mann-Whitney）、Wald-Wolfowitz 游程检验等方法。

（3）确定样本容量

为了分析日期、时段、天气等因素对公交行程时间是否产生显著影响，需随机抽取样本进行差异性分析。进行差异性分析前，需先确定最小检验样本量。

例如，在进行天气对行程时间的差异性分析时，晴天与雨天可以视为两组检验样本，假设两个组分别是 A、B 组，A 组的均值为 μ_A，B 组的均值为 μ_B，检验假设原理如下：

$$H_0: \mu_A - \mu_B = 0$$
$$H_1: \mu_A - \mu_B \neq 0 \tag{4-16}$$

其中两组样本大小之间的比例为：

$$k = \frac{n_A}{n_B} \tag{4-17}$$

利用下面的公式来计算样本大小：

$$n_A = k n_B, \quad n_B = \left(1 + \frac{1}{k}\right)\left(\sigma \frac{z_{1-\alpha/2} + z_{1-\beta}}{\mu_A - \mu_B}\right)^2 \tag{4-18}$$

$$1 - \beta = \varphi(z - z_{1-\alpha/2}) + \varphi(-z - z_{1-\alpha/2}), \quad z = \frac{\mu_A - \mu_B}{\sigma\sqrt{\dfrac{1}{n_A + n_B}}} \tag{4-19}$$

式中　　μ_A、μ_B——A、B 两组的均值；

k——两组样本数量比；

σ——标准差；

φ——标准正态分布函数；

α——第一类错误；

β——第二类错误。

根据上述公式计算，计算得到所需最小样本量如表 4-9 所示。

样本容量计算结果　　　　　　　　　　　　　　表 4-9

均值		k	最小样本量	确定样本量
A 组：晴天 （7：00～9：00）	B 组：雨天 （7：00～9：00）	A、B 组样本比		
62.644min	68.02 min	1	19	25

经计算，所需要的最小样本量为19个。应以满足最小样本量为前提，因此下文在进行差异性检验时，在晴天（7:00～9:00）和雨天（7:00～9:00）两组当中均随机选取25个车次作为检验样本。

3. 日期对行程时间的影响

（1）总体特征规律

图4-19显示了一周内不同天7:00～9:00公交行程时间的变化情况，其中，周一为5月25日。如图4-19所示，一周内不同天的公交行程时间变化情况都不相同，尤其周日的行程时间与其他时间差别更明显。

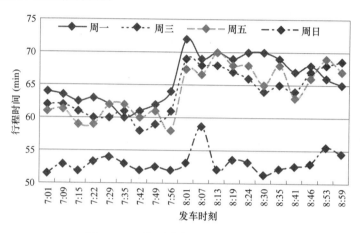

图4-19 日期对公交行程时间的影响

（2）差异性分析

为分析日期对公交行程时间是否产生显著影响，随机抽取样本进行差异性分析。根据式（4-16）～式(4-19)计算，所需要的最少样本量为17个。应以满足最大样本量为前提，因此下文在进行差异性检验时，在工作日（7:00～9:00）、周末（7:00～9:00）两组当中均随机选取25个车次作为检验样本。

随机抽取工作日和周末（分别为7日和9日的7:00～9:00，均为晴天）各25个样本，其公交行程时间均值统计结果如表4-10所示。工作日和周末的平均行程时间分别为62.3min和53.6min，工作日的平均行程时间高于周末的平均行程时间，为了进一步证明两者具有显著差异，对两组数据采用方差分析进行差异显著性分析。

公交平均行程时间（min/车次）　　　　　　　　　　表4-10

日期	行程时间					平均值
工作日	57.9	63.4	62.5	58.9	68.4	62.3
	61.4	61.7	55.6	63.8	60.3	
	64	59	63.9	60.7	67.2	
	59.6	59.7	62.6	71.6	64.7	
	64.1	64.2	54.7	66.7	59.9	

续表

日期	行程时间					平均值
周末	54.1	50.8	53.4	53.9	56.3	53.6
	55.5	55.7	50.7	47	53.3	
	46.2	61.3	54.7	53.2	55.2	
	52.5	54.5	56.2	54.8	50.1	
	55.9	50.5	55.8	55.2	54.1	

1) 正态性分析

对两组数据进行正态性检验，检验结果如表 4-11 所示。利 K-S 检验法，如果检验的 P 值大于显著性水平 0.05，则认为具有正态性，反之则不具有正态性。

从表 4-11 可知，工作日早高峰和周末早高峰显著性 P 值分别是 0.536、0.666，均大于 0.05，可以认为这两组数据具有正态性。

正态性检验表 表 4-11

日期		工作日	周末
N		25	25
正态参数 a, b	均值	62.260	53.636
	标准差	5.601	4.361
Kolmogorov-Smirnov Z		0.805	0.727
渐近显著性（P 值）		0.536	0.666

2) 方差齐次性分析

对两组数据做方差齐次性检验见表 4-12。利用 Levene 检验法，如果检验结果的 P 值大于显著性水平 0.05，则认为具有方差齐次性，反之不具有方差齐次性。

方差齐次性检验表 表 4-12

Levene 统计量	d$f1$	d$f2$	显著性（P 值）
2.822	1	48	0.098

由表 4-12 可知，检验结果的显著性 P 值为 0.098，大于 0.05，表明两组数据具有方差齐次性。

3) 方差分析

对两组数据进行方差分析，检验结果如表 4-13 所示。

方差分析表 表 4-13

	平方和	df	均方	F	显著性（P 值）
组间	192.080	1	192.080	8.666	0.004
组内	929.04	48	19.355		
总数	1121.12	49			

从表 4-13 可知，显著性 P 值为 0.004，小于显著性水平 0.05，说明日期对公交行程时间具有显著影响。所以日期因素应作为公交到站时间预测模型的一个考虑因素。

4. 天气对行程时间的影响

(1) 总体特征规律

图 4-20 为不同天气条件下的工作日公交单程行程时间变化图，由图可知，雨天的公交行程时间明显高于晴天的公交行程时间。分析其原因，一方面，雨天使得道路路面湿滑，驾驶员视线受到天气干扰，部分保守的驾驶员出于安全考虑，以较低的车速行驶；另一部分驾驶员由于受到前车车速的影响不得不放慢速度行驶；另一方面，雨天道路上易发生交通事故造成道路拥堵，以上因素促使雨天条件下公交行程时间较长。

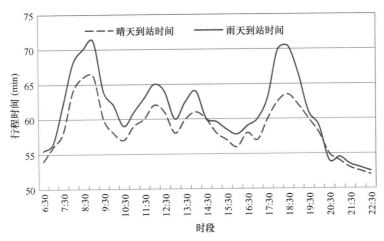

图 4-20 天气对公交行程时间的影响

(2) 差异性分析

为分析天气对公交行程时间是否产生显著影响，随机抽取样本进行差异性分析。根据式 (4-16)～式 (4-19) 计算，所需要的最少样本量为 19 个。应以满足最大样本量为前提，因此下文在进行差异性检验时，在晴天早高峰和雨天早高峰两组当中均随机选取 25 个车次作为检验样本。

随机抽取工作日 5 月 13 日和 14 日 7:00～9:00 各 25 个样本，13 日、14 日分别为晴天和雨天，其公交行程时间均值统计结果如表 4-14 所示。晴天和雨天的平均行程时间分别为 62.6min 和 68.0min，雨天的平均行程时间大于晴天的平均行程时间，为了进一步证明两者具有显著差异，对两组数据采用方差分析进行差异显著性分析。

公交平均行程时间（min/车次）　　　　表 4-14

天气	行程时间					平均值
晴天	67.1	61.6	60.4	66.7	59.4	62.6
	60.1	63.9	64.6	66.3	64.3	
	58.7	63.2	58.9	62.2	61.3	
	61.1	65.3	67.9	60.8	61.8	
	60.7	64.6	64.1	56.9	64.2	

续表

天气	行程时间					平均值
雨天	75.5	76.2	67.3	54	76.1	68.0
	62.4	75.4	70.4	47.4	74.9	
	68.4	74.1	84.1	53.6	70	
	82.3	72.2	67.1	55.2	67.8	
	72	60.5	69.9	55	75	

1) 正态性分析

对两组数据进行正态性检验，检验结果如表 4-15 所示。利 K-S 检验法，如果检验的 P 值大于显著性水平 0.05，则认为具有正态性，反之则不具有正态性。

从表 4-15 可知，两组显著性 P 值分别是 0.369、0.301，均大于 0.05，可以认为这两组数据具有正态性。

正态性检验表　　　　　　　　　　表 4-15

天气		晴天	雨天
N		25	25
正态参数 a，b	均值	62.644	68.020
	标准差	4.38051	5.83197
Kolmogorov-Smirnov Z		0.918	0.973
渐近显著性（P 值）		0.369	0.301

2) 方差齐次性分析

对两组数据做方差齐次性检验见表 4-16。利用 Levene 检验法，如果检验结果的 P 值大于显著性水平 0.05，则认为具有方差齐次性，反之不具有方差齐次性。

方差齐次性检验表　　　　　　　　　　表 4-16

Levene 统计量	df1	df2	显著性（P 值）
2.637	1	48	0.114

由表 4-16 可知，检验结果的显著性 P 值为 0.114，大于 0.05，表明两组数据具有方差齐次性。

3) 方差分析

对两组数据进行方差分析，检验结果如表 4-17 所示。

方差分析表　　　　　　　　　　表 4-17

	平方和	df	均方	F	显著性（P 值）
组间	208.167	1	208.167	5.564	0.008
组内	1795.824	48	37.413		
总数	2003.991	49			

从表 4-17 可知，显著性 P 值为 0.008，小于显著性水平 0.05，说明天气对公交行程时间具有显著影响。所以天气因素应作为公交到站时间预测模型的一个考虑因素。

5．时段对行程时间的影响

（1）总体特征规律

由于受到诸多因数的影响，公交车行程时间的变化即使在同一天里也是一个非平稳的随机过程，但同时又呈现出一定的规律变化。如图 4-21 所示，公交车行程时间与时间段有着密切的关系，从图中的工作日行程时间曲线可以看出在早、中、晚三个阶段，出现了三个高峰。

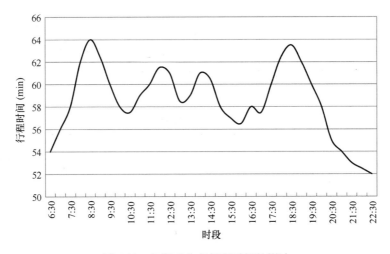

图 4-21 日期对公交行程时间的影响

（2）差异性分析

为了分析时段对公交行程时间是否产生显著影响，随机抽取样本进行差异性分析。根据式（4-16）～式（4-19）计算，所需要的最少样本量为 21 个。应以满足最大样本量为前提，因此下文在进行差异性检验时，在工作日高峰（7:00～9:00）和工作日平峰（9:00～11:30）两组当中均随机选取 25 个车次作为检验样本。

随机抽取工作日 5 月 13 日的平峰和高峰各 25 个样本，其公交行程时间均值统计结果如表 4-18 所示。平峰和高峰的平均行程时间分别为 57.3min 和 63.8min，高峰的平均行程时间高于平峰的平均行程时间，为了进一步证明两者具有显著差异，对两组数据采用方差分析进行差异显著性分析。

公交平均行程时间（min/车次） 表 4-18

时段	行程时间					平均值
平峰	57.5	67.9	55.5	48.2	57.3	57.3
	52.5	47.8	50.4	56.1	57.1	
	60.2	57.8	49.6	56.9	65.9	
	65.5	64.6	54	59.7	58.6	
	65.1	53.4	55	57.1	58	

续表

时段	行程时间					平均值
高峰	67.1	61.6	60.4	66.7	59.4	62.6
	60.1	63.9	64.6	66.3	64.3	
	58.7	63.2	58.9	62.2	61.3	
	61.1	65.3	67.9	60.8	61.8	
	60.7	64.6	64.1	56.9	64.2	

1) 正态性分析

对两组数据进行正态性检验，检验结果如表 4-19 所示。利用 K-S 检验法，如果检验的 P 值大于显著性水平 0.05，则认为具有正态性，反之则不具有正态性。

从表 4-19 可知，平峰和高峰显著性 P 值分别是 0.597、0.369，均大于 0.05，可以认为这两组数据具有正态性。

正态性检验表　　表 4-19

时段		平峰	高峰
N		25	25
正态参数 a,b	均值	57.268	62.644
	标准差	3.49095	4.38051
Kolmogorov-Smirnov Z		0.768	0.918
渐近显著性（P 值）		0.597	0.369

2) 方差齐次性分析

对两组数据做方差齐次性检验见表 4-20。利用 Levene 检验法，如果检验结果的 P 值大于显著性水平 0.05，则认为具有方差齐次性，反之不具有方差齐次性。

方差齐次性检验表　　表 4-20

Levene 统计量	$df1$	$df2$	显著性（P 值）
0.247	1	48	0.622

由表 4-20 可知，检验结果的显著性 P 值为 0.622，大于 0.05，表明两组数据具有方差齐次性。

3) 方差分析

对两组数据进行方差分析，检验结果如表 4-21 所示。

方差分析表　　表 4-21

	平方和	df	均方	F	显著性（P 值）
组间	216.322	1	216.322	6.524	0.06
组内	1591.584	48	33.158		
总数	1807.906	49			

从表 4-21 可知，显著性 P 值为 0.06，小于显著性水平 0.05，说明时段对公交行程时间具有显著影响。所以时段因素应作为公交行程时间预测模型的一个考虑因素。

4.5.2 纯电动公交车影响因素

对于纯电动公交车，通过对纯电动公交车辆的运行特征和道路环境的实际考察和分析，公交行程时间还受到车型、电池 SOC 值、电池年龄和时段的影响。

1. 充电过程

(1) 充电方式

纯电动公交与燃油公交的区别在于：燃油公交补充能源所需时间一般很短，不影响公交车的运营，纯电动公交使用电池作为动力，受续航里程限制，当电池电量不足时无法正常行驶，更换电池或者进行充电所花费的时间较长，对公交的运营将造成一定的影响。

目前，纯电动公交车补充能源的方式主要分为：整车慢充、整车快充和电池更换。下文将对这三种不同充电方式优势和不足进行讨论，主要从充电时间长短、基础设施要求和建设成本方面展开。

1) 整车慢充

整车慢充又称为常规充电，通常采用小功率的交流电进行充电。所以，整车慢充充电速度相对比较慢，一般需要 6~8h。常规充电方式只需小功率、小电压的工作条件，对充电设备要求并不高，也是最安全最经济的充电方式。但常规充电方式需要花费大量的等待时间，如果在白天进行充电，将影响公交时刻表的执行，一般在不急于使用电动公交的夜晚时采用此种充电方式。

2) 整车快充

快速充电又称为应急充电，一般采用大功率的直流电进行充电，充电时间一般在 10~80min 之间。整车快充的优势是能够节省电池充电时间，但是其缺点也不容忽视。一是快充方式严重影响电池的寿命；二是建造大容量充电器，不仅难度大，而且耗费高；三是快速充电需要用大功率，对电网冲击大，影响电网的供电质量。

3) 电池更换

电池更换又称换电模式，当公交车的电量低于设定的值时，公交车不再执行班次，必须将公交车开到指定的地点更换电量饱满的电池后才能继续投入运营，并对拆下的电池进行充电。换电模式的优势是车电分离、方便快捷。一般换电过程只需 8~10min，公交车补充能源无需花费大量的等待时间，不影响班次的执行。但换电模式投资较大，换电站占地面积大建设费用高，且一般需要额外增加 50% 的备用轮换电池，导致经济效益低，目前尚未大范围普及推广。

(2) 充电过程分析

当纯电动公交车的 SOC 值不足以支撑其完成一个班次，需进行补充能源。纯电动公交车换电方式所需时间较短，一般在 10min 之内即可完成，对公交车辆执行班次不产生影响。而采用整车充电的方式需较长的时间，充电完成后方可继续执行班次。经调查得知，福州市 321 路纯电动公交车辆均采用整车快充方式进行充电，观察并记录纯电动公交充电过程 SOC 值的变化。如图 4-22 所示，电动公交车 SOC 值随着充电时间的增加而不断增大，两者之间存在很强的线性关系，每个充电过程，SOC 值曲线基本保持平行，所

以 SOC 值的增长率相同。

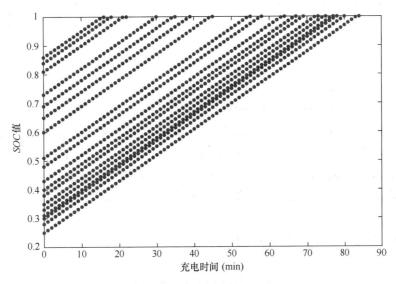

图 4-22 充电过程 SOC 值变化

2. 放电过程

以福州 321 路公交为例。经过调查得知，福州 321 路公交线路共配有 36 辆车，其中，纯电动公车辆有 33 辆。跟车记录 321 路电动公交车"闽 A01166D"进入充电场充电至满电状态过程的电池管理系统的荷电状态值的变化（State Of Charge，SOC）。将获得的行驶里程数据与 SOC 值利用 Matlab 整理，画出电动公交车放电过程的散点图，如图 4-23 所示，纯电动公交车在行驶的过程中，SOC 值呈不断下降的趋势。当车辆充满电后，行驶里程为 0km 时，电量未被消耗处于满电状态。当电动公交车行驶里程超过 200km 时，SOC 值只能维持在 0.2～0.3 范围之内，SOC 值与电动公交车辆的行驶里程存在很强的线性关系。SOC 值与行驶里程的相关性系数如表 4-22 所示。

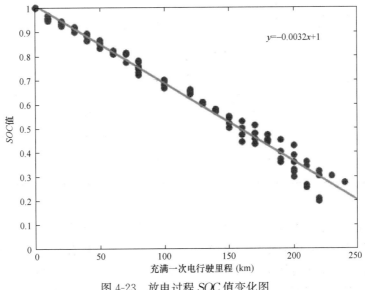

图 4-23 放电过程 SOC 值变化图

SOC 值与行驶里程的相关性系数 表 4-22

因素	相关显著性	行驶里程	SOC 值
行驶里程	Pearson 相关显著性（双侧）	1	−0.992
			0
SOC 值	Pearson 相关显著性（双侧）	−0.992	1
		0	

显著性（双侧）为 1 表明 SOC 值与行驶里程两个因素相关性显著，相关系数为 −0.992 表明 SOC 值与行驶里程两个因素存在极强的线性关系。为了排除偶然性，需选取多组数据验证两个因素的关联程度。记录纯电动公交车多个放电过程的行驶里程与 SOC 值数据的变化情况，从中筛选出 30 组数据，计算两个因素的 Pearson 相关系数，计算结果见表 4-23。

通过线性拟合得到 SOC 值与行驶里程关系得到如下方程：

$$y = -0.0032x + 1 \tag{4-20}$$

SOC 值与行驶里程的相关性系数 表 4-23

编号	SOC 最高值	SOC 最低值	Pearson 相关系数	编号	SOC 最高值	SOC 最低值	Pearson 相关系数
1	1	0.3	−0.993	16	1	0.3	−0.993
2	1	0.4	−0.992	17	0.9	0.2	−0.990
3	0.8	0.2	−0.997	18	0.8	0.3	−0.991
4	0.9	0.2	−0.993	19	1	0.3	−0.991
5	1.0	0.3	−0.996	20	0.9	0.2	−0.988
6	1	0.2	−0.993	21	0.8	0.3	−0.987
7	1	0.3	−0.990	22	0.7	0.2	−0.985
8	1	0.4	−0.993	23	0.9	0.3	−0.984
9	0.8	0.2	−0.991	24	0.8	0.3	−0.983
10	0.9	0.3	−0.988	25	0.9	0.4	−0.986
11	0.9	0.2	−0.995	26	0.9	0.4	−0.987
12	1	0.4	−0.986	27	1	0.5	−0.988
13	1	0.3	−0.993	28	1	0.3	−0.968
14	1	0.6	−0.993	29	1	0.3	−0.988
15	1	0.5	−0.994	30	0.8	0.3	−0.991

3. 车型

福州市的纯电动公交类型有 3 种：XMQ6111AGBEVL（A 型号）、XML6805JEVD0C（B 型号）、XMQ6706E（C 型号），不同车型纯电动公交车辆具有不同的特性如表 4-24 所示。在运营过程中，根据客流量的大小和道路条件实际情况，选取合适的公交车辆型号，可以减少公交车的行程时间，提高纯电动公交车的服务水平。不同型号纯电动公交车的差

第4章 公交行程时间可靠性影响因素分析

异性主要体现在车辆的加减速性能。

福州纯电动公交车辆不同车型参数配置 表 4-24

公交车型号	A 型号	B 型号	C 型号
尺寸（mm×mm×mm）	10700×2500×3070	8045×2350×2930	7000×2050×2670
最高车速（km/h）	69	69	100
电机功率（kW）	100	150	115
总质量（kg）	18000	11400	7400

由于车型不同，车辆的质量、电机功率等参数也不同，导致公交的加减速性能存在较大的差异，为了定量分析不同型号的纯电动公交车辆加减速时间，选取平峰时段且交通量较为接近的公交站点对三种型号的纯电动公交车辆进行调查。分别测得 A 型号（10.7m）、B 型号（8.0m）、C 型号（7.0m）减、加速进站时间有效样本各 200 个。通过分析数据可以得到：不同型号的纯电动公交车辆加减速时间分布如图 4-24 所示，加、减速时间的特征值如表 4-25 所示。

不同型号纯电动公交车辆加减速时间特征值表 表 4-25

类别		总体	A 型号	B 型号	C 型号
减速时间	平均值（s）	6.67	6.99	6.61	6.38
	标准差（s）	1.29	1.31	1.25	1.24
加速时间	平均值（s）	11.67	13.45	11.69	9.85
	标准差（s）	2.68	2.53	2.12	2.04

如表 4-25、图 4-24 所示，三种型号的纯电动公交车辆在减速过程中减速时间差别不是很大。C 型号（7.0m）减速时间的标准差是 1.24s，小于 B 型号（8.0m）的 1.25s 和 A 型号（10.7m）的 1.31s，说明 C 型号（7.0m）减速时间分布比较均匀，而 A 型号（10.7m）则相对分散。A 型号（10.7m）减速时间主要集中在 4～8s，占调查总数的 80.5%，B 型号（8.0m）减速时间主要集中在 4～7.0s，占调查总数的 78%，C 型号（7.0m）的减速时间主要集中在 4～6.75s，占调查总数的 83%。C 型号（7.0m）的减速时间平均值是 6.38s，而 B 型号（8.0m）和 A 型号（10.7m）减速时间平均值分别为 6.61s 的 6.99s，说明 C 型号（7.0m）减速性能最好，B 型号（8.0m）次之，A 型号（10.7m）较差。

三种型号的纯电动公交车辆在加速过程中加速时间具有比较明显的差异。C 型号（7.0m）加速时间的标准差是 2.04s，小于 B 型号（8.0m）的 2.12s 和 A 型号（10.7m）的 2.53s，说明 C 型号（7.0m）加速时间分布比较均匀，而 A 型号（10.7m）则相对分散。A 型号（10.7m）加速时间主要集中在 10～17s，占调查总数的 85%，B 型号（8.0m）加速时间主要集中在 9～15s，占调查总数的 82%，C 型号（7.0m）的加速时间主要集中在 7～13s，占调查总数的 84.5%。C 型号（7.0m）的加速时间平均值是 9.85s，而 B 型号（8.0m）和 A 型号（10.7m）的减速时间平均值分别为 11.69s 和 13.45s，说明 C 型号（7.0m）加速性能最好。

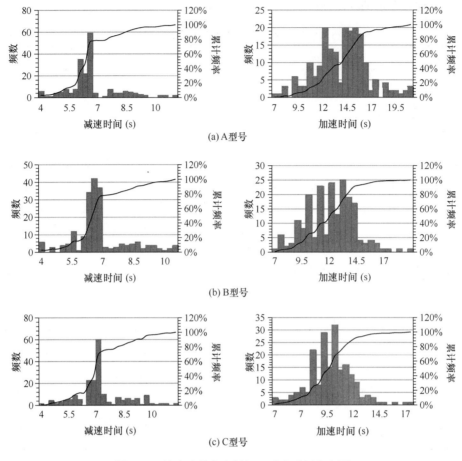

图 4-24 纯电动公交车辆加、减速时间分布图

通过定量分析纯电动公交车辆加、减速时间与车辆型号的关系可知：不同型号的车辆在加减速性能的差异对公交行程时间的影响具有较大的差异性。车辆质量越小，电击功率越大，加减速性能越好。所以，应将车型作为纯电动公交行程时间预测模型的一个输入变量。

4. *SOC* 值

福州市 321 路纯电动公交车辆均为 XMQ6111AGBEVL 型号（10.7m），选取平峰时段 14：00～16：00 的 321 路葛屿村—尤溪洲桥头路段纯电动公交行程时间，分析 *SOC* 值对行程时间的影响。图 4-25 显示了纯电动公交车剩余电量不同时，公交行程时间的变化。如图 4-25 所示，从总体上看，当纯电动公交的行程时间在 *SOC* 值为 0.4～1 之间时，电量越充足行程时间越短，但行程时间差基本在 20～30s 之间，差别不明显。但当 *SOC* 值下降到 0.4 以下时，纯电动公交的行程时间明显增大，且站点行程时间波动较大，电池处于较不稳定的状态。因此，判断纯电动公交的 *SOC* 值将会影响公交行程时间。

为了验证 *SOC* 值对纯电动公交行程时间有影响，随机选取 321 路公交车辆 *SOC* 值为 0～0.4、0.4～0.6 和 0.6～1.0 时对应的 30 个葛屿村—尤溪洲桥头路段行程时间样本进行检验，3 组数据的公交行程时间平均值统计结果如表 4-26 所示。*SOC* 值为 0～0.4、0.4～0.6

第4章 公交行程时间可靠性影响因素分析

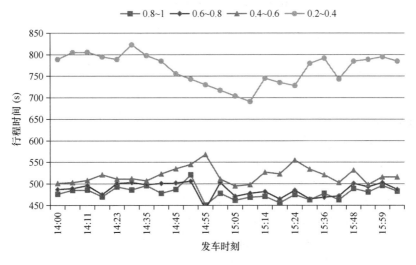

图 4-25 SOC 值对公交行程时间的影响

和 0.6~1.0 时纯电动公交的行程时间平均值分别为 761.33s、519.7s 和 486.7s。从表 4-26 可知，SOC 值在 0.4 以下时，纯电动公交的平均行程时间大于 SOC 值为 0.4~0.6 和 0.6~1 时。三组样本的均值不相等，意味着 SOC 值对纯电动公交行程时间是有影响的。为证明三组数据有显著的差异性，计算三组数据的方差进行检验。

利用 K-S 检验法对以上三组数据进行正态性检验，结果如表 4-27 所示。由于 3 组数据的渐进显著性均大于 $\alpha(\alpha = 0.05)$，所以认为三组纯电动公交行程时间具有正态性。

纯电动公交平均行程时间统计（s/车次）　　表 4-26

SOC 值	行程时间						平均值
0~0.4	781	785	766	775	719	773	761.43
	788	785	756	743	747	757	
	704	691	745	735	728	780	
	761	751	745	735	728	780	
	739	735	777	735	764	754	
0.4~0.6	501	503	508	521	511	512	519.73
	507	523	535	545	568	511	
	495	498	527	523	555	534	
	521	503	532	498	516	516	
	496	498	537	523	541	534	
0.6~1.0	476	485	486	470	493	486	486.67
	496	478	487	521	451	478	
	487	521	451	487	489	496	
	475	501	503	498	501	502	
	506	442	503	471	478	482	

纯电动公交行程时间正态性检验表　　　　　　　　　　表 4-27

SOC 值		0.6～1.0	0.4～0.6	0～0.4
N		30	30	30
正态参数 a，b	均值	486.67	519.73	761.43
	标准差	18.40	18.46	21.21
Kolmogorov-Smirnovz		0.200	0.200	0.200
渐近显著性（P 值）		0.139	0.257	0.178
是否服从正态分布		是	是	是

方差齐次性检验又称 Levene 检验法，检验不同组的数据是否来源于同一总体。若显著性 P 值大于 α，则接受原假设：方差具有齐次性，反之，则拒绝原假设。表 4-28 显示了方差齐次性的检验结果，P 值大于 α，说明以上三组数据具有方差齐次性。

方差齐次性检验表　　　　　　　　　　表 4-28

Levene 统计量	d$f1$	d$f2$	显著性（P 值）
2.822	2	87	0.251

表 4-29 中对三组数据的方差进行了分析，显著性 P 值为 0.001 小于 α，因此认为纯电动公交车辆 SOC 值会影响它的行程时间，应将 SOC 值作为纯电动公交行程时间预测模型的一个输入变量。

方差分析表　　　　　　　　　　表 4-29

	平方和	df	平均值平方	F	显著性（P 值）
群组间	1350090.156	2	675045.078	1792.927	0.001
群组内	32755.900	87	376.505		
总计	1382846.056	89			

5. 电池年龄

纯电动公交车辆的电池需进行不断地充电、放电，使用年限越长，充电、放电次数越多，电池老化现象越严重。电池性能随着使用年限的增长是一个逐渐衰减的过程，致使纯电动公交行程时间存在不确定性。

胡泽徽对电池实施不同的工况实验，结合不同的数学算法对电池特性进行仿真分析和特征参数的提取，参数变化如图 4-26 所示。由图可知放电倍率越大，电池容量下降得越快；循环次数越多，电池容量越小，且当充电循环次数大于 150 次时，电池容量出现急剧降低现象。出现此种现象的原因是放电倍率越大，电池的电阻就越大，在一定程度上阻

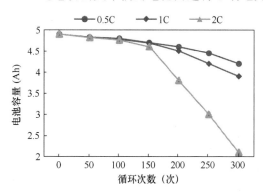

图 4-26　纯电动公交车循环次数对电池容量的影响

碍了化学反应的发生。电池每次充放电的过程都会消耗一些活性材料，当达到一定次数时，电池容量将急剧降低。

表 4-30 为 321 路纯电动车辆的管理信息，记录了车牌号、长度、电池年龄等信息。

321 路车辆管理信息   表 4-30

车牌号	燃油类型	车辆长度（m）	购买时间	启用时间	电池年龄
闽 A01166D	纯电动	10.5	2018-01-09	2018-02-01	0.5 年
闽 A01101D	纯电动	10.5	2018-01-09	2018-02-01	0.5 年
闽 AYE302	纯电动	10.7	2016-10-31	2017-02-16	1.5 年
闽 AYE310	纯电动	10.7	2016-10-31	2017-02-16	1.5 年
闽 AYD083	纯电动	10.7	2015-11-13	2015-12-18	3 年
闽 AYD718	纯电动	10.7	2015-11-13	2015-12-18	3 年

统计平峰时段 14:00～16:00 的 321 路葛屿村—尤溪洲桥头路段电池年龄不同的纯电动公交行程时间，分析电池年龄对行程时间的影响。图 4-27 显示了纯电动公交车电池年龄不同时，公交行程时间的变化。如图 4-27 所示，从总体上看，电池年龄越小行程时间越短。电池年龄为 3 年所对应的公交行程时间大于电池年龄为 0.5 年和 1.5 年，因此，判断纯电动公交的电池年龄会影响公交行程时间。

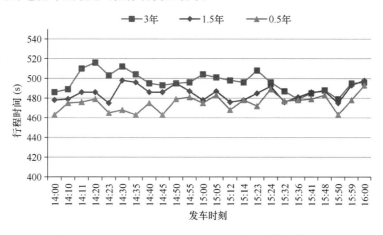

图 4-27 纯电动公交电池年龄对公交行程时间的影响

纯电动公交平均行程时间统计（s/车次）   表 4-31

电池年龄	行程时间						平均值
3 年	463	475	476	479	465	468	496.96
	463	475	463	479	481	475	
	478	479	483	463	478	493	
	761	751	745	735	728	780	
	471	465	478	469	486	481	

续表

电池年龄	行程时间						平均值
1.5年	478	479	486	486	475	498	484.24
	496	486	486	495	487	478	
	495	498	527	523	555	534	
	481	486	487	475	493	498	
	478	485	496	465	486	473	
0.5年	463	475	476	479	465	468	475.10
	463	475	463	479	481	475	
	483	468	478	472	489	477	
	478	479	483	463	478	493	
	471	465	478	469	486	481	

对公交车辆电池年龄分别为 0.5 年、1.5 年和 3 年所对应的 30 个葛屿村—尤溪洲桥头路段行程时间样本进行检验，三组数据的公交行程时间平均值统计结果如表 4-31 所示。电池年龄为 0.5 年、1.5 年和 3 年纯电动公交的行程时间平均值分别为 496.96s、484.24s 和 475.10s。从表 4-31 可知，公交车辆电池年龄为 3 年时，纯电动公交的平均行程时间大于电池年龄为 0.5 年和 1.5 年所对应的行程时间。三组样本的均值不相等，意味着电池年龄对纯电动公交行程时间是有影响的。为证明三组数据有显著的差异性，计算三组数据的方差进行检验。

利用 K-S 检验法对以上三组数据进行正态性检验，结果如表 4-32 所示。由于三组数据的渐进显著性均大于 $\alpha(\alpha=0.05)$，所以认为三组纯电动公交行程时间具有正态性。

纯电动公交行程时间正态性检验表　　　　　表 4-32

SOC 值		0.5 年	1.5 年	3 年
N		30	30	30
正态参数 a,b	均值	496.96	484.24	475.1
	标准差	10.46	8.19	8.01
Kolmogorov-Smirnovz		0.158	0.155	0.200
渐近显著性（P 值）		0.399	0.241	0.202
是否服从正态分布		是	是	是

表 4-33 显示了方差同质性的检验结果，P 值为均大于 α，说明了不同使用年限的电池所对应的三组行程时间具有方差齐次性。

表 4-34 中对三组数据的方差进行了分析，显著性 P 值为 0.001 小于 α，因此认为纯电动公交车辆电池年龄的不同会影响纯电动公交的行程时间，应将电池年龄作为纯电动公交行程时间预测模型的一个输入变量。

方差同质性检验表　　　　　表 4-33

Levene 统计量	$df1$	$df2$	显著性（P 值）
2.822	2	87	0.500

第4章 公交行程时间可靠性影响因素分析

方差分析表　　　　　　　　　　表 4-34

	平方和	df	平均值平方	F	显著性（P值）
群组间	7299.267	2	3649.633	44.037	0.001
群组内	7210.333	87	82.877		
总计	44509.600	89			

6. 时段

时段对于纯电动公交行程时间的影响主要体现在两个方面：道路交通流密度和乘客上下车人数。在高峰时段，城市居民上下班、上下学等通勤需求高，道路交通流密度高，社会车辆对纯电动公交干扰大，导致公交运行速度低，行程时间长。同时在公交站点的公交乘客人数多，乘客上下车时间长，也是公交在高峰时段行程时间长的原因之一。而在平峰时段道路交通流密度相对较低，道路处于较畅通的状态，乘客上下车的延误时间也较短，因此，在平峰时段纯电动公交的行程时间较短。

当车流密度大时，速度—密度的关系可以用格林伯格提出的对数模型描述，如图 4-28 所示，交通流的速度随时间车辆密度的增大而减小，当车辆密度达到 200 辆/km 时，交通流的速度为 0。

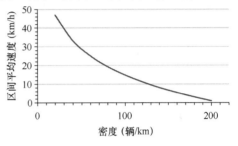

图 4-28　速度-密度对数曲线

$$v = v_\mathrm{m} \ln \frac{K_\mathrm{j}}{K} \tag{4-21}$$

式中　v_m——最大交通量速度（km/h）；

　　　K——密度（辆/km）；

　　　K_j——阻塞密度（辆/km）。

如图 4-29 所示为 2018 年 8 月 13 日 321 路公交新村方向全天分时段的葛屿村—尤溪洲桥头站间行程时间变化图。从图中可以看出公交行程时间的分布在 7:00～9:00 和 17:00～19:00 时出现早晚两个高峰。

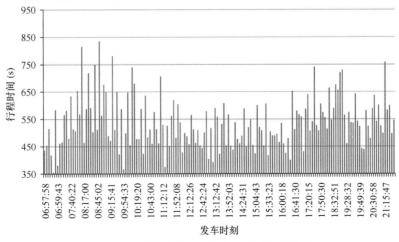

图 4-29　时段对纯电动公交行程时间的影响

为了分析时段是否会对纯电动公交的行程时间产生影响，分别选取高峰时段（7:00～9:00、17:00～19:00）和平峰时段（9:00～17:00）的30个葛屿村—尤溪洲桥头路段行程时间数据进行分析，行程时间统计结果如表4-35所示。

纯电动公交行程时间（s/车次） 表4-35

时段	行程时间					平均值
平峰时段	424	580	460	478	490	511.80
	490	514	458	437	759	
	466	460	499	452	504	
	482	517	455	602	355	
	652	565	524	562	601	
高峰时段	559	503	464	547	566	591.03
	634	741	514	591	815	
	581	541	381	587	508	
	507	676	466	719	574	
	835	527	512	654	567	

利用K-S检验法对以上两组数据进行正态性检验，结果如表4-36所示。

表4-37显示了方差齐次性的检验结果，平峰时段和高峰时段的P值分别为0.057和0.148，均大于$\alpha(\alpha=0.05)$，说明了高峰、平峰纯电动公交行程时间具有方差齐次性，服从正态分布。

正态性检验结果 表4-36

时段		平峰	高峰
N		30	30
正态参数a,b	均值	511.80	591.03
	标准差	79.85	106.37
Kolmogorov-Smirnov Z		0.134	0.053
渐近显著性（P值）		0.057	0.148

表4-38中对两组数据的方差进行了分析，显著性P值为0.002小于α，因此认为时段会影响纯电动公交行程时间，应将时段作为纯电动公交行程时间预测模型的一个输入变量。

方差齐次性检验表 表4-37

Levene统计量	$df1$	$df2$	显著性（P值）
2.466	1	58	0.122

方差分析表 表 4-38

	平方和	df	均方	F	显著性（P 值）
群组间	84168.817	1	94168.817	10.645	0.002
群组内	513067.767	58	8845.996		
总数	607236.583	59			

第 5 章 公交行程时间预测方法与模型

公交车相邻站间行程时间具有动态性、随机性和模糊性的特性，其表现相当于明显的非线性动力学过程。常用的行程时间预测方法主要有时间序列法、多元回归法、卡尔曼滤波法、人工神经网络等。从以往的文献可以看出，历史数据法、统计回归模型实时性较差，复杂交通状态下的预测精度低；神经网络法的难点是难以确定网络结构，且容易产生过学习和欠学习问题；卡尔曼滤波模型在多步预测时，精度明显下降；支持向量机回归模型在确定其核函数及相应参数时，较难计算且耗时较长，不适用于实时预测。与基于数理统计的行程时间预测模型相比，基于人工智能技术模型能够对传统模型的缺点进行改进，得到的预测效果更好。因此，本章介绍了基于 PSO-WNN 和 GA-BP 两种算法的普通公交车行程时间预测模型，以及基于 FA-BP 算法的电动公交行程时间预测模型，并结合实际公交运行数据进行算例分析，验证了模型的可靠性及可行性。

5.1 公交行程时间预测常用模型及其特点

目前对公交行程时间进行预测的研究应用一般集中在为公交车辆调度服务，以及为公交出行提供实时、准确的公交到站信息服务，增加便利性。常用的公交车辆行程时间预测的方法主要有：历史数据模型、统计回归模型、卡尔曼滤波模型、人工神经网络、支持向量机模型等。近年来，组合模型日益广泛地应用于公交车到站时间预测，和仅使用一种预测模型的方式相比较，组合模型在预测的准确度上具备更大的优势，并且面对复杂的外部因素可以提供更为可靠的预测结果。公交行程时间常用预测模型及特点见表 5-1。

公交行程时间常用预测模型及其特点　　　　　表 5-1

模型名称	优点	缺点	适用性
历史数据模型	相对简单易懂，数据便于计算，对于获取数据的设备精度要求不高	出行特殊情况或突发事件时预测精度大幅下降	非高峰期预测
统计回归模型	探究变量间的定量关系，相对于历史数据模型更为精确	难以拟合变量间的非线性数学关系，泛化能力较差，在复杂条件下精确度较低	平峰期预测
卡尔曼滤波模型	预测准确度较高，能基于历史和实时数据的变化，动态调整预测结果	需要大量的实时数据进行迭代，多步预测时精度明显下降，计算耗时较长	多种不同线路的预测
人工神经网络	能够完成非线性系统的识别，可以实现较高精度的预测	需要大量的训练，耗参数优化耗时较长，且易陷入局部最优	高峰期和平峰期的预测
支持向量机模型	将低维线性转化为高维线性，避免了结构选择和局部极小点问题	需要对大规模的样本进行训练，解决多分类问题困难，对参数和核函数选择敏感	单一线路预测

5.2 基于改进粒子群优化小波神经网络的公交行程时间预测

5.2.1 小波神经网络理论及粒子群算法介绍

1. 小波神经网络原理

小波神经网络（Wavelet Neural Network，WNN）是将小波分析和神经网络相结合的数学模型，它的基础是 BP 神经网络拓扑结构，其隐含层节点的传递函数是小波基函数，代替了原有的 Sigmoid 函数，即将小波函数引入 BP 网络的隐含层中作为传递函数，而且小波神经网络的传递函数中引入了平移因子和伸缩因子，使其有更强的识别、容错和预测能力。小波神经网络拓扑结构如图 5-1 所示。

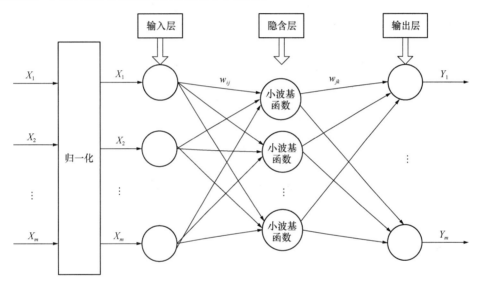

X_1、$X_2 \cdots X_m$—小波神经网络输入样本；Y_1、$Y_2 \cdots Y_m$—小波神经网络输出样本；w_{ij}、w_{jk}—小波神经网络输入、输出权值

图 5-1 小波神经网络拓扑结构

在输入样本数据为 $X_i(i=1,2,\cdots,k)$ 时，隐含层输出的数学表达式为：

$$h(j) = h_j \left[\frac{\sum_{i=1}^{k} w_{ij} x_i - b_j}{a_j} \right] \quad j = 1, 2, \cdots, l \tag{5-1}$$

式中　$h(j)$——隐含层第 j 个节点输出值；

　　　h_j——小波基函数；

　　　w_{ij}——输入层和隐含层的连接权值；

　　　b_j——小波基函数 h_j 的平移因子；

　　　a_j——小波基函数 h_j 的伸缩因子；

　　　l——隐含层节点数。

小波神经网络输出层的数学表达式为：

$$y(k) = \sum_{i=1}^{l} w_{jk}h(j) \quad k = 1,2,\cdots,m \tag{5-2}$$

式中 $y(k)$——第 k 个输出层值；

w_{jk}——第 j 个隐含层到第 k 个输出层的权值；

m——输出层节点数。

传统的小波神经网络权值及阈值的修正算法，与 BP 神经网络权值修正算法类似，即使用梯度修正法不断的修正网络的权值和小波基函数的阈值，使得期望输出与预测输出差距不断减小，当两者误差满足误差限时即可停止修正。小波神经网络修正过程如下：

（1）计算网络预测误差

$$e = \sum_{k=1}^{m}[yn(k) - y(k)] \tag{5-3}$$

式中 e——小波神经网络预测误差；

$yn(k)$——第 k 个期望输出值。

（2）根据网络预测误差 e 修正小波神经网络权值和小波基函数系数

$$\begin{aligned} w_{n,k}^{(i+1)} &= w_{n,k}^{i} + \Delta w_{n,k}^{(i+1)} \\ a_{k}^{(i+1)} &= a_{n,k}^{i} + \Delta a_{k}^{(i+1)} \\ b_{k}^{(i+1)} &= b_{n,k}^{i} + \Delta b_{k}^{(i+1)} \end{aligned} \tag{5-4}$$

式中 $\Delta w_{n,k}^{(i+1)}$、$\Delta a_{k}^{(i+1)}$、$\Delta b_{k}^{(i+1)}$——根据网络预测误差计算得到。

$$\begin{aligned} \Delta w_{n,k}^{(i+1)} &= -\eta \frac{\partial e}{\partial w_{n,k}^{(i)}} \\ \Delta a_{k}^{(i+1)} &= -\eta \frac{\partial e}{\partial a_{k}^{(i)}} \\ \Delta b_{k}^{(i+1)} &= -\eta \frac{\partial e}{\partial b_{k}^{(i)}} \end{aligned} \tag{5-5}$$

式中 η——学习速率。

2. 小波神经网络算法训练步骤

步骤 1：网络初始化。对小波基函数的伸缩因子 a_k、平移因子 b_k、输入层与隐含层连接权值 w_{ij} 及隐含层与输出层连接权值 w_{jk} 进行初始操作，同时设置网络学习速率 η，误差限 er。

步骤 2：样本分类。将总样本进行分类，一是训练样本，二是测试样本。其中训练样本是用于训练小波神经网络，而测试样本则检验小波神经网络预测精度情况。

步骤 3：预测输出。首先将训练样本输入小波神经网络，包括输入样本和输出样本，得到小波神经网络输出和期望输出的误差 e 初始值。

步骤 4：权值修正。根据误差 e 的大小，当不满足误差限时，则不断修正小波神经网络连接权值、小波平移因子、伸缩因子，最终使神经网络预测值逐渐逼近期望值。

步骤 5：判断算法。判断误差 e 是否小于误差限或网络的训练次数是否大于设定的最大迭代次数，如果两个条件有一个满足则程序结束，输出仿真预测结果。反之，则返回步骤3。

3. 粒子群优化算法原理

粒子群优化算法（Particle Swarm Optimization，PSO）属于计算智能领域，其搜索过程如图5-2所示。该算法的流程是：首先将初始种群的位置和速度进行随机初始化，种群中第 i 个粒子在 N 维解空间的位置和速度可分别表示为 $X_i=(x_{i1},x_{i2},\cdots,x_{iN})$ 和 $V_i=(v_{i1},v_{i2},\cdots,v_{iN})$，然后计算初始的个体极值和群体极值。个体极值 $Pbest_i=(Pbest_1,Pbest_2,\cdots,Pbest_N)$ 是指

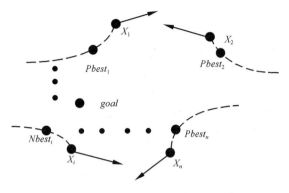

图5-2 粒子群优化算法搜索过程示意图

粒子本身到目前为止所找到的最优解，群体极值 $Nbest_i=(Nbest_1,Nbest_2,\cdots,Nbest_N)$ 是指该粒子的邻域到目前为止找到的最优解，然后通过迭代更新粒子的位置和速度寻找最优解，根据式（5-6）和式（5-7）来更新粒子的速度和位置：

$$V_{i(n+1)}=\omega V_{in}+C_1\cdot rand(\ )\cdot(Pbest_i-X_{in})+C_2\cdot rand(\ )\cdot(Nbest_{in}-X_{in}) \tag{5-6}$$

$$X_{i(n+1)}=X_{in}+V_{in} \tag{5-7}$$

式中 V_{in}——粒子在第 n 步的速度；

X_{in}——粒子在第 n 步的位置；

合适的 C_1 和 C_2 可以加快收敛且不易陷入局部最优，较大的 V_{max} 可以保证粒子种群的全局搜索能力。ω、C_1 和 C_2 共同决定了粒子的空间搜索能力。

以上所述粒子群优化算法是标准粒子群优化算法，目前粒子群优化算法的研究和改进一般以此为基础。

4. 粒子群优化算法的不足

粒子群优化算法结构简单，需要调整的参数较少。在每一次迭代，算法中的粒子根据群体的经验及自身的经验向最佳粒子的方向飞行，具有较强的全局搜索能力，可以更好地飞到有更好解的区域。但在复杂的高维问题寻优过程中，粒子群优化算法具有局部搜索能力差、搜索性能对参数具有依赖性等缺点，为此，有必要对粒子群优化算法进行改进。

5.2.2 改进粒子群算法优化小波神经网络（PSO-WNN模型）

1. 粒子群优化算法的改进

（1）子群策略

设粒子总数为 N，共分成 M 个子群（N 为 M 的倍数）。初始化粒子群，并计算各个粒子的适应度，按照适应度从大到小对粒子进行排序，记排序后的粒子序号分别为1，2，$\cdots$，N。以间隔 $i=N/M$ 依次抽取粒子组成子群，则子群 j 中所包含的粒子为 $\{j\mid j=j+i\times k,k=0,1,\cdots,M\}$。该方式可以有效避免各个子群的分组不均，而且各组中好的粒子可以带动坏的粒子运动寻优，各个子群的进化比较平衡。

(2) 对粒子的速度更新及学习因子的改进

$$V_{i(n+1)} = \omega V_i + C_1 \cdot rand() \cdot (Pbest_i - X_{in}) + C_2 \cdot rand() \cdot (Nbest_{in} - X_{in}) + C_3 \cdot rand() \cdot (NLbest_i - X_{in}) \tag{5-8}$$

$$X_{i(n+1)} = X_{in} + V_{in} \tag{5-9}$$

式中　C_3——学习因子；

$Pbest_i$——粒子本身到目前为止所找到的最优解位置；

$Nbest_{in}$——该粒子的邻域到目前为止找到的最优解位置；

$NLbest_i$——粒子所在的子群到目前为止找到的最优解位置。

算法的学习因子可通过下式求得：

$$C_1 = C_{1s} - \frac{t \times (C_{1s} - C_{1e})}{T_{max}} \tag{5-10}$$

$$C_2 = C_{2s} - \frac{t \times (C_{2s} - C_{2e})}{T_{max}} \tag{5-11}$$

$$C_3 = C_{3s} - \frac{t \times (C_{3s} - C_{3e})}{T_{max}} \tag{5-12}$$

式中　C_{1s}，C_{2s}，C_{3s}——算法初期时 C_1、C_2、C_3 对应的值；

C_{1e}，C_{2e}，C_{3e}——算法后期时 C_1、C_2、C_3 对应的值。

算法初期，C_1 值较大，C_2 和 C_3 值较小，这样有利于粒子在整个空间搜索，具有较强的全局搜索能力；算法后期，让 C_1 值较小，C_2 和 C_3 值较大，这样有利于粒子搜索全局最优解，具有较强的局部搜索能力。

(3) 改进粒子群算法的优势

与标准粒子群算法不同的是，本节粒子速度更新取决于3个因素：粒子本身到目前为止所找到的最优解位置、该粒子的邻域到目前为止所找到的最优解位置和粒子所在的子群到目前为止所找到的最优解位置，这使得粒子群更具多样性，而标准粒子群算法取决于前两者。本节还通过学习因子的设置，使得粒子在初期具有较强的全局搜索能力，后期具有较强的局部搜索能力，有效避免了算法陷入局部最优值。

(4) 改进粒子群优化算法流程

改进粒子群优化算法流程如图5-3所示，具体实施步骤如下：

步骤1：初始化粒子群。在规定范围内随机产生初始粒子的位置 X_i^0、速度 V_i^0，每个粒子的 $Pbest_i$ 坐标设置为其当前位置。每个子群的最优粒子就是该粒子所在子群中个体极值最好的，将 $NLbest_i$ 设定为该最优粒子的当前位置。而整个邻域的最优粒子就是各子群最优粒子中个体极值最好的，将 $NLbest_i$ 设置为该最优粒子的当前位置。

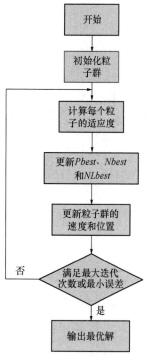

图5-3　改进粒子群优化算法流程

步骤2：计算每个粒子的适应度。对于每个粒子，将当前适应度和它经历过的最好位置 Pbest 对应的适应度比较,如果优于后者,则更新 Pbest 的函数值,否则保持不变。将本次迭代的每个粒子的适应度与其所在子群所经历的 $NLbest_i$ 的适应度作比较,如果优于后者,则更新 $NLbest_i$ 的函数值,否则保持不变。将本次迭代中的每个粒子的适应度分别和整个群体所经历最好 Nbest 的适应度作比较,如果优于后者,则更新 $NLbest_i$ 的函数值,否则保持不变。

步骤 3:更新粒子。根据式(5-6)和式(5-7)更新每一个粒子的速度和位置。

步骤 4:检验是否满足结束条件。当满足最大迭代次数或最小误差,输出最优解,否则返回步骤 2。

2. PSO-WNN 模型

由于小波神经网络权值参数修正中梯度下降法的缺陷,即小波神经网络的权值和参数修正采用梯度下降学习算法,只有局部搜索的能力,具有训练速度慢、易陷入局部最优而停止训练等缺点,可能无法取得较为理想的预测结果,所以在小波神经网络训练中有必要结合全局优化算法来改进其不足。

粒子群算法是一种全局优化算法,该算法具有易实现、收敛速度快等优点。采用协同粒子群算法优化小波神经网络,对小波神经网络的权值、阈值进行迭代寻优,能够弥补小波神经在网络训练速度慢、易陷入局部最优等方面的缺陷。并且经过多次的试验结果显示,粒子群优化算法在迭代次数、收敛精度以及搜索效率上能取得更好的效果。

采用预测值与实际值的均方差作为适应度函数,即 $E(N)$ 为:

$$E(N) = \frac{1}{N} \sum_{i=1}^{N} (t_i - y_i)^2 \tag{5-13}$$

式中 $E(N)$ ——预测值与实际值的均方差;

N——训练样本数;

t_i——小波神经网络的期望输出;

y_i——小波神经网络的预测输出。

PSO-WNN 模型具体流程如图 5-4 所示,具体实施步骤如下:

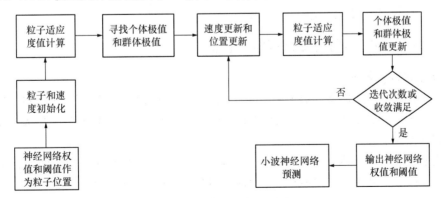

图 5-4 PSO-WNN 模型具体流程

步骤 1:数据归一化。对输入样本数据和输出样本数据进行归一化处理,避免量纲的影响。

步骤 2:设置 PSO-WNN 模型运行参数。包括粒子群迭代次数、种群规模、位置和速度最大值等粒子群参数以及小波神经网络结构相关参数。

步骤3：种群初始化。随机初始化粒子位置和速度，并根据适应度函数计算初始适应度。式（5-8）作为适应度函数。

步骤4：寻找初始极值。根据初始粒子适应度寻找个体极值和群体极值。

步骤5：迭代寻优。用PSO算法更新粒子位置和速度，并且根据新粒子的适应度更新个体极值和群体极值。适应度收敛或迭代次数满足要求时，进入步骤6。

步骤6：输出最优权值和阈值。将全局最优粒子的位置作为小波神经网络最优权值和阈值。

步骤7：训练小波神经网络。将最优的权值和阈值用于预测新的样本。

3. PSO-WNN模型适用性

（1）WNN模型公交行程时间预测的适用性

公交行程时间的特点是具有动态性、随机性和模糊性，其表现相当于明显的非线性动力学过程。与以数理统计为基础的行程时间预测模型相比，以人工智能技术为基础的预测模型效果更好。神经网络作为一种智能模型，其典型的非线性动力学特性与公交行程时间的特点相适应，而小波神经网络方法是将神经网络与小波分析相结合，具有更强的识别、容错和预测能力，在处理问题的过程中采用了类似"黑箱"的方法，通过不断地学习、记忆逐步拟合函数，因此决定了小波神经网络在公交行程时间预测中具有较强的适应性。

但小波神经网络具有训练速度慢、易陷入局部最优而停止训练等缺点，可能无法取得较为理想的预测结果，所以在小波神经网络有必要结合全局优化算法来改进其不足。

（2）PSO-WNN模型公交行程时间预测的适用性

由于小波神经网络评价较强的适用性，且经过粒子群优化后的小波神经网络具有更好的稳定性和准确性，因此设计了基于粒子群优化小波神经网络的公交行程时间预测模型。公交行程时间预测的基本思路是：小波神经网络的输入值由公交行程时间的影响因素及公交运行数据组成，用实际公交行程时间构成小波神经网的输出指标，合理设计网络结构及训练样本，然后将样本输入网络进行训练，当系统误差满足规定要求后，所求得的模型就是所需的公交行程时间预测模型。

5.2.3 PSO-WNN模型公交行程时间预测

1. 模型输入变量确定

由对行程时间影响因素的分析，选定天气、日期、时段、历史星期同天同时段运行数据、公交实时运行数据作为预测模型的输入条件，公交到达下一站的时间作为输出目标。具体参数设置如下：

t_{bi} 表示当天同时段内，之前三辆公交车辆从站点 $k-1$ 到 k 的行程时间，其中 $i=1,2,3$；t_{hi} 表示历史星期同天同时段发车时间最接近的车辆从站点 $k-1$ 到 k 的行程时间，其中 $i=1,2,3$，分别表示前一星期、前两星期和前三星期数据；w 表示天气情况；d 表示日期因素；s 表示时段因素。

天气因素的表示：一天的天气情况可表示为 $w=\{0,1,2\}$，其中 0 表示雨天，1 表示晴天，2 表示其他天气情况。

日期因素的表示：公交行程时间不仅在工作日、周末上存在差异，一周7天均有所不同。一周7天分别表示为 $d=\{1, 2, 3, 4, 5, 6, 7\}$。

时段因素的表示：一天（5:00～23:00）可被分为不同时段，如将其分为7段，可以表示为 $s=\{1, 2, 3, 4, 5, 6, 7\}$，其中，5:00～7:00 用1来表示，7:00～9:00 用2来表示，9:00～11:30 用3来表示，11:30～14:30 用4来表示，14:30～17:00 用5来表示，17:00～19:00 用6来表示，19:00～23:00 用7来表示。

构建样本数据向量：$\boldsymbol{h}=(t_{b1},t_{b2},t_{b3},t_{h1},t_{h2},t_{h3},w,d,s)^T$，共9个输入变量。

构建训练数据集：$D=(h_j,t_{rj})$，其中 $j=1, 2, 3, \cdots n$，n 为训练样本数量，t_{rj} 表示当前公交车辆从站点 $k-1$ 到 k 的实际行程时间。

2. 输入数据处理

由于神经网络样本训练是基于数值进行运算的，因此对数据进行处理后再输入，有利于网络的成功训练。

数据归一化方法是神经网络预测前对数据常做的一种处理方法，常用的方法有最大最小法，平均数方差法等。本节采用的是归一化方法，即 Matlab 中自带的归一化函数 map、min、max，其函数表达如下：

$$x_k = (y_{\max} - y_{\min}) \times (x_k - x_{\min})/(x_{\max} - x_{\min}) + y_{\min} \tag{5-14}$$

式中　x_k——数据归一化后的值；

$y_{\max}$，$y_{\min}$——默认值为 1 和 -1；

$x_{\max}$，$x_{\min}$——分别代表样本最大值和最小值。

3. 传递函数的选择

小波函数多种多样，因此选择不同的小波函数可以构建不同的小波神经网络。在实践中 Morlet 小波函数应用甚广，并取得了良好效果。Morlet 小波函数是高斯网络下的单频率复正弦函数，如图 5-5 所示。Morlet 小波函数的公式如下：

$$y = \cos(1.75x)\mathrm{e}^{-x^2/2} \tag{5-15}$$

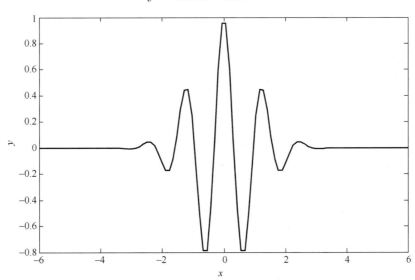

图 5-5　Morlet 小波函数图

4. 隐含层节点数的确定

神经网络结构是由输入层、隐含层、输出层三层组成，其中输入层节点数可根据前文确定为 9，输出层只有 1 个公交行程时间作为输出值，即节点数为 1，而隐含层则需要多次训练后才可确定最佳层数。隐含层节点数最优选择的参考公式如下：

$$l < \sqrt{(m+n)} + a \tag{5-16}$$

式中　　l——隐含层节点数；

　　　　m——输出层节点数；

　　　　n——输入层节点数；

　　　　a——0～10 之间的常数。

由式（5-16）可知，隐含层节点数应介于 3～13 之间。PSO-WNN 模型隐含层节点数分别取 3～13 进行训练，根据多次训练结果显示，隐含层节点为 10 时，误差收敛值最小。因此最终确定小波神经网络结构为 9-10-1，即输入层节点数为 9 个，隐含层节点数为 10 个，输出层节点数为 1 个。

5. 编程实现

基于改进后的粒子群算法优化小波神经网络模型，采用 Matlab 软件编程建立公交行程时间预测模型。

（1）小波神经网络初始化

加载已经初步处理的训练和预测数据，初始化小波神经网络结构、小波函数参数，并对训练和输出数据进行归一化处理。其中 input、output 分别为训练输入和输出数据，input_data、output_data 分别为预测输入和输出数据。

（2）粒子群优化算法主函数

步骤 1：初始化种群。maxgen=500, sizepop=50, mutation =zeros（maxgen，1），fitness=zeros（1，sizepop）。

步骤 2：寻找初始极值。[bestfitness bestindex] =min（fitness），gbest=pop，lbest={pop{bestindex,:}}，local_fitness=fitness，global_fitness= bestfitness。

步骤 3：迭代寻优，粒子位置和速度更新。V{j,:}=w*V{j, 1}+c1*rand*（gbest{j,:}－pop{j,:}）+c2*rand*（lbest{j,:}－pop{j,:}），pop{j,:}=pop{j,:}+wP*V{j,:}。

步骤 4：个体极值和群体极值更新。gbest{j,:}= pop{j,:}，lbest {j,:}= pop{j,:}。

步骤 5：判断迭代是否结束，否则返回步骤 2。

（3）小波神经网络训练

将粒子群算法优化后的参数赋给小波神经网络，用归一化的数据对其进行训练。

（4）小波神经网络预测

用训练好的小波神经网络预测行程时间，输出最后的预测结果。

改进后的粒子群算法优化小波神经网络在 Matlab 中的相关参数设置和代码编写过程如图 5-6～图 5-8 所示。

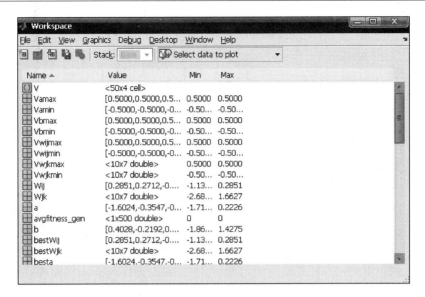

图 5-6　Matlab 相关参数设置

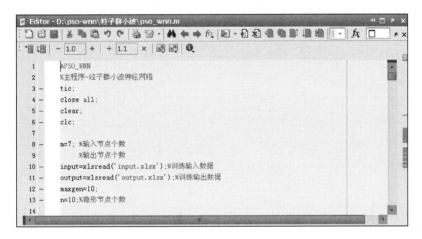

图 5-7　Matlab 编写 PSO-WNN 代码过程

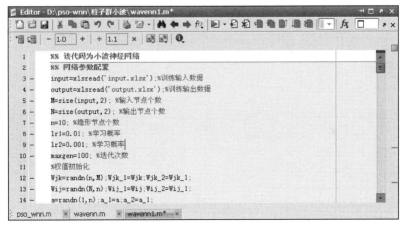

图 5-8　Matlab 编写 WNN 代码过程

5.2.4 算例分析

1. 数据来源

选取苏州市 102 路公交线路的数据作为实验数据。102 路公交线路是从宝带西路首末站到火车站南广场首末站，全长 12.8km，途径 20 个站点。分别于 2015 年 5 月 7～9 日、14～16 日、21～23 日、28～30 日（每周的周四至周六）获取 102 路 1790 车次的运行数据，由于 PSO-WNN 输入变量是路段的行程时间，因此，将数据转换成每辆公交车在各相邻站点间的路段行程时间，总共 34010 个路段行程时间。选定的 102 路公交线路如图 5-9 所示。

2. 输入样本

经过数据处理共获取 472 组样本数据向量，选择 382 组作为训练模型数据，剩余 90 组作为测试模型数据。

3. 训练样本

表 5-2 为部分训练样本数据。

利用粒子群优化小波神经网络的方法，在 Matlab 平台下编写程序代码实现神经网络训练过程。粒子群主要参数设置：种群规模为 50，迭代次数为 500 次，参数全局和局部搜索能力均设为 2。

图 5-9 苏州市 102 路公交线路

部分训练样本数据表　　　　　　　表 5-2

发车时间	th_1	th_2	th_3	tb_1	tb_2	tb_3	w	d	s	tr
7：01	393	87	392	391	427	480	1	5	2	382
7：09	393	106	388	382	391	427	1	5	2	437
7：15	397	125	334	437	382	391	1	5	2	453
7：22	220	124	314	453	437	382	1	5	2	334
7：29	217	90	261	334	453	437	1	5	2	332
7：35	243	74	260	332	334	453	1	5	2	307
7：42	190	76	232	307	332	334	1	5	2	184
7：49	190	172	242	184	307	332	1	5	2	169
7：56	186	87	269	169	184	307	1	5	2	142
8：01	184	132	230	142	169	184	1	5	2	151

运行 Matlab 程序后，输出适应度变化曲线如图 5-10 和图 5-11 所示。

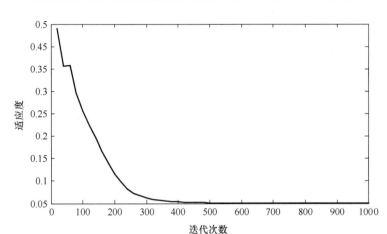

图 5-10　WNN 模型适应度变化曲线（迭代次数＝1000 次）

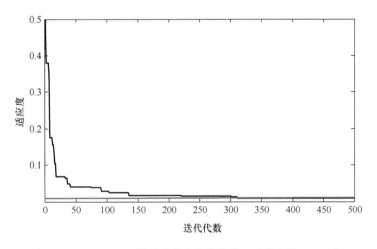

图 5-11　PSO-WNN 模型适应度变化曲线（迭代次数＝500 次）

从图 5-10、图 5-11 可知：WNN 模型前期训练速度缓慢，在训练次数为 500 次左右时达到收敛，误差精度为 0.05；而 PSO-WNN 模型在训练迭代次数在 0~50 次时迅速收敛，迭代数在 310 次左右时，网络收敛，误差精度达到 0.01。与 WNN 模型相比，PSO-WNN 模型具有更快的收敛速度，更小的收敛误差。

4. 建立模型

利用粒子群方法替代传统的下降梯度法，训练过程中不断地调整优化小波神经网络中的权值和阈值，根据最后的参数优化结果，得到标定 PSO-WNN 模型参数，最终建立公交行程时间预测模型如式（5-17）所示，预测模型参数 w_{ij}、w_{jk}、a_j、b_j 如表 5-3 所示。

$$y(k) = \sum_{i=1}^{l} w_{jk} h(j) \left[\cos(1.75x) e^{-x_i^2/2} \left(\frac{\sum_{i=1}^{k} w_{ij} x_i - b_j}{a_j} \right) \right] \quad (5-17)$$

w_{jk}——第 j 个隐含层到第 k 个输出层的权值；

$h(j)$ ——隐含层第 j 个节点输出值；
w_{ij} ——输入层和隐含层的连接权值；
b_j ——小基函数 h_j 的平移因子；
a_j ——小波基函数 h_j 的伸缩因子；

PSO-WNN 模型参数　　　　　　　　　　　　　　表 5-3

权值阈值	标定 PSO-WNN 模型最优参数								
w_{ij}	0.428	−0.289	−0.675	−2.689	0.435	−0.025	−0.018	0.458	0.432	−0.074
	1.384	−0.291	0.732	−0.62	−0.583	0.506	−0.507	0.061	−0.376	0.294
	0.178	1.382	−1.342	0.987	−0.173	−0.085	0.366	0.23	1.007	0.405
	0.568	0.187	−0.206	0.351	−2.020	−0.140	0.084	−0.569	−0.900	−0.990
	−0.221	0.601	−0.023	−0.246	−0.021	−0.667	−0.291	−0.388	0.018	0.032
	0.076	−0.239	0.386	−0.126	−0.726	−0.058	−0.974	−0.079	0.664	0.405
	−0.689	−1.068	1.01	−0.458	0.229	1.663	−1.788	0.315	0.737	−0.468
	0.081	−0.208	0.470	−0.180	−1.030	−0.085	−0.789	−0.086	0.932	0.363
	0.547	0.292	−0.193	0.326	−1.8	−0.119	0.124	−0.589	−0.852	−1.135
w_{jk}	0.285	0.271	−0.034	−0.475	−1.131	0.154	−0.381	0.136	0.001	−0.988
a_j	−1.602	−0.355	−0.694	0.223	−1.711	−0.004	−0.154	−1.092	−0.317	−0.832
b_j	0.403	−0.219	0.767	−1.867	−1.509	−1.011	0.489	0.491	−1.466	1.427

至此建立了公交行程时间预测模型，只要输入 9 个变量值，即可得到 102 路公交行程时间预测值。

5. 模型验证

将 90 组测试样本数据进行归一化处理，利用标定过的最优网络权值和阈值，将其带入模型中，在 Matlab 平台下运行程序后，预测值与实际值对比如表 5-4、表 5-5、图 5-12、图 5-13 所示。

WNN 模型公交行程时间预测值与实际值对比　　　　表 5-4

序号	站点名称	实际行程所需时间（s）	预测行程所需时间（s）	相对误差（%）
1	宝带西路首末站	—	—	—
2	博雅苑四季晶华	103	94	8.6
3	盘蠡新村	143	133	6.8
4	盘蠡新村东	126	116	8.2
5	宝带西路北	171	154	10.1
6	吴中西路南	105	120	−14.7
7	水香一村	122	102	16.8
8	南门二村	220	189	14.3
9	团结桥北	251	274	−9.2
10	人民桥南	131	121	7.9

续表

序号	站点名称	实际行程所需时间（s）	预测行程所需时间（s）	相对误差（%）
11	南门	211	239	−13.2
12	工人文化宫	194	171	11.8
13	三元坊	120	114	5.2
14	饮马桥	244	213	12.6
15	察院场观前街西	182	168	7.9
16	接驾桥	222	248	−11.5
17	北寺塔	190	166	12.6
18	平门	122	134	−9.6
19	汽车北站西	384	356	7.4
20	火车站南广场首末站	294	322	−9.5

PSO-WNN 模型公交行程时间预测值与实际值对比　　表 5-5

序号	站点名称	实际行程所需时间（s）	预测行程所需时间（s）	相对误差（%）
1	宝带西路首末站	—	—	
2	博雅苑四季晶华	103	99	4.1
3	盘蠡新村	143	138	3.6
4	盘蠡新村东	126	119	5.2
5	宝带西路北	171	159	7.3
6	吴中西路南	105	114	−8.3
7	水香一村	122	110	9.5
8	南门二村	220	198	9.8
9	团结桥北	251	263	−4.6
10	人民桥南	131	122	6.5
11	南门	211	227	−7.6
12	工人文化宫	194	187	3.8
13	三元坊	120	128	−6.4
14	饮马桥	244	221	9.3
15	察院场观前街西	182	176	3.5
16	接驾桥	222	241	−8.4
17	北寺塔	190	177	6.8
18	平门	122	128	−5.2
19	汽车北站西	384	362	5.6
20	火车站南广场首末站	294	316	−7.4

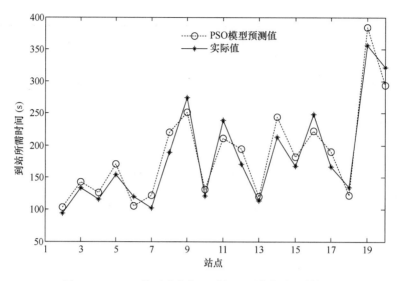

图 5-12 WNN 模型公交行程时间预测值与实际值对比

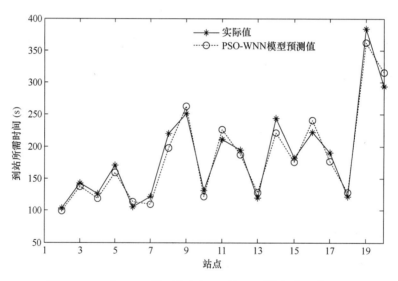

图 5-13 PSO-WNN 模型公交行程时间预测值与实际值对比

选定均方根误差作为评价模型预测精度的指标，计算公式如式（5-18）所示。

$$RMSE = \sqrt{\frac{1}{N}\sum_{i=1}^{N}(T_r - y_i)^2} \times 100\% \qquad (5-18)$$

式中 $RMSE$——均方根误差；

T_r——实际值；

y_i——预测值。

$RMSE$ 越小，说明模型的预测误差越小，精度越高。从公交行程时间的预测结果可以看出，PSO 模型的最大相对误差为 16.8%，最小相对误差为 5.2%，PSO-WNN 模型的最大相对误差为 9.8%，最小相对误差为 3.5%。根据式（5-18）计算得到 PSO 模型、PSO-WNN 模型的 $RMSE$ 分别为 10.6%、20.9%，说明 PSO 模型整体误差较大，与实际值贴合程度较低，而 PSO-WNN 模型整体的拟合程度高。由此可见，与单纯的小波神经网络相比，粒子群算法优化小波神经网络具有明显的优势，对于公交行程时间的预测更为准确，能够较好地反映在多因素影响下的公交车辆动态变化情况。

5.3 基于改进遗传算法优化 BP 神经网络的公交行程时间预测

5.3.1 BP 神经网络及遗传算法介绍

1. BP 神经网络

在众多人工神经网络模型中，BP（Back Propagation）神经网络是在预测方面应用最广泛的，且具有较为成熟的误差反向传播学习算法。BP 神经网络包括输入层、隐含层和输出层三层结构，如图 5-14 所示。其中各层内的神经元之间一般没有连接，各层的神经元只与相邻层的神经元之间实现完全连接。BP 神经网络通过将输入信号进行逐层传递，直至输出层。当得到的输出值不满足精度要求时，则通过将误差信号反向传播，对网络的权值和阈值进行调整，最终使 BP 神经网络预测值逐渐逼近期望值。

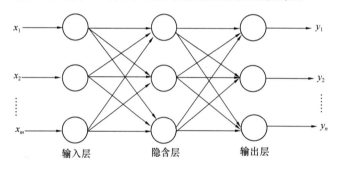

图 5-14 BP 神经网络模型结构

在进行样本数据输入时，输入向量表示为：$X_k = (x_1, x_2, \cdots, x_m)$。其中，$k = 1, 2, \cdots, K$，$K$ 表示训练样本数量；m 表示第 m 个输入层神经元，$m = 1, 2, \cdots, M$，M 表示输入层节点数。

实际输出向量表示为：$Y_k = (y_1, y_2, \cdots, y_n)$。其中，$n$ 表示第 n 个输出层神经元，$n = 1, 2, \cdots\cdots, N$，$N$ 表示输出层节点数。

期望输出向量表示为：$T_k = (d_1, d_2, \cdots, d_n)$。

BP 神经网络输入层第 m 个神经元的输出表达式为：

$$Y_m = f(x_m) \tag{5-19}$$

BP 神经网络隐含层第 p 个神经元的输入表达式为：

$$I_p = \sum_{m=1}^{M} w_{pm} Y_m - \theta_p \tag{5-20}$$

式中　　p——第 p 个隐含层神经元，$p = 1, 2, \cdots, P$；

　　　　P——隐含层节点数；

　　　　w_{pm}——输入层与隐含层连接权值；

　　　　θ_p——隐含层阈值。

BP 神经网络隐含层第 p 个神经元的输出表达式为：

$$Y_p = f(I_p) \tag{5-21}$$

BP 神经网络输出层第 n 个神经元的输入表达式为：

$$I_n = \sum_{p=1}^{P} w_{np} Y_p - \theta_n \tag{5-22}$$

式中 w_{np}——隐含层与输出层连接权值；

θ_n——输出层阈值。

BP 神经网络输出层第 n 个神经元的输出表达式为：

$$Y_n = f(I_n) \tag{5-23}$$

BP 神经网络使用梯度修正法不断地修正网络的权值和阈值，使预测输出值与期望输出值的差距不断减小，当两者误差满足误差限时，即可停止修正。

(1) 计算样本输出误差：

$$e_k = \frac{1}{N} \sum_{n=1}^{N} (d_n - Y_n)^2 \tag{5-24}$$

式中 d_n——期望输出值；

Y_n——预测值。

(2) 计算网络预测的总误差：

$$e = \frac{1}{KN} \sum_{k=1}^{K} \sum_{n=1}^{N} (T_n^k - Y_n^k)^2 \tag{5-25}$$

判断误差 e 是否满足 $e < \varepsilon$。

式中 e——BP 神经网络预测误差；

T_n^k——第 k 个样本实际值；

Y_n^k——第 k 个样本预测值；

ε——误差限。

(3) 根据 e 修正输出层、隐含层的所有权值和阈值：

$$w_{np}^{(k+1)} = w_{np}^{k} + \Delta w_{np}^{(k+1)} = w_{np}^{k} + \eta \delta_n^N Y_p \tag{5-26}$$

式中 δ_n^N——输出层神经元的局部梯度；

η——学习速率。

$$\theta_n^{(k+1)} = \theta_n^k + \Delta \theta_n^{(k+1)} = \theta_n^k + \eta \delta_n^N \tag{5-27}$$

$$w_{pm}^{(k+1)} = w_{pm}^k + \Delta w_{pm}^{(k+1)} = w_{pm}^k + \eta \delta_p^P Y_m \tag{5-28}$$

式中 δ_p^P——隐含层神经元的局部梯度。

$$\theta_p^{(k+1)} = \theta_p^k + \Delta \theta_p^{(k+1)} = \theta_p^k + \eta \delta_p^P \tag{5-29}$$

其中，δ_n^N、δ_p^P 可用式（5-30）和式（5-31）进行计算。

$$\delta_n^N = Y_n (1 - Y_n)(d_n - Y_n) \tag{5-30}$$

$$\delta_p^P = f'(I_p) \sum_{n=1}^{N} \delta_n^N w_{np} \tag{5-31}$$

(4) BP 神经网络算法训练步骤：

步骤 1：网络初始化。设置样本计数器 u 和训练（迭代）次数计数器 v，其最大值分别为 (A, B)；对输入层节点数 M、隐含层节点数 P、输出层节点数 N、输入层、隐含层和输出层之间的连接权值 w_{pm} 和 w_{np}、隐含层阈值 θ_p 和输出层阈值 θ_n 进行初始操作，误差 e 置为 0，设定误差限 ε，给定网络学习效率 η。

步骤 2：样本分类。将总样本分成训练样本和测试样本，其中训练样本用于训练 BP 神经网络，而测试样本用于检验 BP 神经网络预测精度。

步骤 3：预测输出。将实际训练样本和期望输出样本输入 BP 神经网络，对隐含层和输出层输出进行计算，并基于网络期望输出和预测输出计算网络预测误差 e。

步骤 4：权值和阈值更新。当误差 e 不满足设定的误差限 ε 时，通过不断地利用反向传播计算原理，计算各层误差信号和误差的局部梯度，对各层权值、阈值进行调整，使 BP 神经网络预测值逐渐逼近期望值。

步骤 5：判断算法。对样本计数器 u 进行检查，看是否完成所有样本的训练；判断训练结果产生的网络误差 e 是否小于误差限。如果两个条件有一个满足则程序结束，输出仿真预测结果。反之，则返回步骤 3。

2. 遗传算法

遗传算法（Genetic Algorithm，GA）是一种模拟遗传机理和自然选择的全局优化算法，包括编码方法、适应度函数、遗传操作和运行参数等要素。

编码方法主要有实数法、二进制法等。实数法是把个体编码成实数串，而二进制法则是将个体编码成二进制串。

适应度函数是计算个体适应度的函数。

遗传操作包括选择、交叉和变异操作。选择操作是基于适应度越大被选择的概率越小、适应度越小被选择的概率越大的选择规则以及计算得到的个体适应度，按照一定比例从旧种群中进行选择。交叉操作是随机从种群中选择两个个体，根据计算的交叉概率 P_c，对染色体基因进行单点交叉、多点交叉或算术交叉互换，从而生成具有基因组合的优秀新个体。变异操作是从种群中随机选择一个个体，根据计算的变异概率 P_m，选择染色体中的某些基因进行变异操作，从而生成优秀新个体。

运行参数主要包括对个体编码时所采用的字符串长度、种群规模 S、进化次数 G、交叉概率 P_c、变异概率 P_m 及其他可供繁殖停止的参数指标。

以上所述遗传算法是标准遗传算法，目前遗传算法的研究和改进一般以此为基础。

5.3.2 改进遗传算法优化 BP 神经网络（GA-BP 模型）

1. 遗传算法的改进

（1）改进编码方式

采用浮点数编码，用某一区间内的浮点数来表示每个个体的基因值。该编码方式可以避免解码过程，大大减小串长，同时可以使解的精度和运算速度提高。

（2）改进适应度函数

适应度函数通常是由目标函数变换而成。在求解过程中，适应度一般用来反映各个体接近最优解的程度。当 BP 神经网络性能越好时，则网络预测值与期望输出值之间的均方差越小。因此，适应度函数可以表示为：

$$F = \frac{1}{N} \sum_{n=1}^{N} (d_n - Y_n)^2 \tag{5-32}$$

式中　　N——输出层节点数；
　　　　F——适应度；
　　　　d_n——期望输出值；
　　　　Y_n——预测值。

（3）改进选择算子

采用最优保留策略，根据式（5-32）对个体适应度进行计算，在初始种群中选取适应度较小的优良个体（10%）传递到子代种群；基于适应度比例，采用轮盘赌法对初始种群中剩余的个体进行选择。当适应度越小时，表示精度越好，此时个体越好。因此，在选择个体前应对适应度求倒数，从而使适应度越小的个体被选择概率越大，适应度越大的个体被选择概率越小。则选择概率 p_i 可以表示为：

$$p_i = \frac{f_i}{\sum_{i=1}^{S} f_i} (i = 1, 2, \cdots, S) \tag{5-33}$$

式中　　f_i——适应度倒数；
　　　　S——种群规模。

$$f_i = \frac{1}{F_i} \tag{5-34}$$

式中　　F_i——个体 i 适应度。

（4）改进交叉算子

采用浮点线性交叉法，将两个个体 X^t、Y^t 进行浮点线性交叉，则产生两个新个体的交叉操作可以表示为：

$$X^{(t+1)} = \alpha Y^t - (1-\alpha) X^t \tag{5-35}$$

$$Y^{(t+1)} = \alpha X^t - (1-\alpha) Y^t \tag{5-36}$$

其中：α 表示一个变量，初始化时 $\alpha = 0.4$，令 $\alpha^{(t+1)} = 0.99 \alpha^t$，至 $\alpha < 0.05$。这样有利于种群稳定，便于在较大的范围内精确搜索。

交叉概率 p_c 采用自适应调整方式，这样有利于粒子搜索全局最优解，有效避免了算法陷入局部最优值，同时也具有较强的局部搜索能力。p_c 可以表示为：

$$p_c = \begin{cases} p_{c1} - \frac{(p_{c1} - p_{c2})(F' - F_{avg})}{F_{max} - F_{avg}} & F' \geqslant F_{avg} \\ p_{c1} & F' < F_{avg} \end{cases} \tag{5-37}$$

式中　　$p_{c1} = 0.6$，$p_{c2} = 0.3$；
　　　　F_{avg}——种群平均适应度；
　　　　F_{max}——种群最大适应度；
　　　　F'——交叉个体最大适应度。

（5）改进变异算子

采用均匀变异策略，则第 i 个个体的第 j 个基因 w_{ij} 的变异操作可以表示为：

$$w_{ij} = \begin{cases} w_{ij} + (w_{ij} - w_{max}) F(g) & r \geqslant 0.5 \\ w_{ij} + (w_{min} - w_{ij}) F(g) & r < 0.5 \end{cases} \tag{5-38}$$

式中　　w_{max}——基因 w_{ij} 取值的上界；
　　　　r——[0，1] 之间的随机数；

$w_{\min}$——基因 w_{ij} 取值的下界；

g——当前进化次数。

$$F(g) = r_1\left(1 - \frac{g}{G_{\max}}\right) \qquad (5\text{-}39)$$

式中　r_1——随机数；

$G_{\max}$——最大进化次数。

变异概率 p_m 采用自适应调整方式，这样有利于粒子搜索全局最优解，有效避免了算法陷入局部最优值。p_m 可以表示为：

$$p_m = \begin{cases} p_{m1} - \dfrac{(p_{m1} - p_{m2})(F_{\max} - F_b)}{F_{\max} - F_{\text{avg}}} & F \geqslant F_{\text{avg}} \\ p_{m1} & F < F_{\text{avg}} \end{cases} \qquad (5\text{-}40)$$

式中　$p_{m1}=0.2$，$p_{m2}=0.002$；

F_{avg}——种群平均适应度；

$F_{\max}$——种群最大适应度；

F_b——变异个体的适应度。

(6) 增加 BP 算子，应用没有重串的稳态繁殖

基于适应度函数对每一代遗传操作后的新个体进行评价，从而选出最优个体，并运用两部梯度下降法对最优个体进行局部搜索，再把搜索到的个体传递到新一代种群。这样有利于加快遗传算法的收敛速度，充分发挥遗传算法在计算精度和速度上的优势。遗传算子在算法中具有宏观搜索的作用，主要是用于大范围搜索，而 BP 算子是用于局部搜索以及搜索加速。

在将新个体传递到种群时，要先确保该个体与新一代种群中的个体没有重复，有效避免算法陷入局部最优值。

(7) 改进遗传算法的优势

与标准遗传算法不同的是，该方法的编码方式采用浮点数编码，与标准遗传算法的二进制编码相比，可以避免解码过程，大大减小串长，同时可以使解的精度和计算速度明显提高。还通过改变选择、交叉、变异算子、增加 BP 算子以及应用没有重串的稳态繁殖，从而在搜索过程中极大扩展了个体在种群中的分布区域，充分发挥遗传算法的全局搜索能力，大大加快搜索速度，避免算法陷入局部最优值。

(8) 改进遗传算法的流程

改进遗传算法具体实施步骤如下：

步骤 1：种群初始化。在规定条件下随机生成 S 个个体的初始种群 $\boldsymbol{W} = (W_1, W_2, \cdots, W_s)^T$。初始种群在一定程度上会影响到算法的全局搜索能力，因此采用线性插值在给定的数据范围内产生个体 W_i 的一个实数向量，作为遗传算法的一个染色体。染色体长度可以表示为：

$$L = MP + PN + P + N \qquad (5\text{-}41)$$

式中　M——输入层节点数；

P——隐含层节点数；

N——输出层节点数。

确定的种群个体 $W_i = (W_1, W_2, \cdots, W_k)$，代表一个 BP 神经网络的初始值。采用浮

点数编码方法得到高精度的权值、阈值。

步骤2：计算个体适应度。设定BP神经网络参数，运用步骤1得到的染色体对BP神经网络的权值和阈值进行赋值，输入训练样本进行训练，当满足误差要求时，可以得到一个网络训练输出值，运用式（5-32）计算种群个体的适应度F。

步骤3：选择操作。基于式（5-33）计算得到的选择概率对种群中的个体进行选择。

步骤4：交叉操作。采用点线性交叉法进行交叉操作。运用式（5-35）和式（5-36）进行浮点线性交叉，交叉概率p_c采用式（5-37）进行计算。

步骤5：变异操作。根据式（5-38）和式（5-39）对选定的基因进行变异操作，变异概率p_m采用式（5-40）进行计算。

步骤6：检验是否满足结束条件。若满足，输出最优解，否则返回步骤2。

2. GA-BP 模型

由于BP神经网络的权值和参数修正采用梯度下降学习算法，具有训练速度慢、易陷入局部最优而停止训练等缺点，比较难以取得较为理想的预测结果，所以在BP神经网络训练中有必要结合全局优化算法来改进其不足。

遗传算法是一种全局优化算法，该算法具有易实现、收敛速度快等优点。采用遗传算法优化BP神经网络，对网络的权值和阈值进行迭代寻优。多次的试验结果表明：遗传算法优化BP神经网络在训练速度、搜索效率以及计算精度上可以取得更好的效果。

遗传算法优化BP神经网络算法流程如图5-15所示，具体步骤如下：

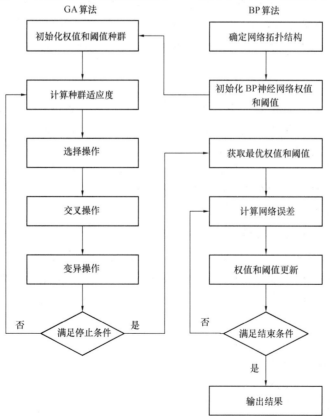

图 5-15 遗传算法优化 BP 神经网络算法流程

步骤 1：数据归一化。对输入、输出样本数据进行归一化处理。

步骤 2：设置 GA-BP 模型运行参数，包括个体编码时所采用的字符串长度、种群规模 S、进化次数 G、交叉概率 p_c、变异概率 p_m 等遗传算法参数以及 BP 神经网络结构参数。

步骤 3：种群初始化。随机初始化种群，并根据式（5-32）计算种群个体初始适应度。

步骤 4：寻找初始极值。根据初始个体适应度选择适应度较小的若干个体。

步骤 5：迭代寻优。根据遗传算法式（5-37）计算的交叉概率和一定的匹配规则对个体进行交叉操作；根据式（5-38）计算的变异概率和变异的原则对交叉后的个体进行变异操作，产生新一代的种群。适应度收敛或进化次数满足要求时，进入步骤 6。

步骤 6：输出最优权值和阈值。将遗传算法得到的最优个体进行分解，从而得到最优的网络权值和阈值。

步骤 7：BP 神经网络预测。将最优的权值和阈值用于预测新的样本。

3. GA-BP 模型适用性

（1）BP 神经网络模型公交行程时间预测的适用性

公交行程时间具有动态性和随机性的特点，表现出明显的非线性特征。目前国内大多是采用传统的建模方法，即通过测算出公交站点之间的距离以及带有交通信号灯的交叉口个数来建立二元线性模型，通过这种方式得到的公交行程时间精确度低且适应性差。BP 神经网络具有较强的非线性映射能力，与基于数理统计的公交行程时间预测模型相比，具有更好的预测效果。

但是，BP 神经网络具有收敛速度慢、易陷入局部最优而停止训练等缺点，比较难以取得理想的预测结果。因此，在运用 BP 神经网络模型进行求解时，有必要结合全局优化算法来改进其不足。

（2）GA-BP 模型公交行程时间预测的适用性

由于经过遗传算法优化后的 BP 神经网络具有更好的准确性和稳定性，因此，设计了基于遗传算法优化 BP 神经网络的公交行程时间预测模型。公交行程时间预测系统受很多因素的影响，采用 GA-BP 模型可以在收敛速度、预测精度上取得较好的效果，提高网络的结构性能，同时可以利用遗传算法的全局寻优能力降低 BP 神经网络陷入局部极值的概率。

5.3.3 GA-BP 模型公交行程时间预测

1. 模型输入变量确定

选定公交站点类型、公交站点位置、公交站点泊位数、公交站点间距、公交站点客流、时段作为预测模型的输入条件，公交到达目标站点的时间作为输出目标。具体参数设置如下：

公交站点类型用 a 表示：公交站点根据类型不同可以表示为 $a=\{1, 2\}$，其中 1 表示直线式公交站点，2 表示港湾式公交站点。

公交站点位置用 l 表示：公交站点根据所处的不同位置可以表示为 $l=\{1, 2, 3\}$，其中 1 表示交叉口上游公交站点，2 表示路段公交站点，3 表示交叉口下游公交站点。

公交站点泊位数用 b 表示：当公交站点停靠泊位数大于 5 个时，有效泊位值增加的趋势将明显变缓，因此公交站点根据泊位数的不同可以表示为 $b=\{1,2,3,4,5,6\}$，其中 1 表示 1 个停靠泊位数，2 表示 2 个停靠泊位数，3 表示 3 个停靠泊位数，4 表示 4 个停靠泊位数，5 表示 5 个停靠泊位数，6 表示其他情况。

公交站点间距用 c 表示：站点间距离的不同分别表示为 $c=\{1,2,3,4,5,6,7,8\}$，其中，站点间距离小于 300m 用 1 来表示，300~350m 用 2 来表示，350~400m 用 3 来表示，400~450m 用 4 来表示，450~500m 用 5 来表示，500~550m 用 6 来表示，550~600m 用 7 来表示，大于 600m 用 8 来表示。

公交站点客流用 k 表示：上下车乘客数可以表示为 $k_1=\max\{A,B\}$，其中 A 表示下车人数，B 表示上车人数，站点候车总人数表示为 k_2。

时段因素用 s 表示：一天（5：00~23：00）可被分为不同时段，如将其分为 7 段，可以表示为 $s=\{1,2,3,4,5,6,7\}$，其中，5：00~7：00 用 1 来表示，7：00~9：00 用 2 来表示，9：00~11：30 用 3 来表示，11：30~14：30 用 4 来表示，14：30~17：00 用 5 来表示，17：00~19：00 用 6 来表示，19：00~23：00 用 7 来表示。

构建样本数据向量：$\boldsymbol{h}=(a,l,b,c,k_1,k_2,s)^{\mathrm{T}}$，共 7 个输入变量。

构建训练数据集：$D=(h_k,T_n^k)$，其中 $k=1,2,\cdots,K$，K 为训练样本数量，T_n^k 表示公交车辆在相邻站点间的实际行程时间。

2. 输入数据处理

对数据进行处理后再输入，有利于 BP 神经网络的成功训练。数据的处理效果不仅会影响 BP 神经网络的训练精度，也会影响到 BP 神经网络的学习速度。

神经网络预测前，常对数据进行数据归一化处理。采用的归一化函数：

$$x_i=\frac{x_i-\frac{1}{K}\sum_{i=1}^{K}x_i}{x_{\max}-x_{\min}} \tag{5-42}$$

式中　　x_i——数据归一化后的值；

K——训练样本数量；

$x_{\max}$，$x_{\min}$——分别表示样本最大值和最小值。

3. 传递函数的选择

传递函数在 BP 神经网络中具有重要作用。BP 神经网络的传递函数多种多样，因此选择不同的 BP 神经网络传递函数可以构建不同的 BP 神经网络数学模型。在实践中 Sigmoid 函数应用甚广，并取得了良好效果。Sigmoid 函数如图 5-16 所示，如式（5-43）所示：

$$y=\frac{1}{1+\mathrm{e}^{-x}} \tag{5-43}$$

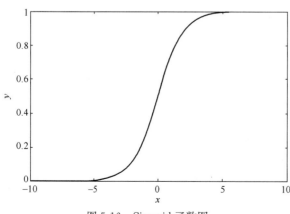

图 5-16　Sigmoid 函数图

4. 隐含层节点数的确定

BP 神经网络隐含层节点数的确定是很重要的一个环节，通过在神经网络中隐形节点之间给定不一样的权值,用来反映输入数据与输出数据的关系。隐含层节点数的确定与很多因素有关,是一个比较复杂的过程。

BP神经网络包括输入层、隐含层、输出层三层结构。其中,输入层节点数可根据前文确定为7,输出层只有1个公交相邻站间行程时间作为输出值,即节点数为1,而隐含层需要多次训练后才可确定最佳层数。隐含层节点数最优选择的计算见式(5-44):

$$P < \sqrt{(M+N)} + \lambda \tag{5-44}$$

式中　P——隐含层节点数;

　　　M——输入层节点数;

　　　N——输出层节点数;

　　　λ——0~10之间的常数。

由式(5-44)可知,隐含层节点数应介于2~12之间。遗传算法优化BP神经网络模型隐含层节点数分别取2~12进行训练。经过多次训练,观察结果可以发现隐含层节点数为9时,误差最小。所以,将BP神经网络结构确定为7-9-1,即输入层节点数为7个,隐含层节点数为9个,输出层节点数为1个。

5. 学习效率的设定

学习效率又称为步长,是BP神经网络训练中的一个重要参数,它决定每次训练时权值的变化量。学习效率太小将会造成收敛速度较慢,从而使BP神经网络的训练时间过长;学习效率太大容易造成BP神经网络结构的不稳定,从而使BP神经网络瘫痪。在实际构建模型时,经常选取不同的学习效率进行训练,根据训练的结果来确定最优学习效率。当训练时误差下降的速度比较快时,则表明此时选取的学习效率较为合适;当训练时误差下降过程中出现振荡现象时,则表明此时选取的学习效率偏大,对该BP神经网络不合适。相关研究表明,为了使BP神经网络比较稳定,选取学习效率不宜过大,设定值一般在0.01~0.8之间。

6. 编程实现

基于改进后的遗传算法优化BP神经网络模型,采用Matlab软件编程建立公交相邻站间行程时间预测模型。

(1) BP神经网络初始化

加载已经初步处理的训练和预测数据,初始化BP神经网络结构、Sigmoid函数参数,并对训练和输出数据进行归一化处理。

(2) 遗传算法优化算法

步骤1:初始化种群。

步骤2:寻找初始极值。

步骤3:迭代寻优。

步骤4:判断迭代是否结束,否则返回步骤2。

(3) BP神经网络训练

将遗传算法优化后的权值和阈值赋给BP神经网络,用归一化处理后的数据对其进行训练。

(4) BP神经网络预测

用训练好的BP神经网络预测相邻站间行程时间,输出最后的预测结果。

5.3.4 算例分析

1. 数据来源

以实地调查福州市 55 路公交线路的数据作为实验数据。55 路公交线路是从火车站北广场首末站到福建中医药大学首末站,全长 24.98km,途经 36 个站点。选定的 55 路公交线路如图 5-17 所示。调查过程中需要采集的数据如下:

一是公交线路基础数据:包括线路长度、线路名称、站点名称、站点类型、站点位置、站点泊位数、站点间距等。

二是公交线路运营数据:包括各个班次在各个站点的实际上下车乘客数、各站点候车总人数、相邻站间行程时间等。

图 5-17 福州市 55 路公交线路

2. 输入样本

经过数据处理共获取 155 组样本数据向量,选择 120 组作为训练模型数据,剩余 35 组作为测试模型数据。

3. 训练样本

表 5-6 为部分训练样本数据。

部分训练样本数据表　　表 5-6

序号	a	l	b	c	k_1(人)	k_2(人)	s	T_n(s)
1	2	2	2	5	9	23	6	68
2	1	2	2	6	6	25	6	141
3	1	3	2	3	7	19	6	100
4	1	1	3	8	15	36	6	585
5	1	2	2	2	8	17	6	102
6	1	1	2	3	5	15	6	61
7	1	2	2	3	6	24	6	112

续表

序号	a	l	b	c	k_1（人）	k_2（人）	s	T_n（s）
8	1	2	3	5	3	12	6	96
9	1	2	2	3	8	21	6	90
10	1	2	3	4	4	32	6	113

利用遗传算法优化 BP 神经网络的方法，在 Matlab 平台下编写程序代码实现神经网络训练过程。遗传算法主要参数设置：种群规模为 20，迭代次数为 200 次。

运行 Matlab 程序后，输出适应度曲线如图 5-18、图 5-19 所示。

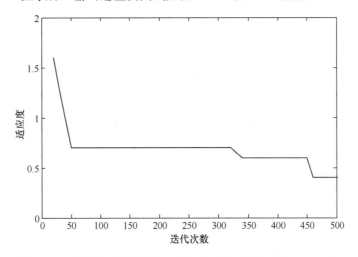

图 5-18　BP 神经网络模型适应度变化曲线（迭代次数＝500 次）

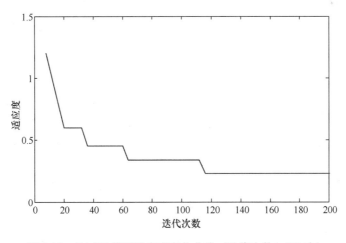

图 5-19　GA-BP 模型适应度变化曲线（迭代次数＝200 次）

由图 5-18、图 5-19 可知：与 BP 神经网络模型相比，GA-BP 模型收敛速度更快，预测精度更高。

4. 建立模型

利用遗传算法优化 BP 神经网络中的权值和阈值，对 GA-BP 模型参数进行标定，从而构建公交相邻站间行程时间预测模型，见式（5-45）。GA-BP 预测模型参数 w_{pm}、w_{np}、θ_p、θ_n 如表 5-7 所示。

$$Y_k = \cfrac{1}{1+\exp\left(-\sum\limits_{p=1}^{P} w_{np} \cfrac{1}{1+\exp\left(-\sum\limits_{m=1}^{M} w_{pm} \cfrac{1}{1+\exp(-x_m)} + \theta_p\right)} + \theta_n\right)} \qquad (5-45)$$

GA-BP 模型参数 表 5-7

权值阈值	标定 GA-BP 模型最优参数								
w_{pm}	0.331	1.381	-1.333	0.967	-0.168	-0.183	0.065	0.127	1.908
	0.531	0.202	-0.166	1.254	-2.021	-0.240	0.089	-0.559	-0.902
	-0.234	0.614	-1.023	-0.206	-0.026	-0.638	-0.256	-0.339	0.167
	1.076	-0.239	0.386	-0.126	-0.726	-0.058	-0.974	-0.175	1.067
	-0.632	-1.605	1.104	-0.458	0.294	1.686	-1.785	2.533	0.272
	0.069	-0.219	0.360	-1.150	-1.037	-0.036	-0.853	-0.185	0.715
	0.528	0.311	-2.284	0.218	-1.715	-0.208	0.135	-0.577	-0.924
w_{np}	0.584	0.317	-1.323	-0.617	-1.223	0.065	-0.348	1.273	0.020
θ_p	-2.612	-0.275	-0.694	1.918	-0.713	-0.104	-1.156	-1.193	-0.818
θ_n	1.063								

至此建立了公交相邻站间行程时间预测模型，只要输入 7 个变量值，即可得到 55 路公交相邻站间行程时间预测值。

5. 模型验证

将 35 组测试样本数据进行归一化处理，在 Matlab 平台下运行程序后，采用 BP 神经网络模型进行预测，预测值与实际值对比、预测相对误差如图 5-20、图 5-21 所示；将上一节标定的最优权值和阈值代入 GA-BP 模型进行预测，预测值与实际值对比、预测相对误差如图 5-22、图 5-23 所示。

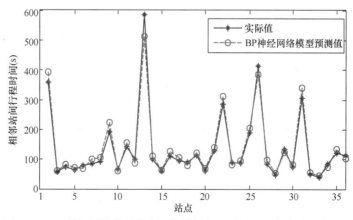

图 5-20 BP 神经网络模型公交相邻站间行程时间预测值与实际值对比

由图 5-20～图 5-23 可知：BP 神经网络模型的最大相对误差为 19.2%，最小相对误差为 5.5%；而 GA-BP 模型的最大相对误差为 9.5%，最小相对误差为 3.2%。由此可知，

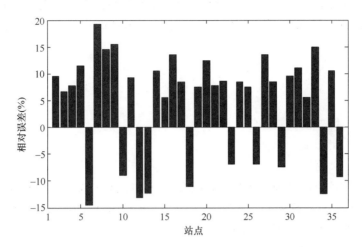

图 5-21　BP 神经网络模型公交相邻站间行程时间预测相对误差

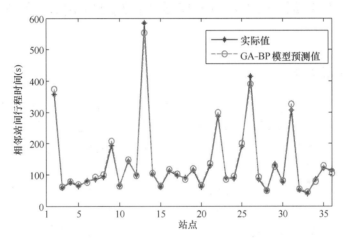

图 5-22　GA-BP 模型公交相邻站间行程时间预测值与实际值对比

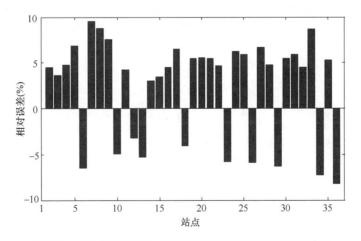

图 5-23　GA-BP 模型公交相邻站间行程时间预测相对误差

与 BP 神经网络模型相比，GA-BP 模型预测公交相邻站间行程时间更为准确。

选定均方根误差（RMSE）作为评价模型预测精度的指标，计算公式如式（5-46）所示。

$$RMSE = \sqrt{\frac{1}{N}\sum_{n=1}^{N}(T_n - Y_n)^2} \times 100\% \qquad (5-46)$$

式中　$RMSE$——均方根误差；
　　　T_n——实际值；
　　　Y_n——预测值。

当均方根误差越小时，模型预测效果越好。根据计算得 BP 神经网络模型的均方根误差为 21.8%，而 GA-BP 模型的均方根误差为 9.9%。由此可知，BP 神经网络模型预测效果较差，而 GA-BP 模型预测精度更高。

5.4 基于萤火虫算法优化 BP 神经网络的纯电动公交车行程时间预测

5.4.1 萤火虫算法介绍

剑桥大学的 YangXin-She 教授提出一种启发式群智能算法——萤火虫算法（Fire fly Algorithm，FA），该算法的设计来源是萤火虫群体借助荧光完成求偶、捕食等行为，算法假设萤火虫群体内无性别之分，发光强度较弱的萤火虫能感知到周围一定范围内荧光亮度更大的萤火虫，被其吸引，向其移动。

从数学角度描述萤火虫算法，假设 $X_i = (x_{i1}, x_{i2}, \cdots, x_{iD})$ 是群体中的第 i 只萤火虫，其中 $i = 1, 2, \cdots, N$，N 和 D 分别表示群体大小和问题维度。

萤火虫包括相对亮度和绝对亮度两种亮度，前者反映萤火虫本身的亮度，表示适应度大小；后者反映萤火虫 X_i 和 X_j 所处位置适应度的优劣，表示任意两只不同的萤火虫 X_i 和 X_j 之间的亮度，萤火虫的吸引力与其自身亮度相关，同时很大程度上取决于萤火虫 X_i 和 X_j 之间的距离，随着距离增大，亮度会呈现减弱的趋势。萤火虫 X_i 和 X_j 的相对亮度用式（5-47）表示：

$$I = I_0 \times e^{-\gamma r_{ij}^2} \qquad (5-47)$$

$$r_{ij} = X_i - X_j = \sqrt{\sum_{d=1}^{D}(x_{id} - x_{jd})^2} \qquad (5-48)$$

式中　I_0——萤火虫 X_i 的绝对亮度，即适应度；
　　　γ——光吸收系数，反映萤火虫之间的相对亮度随着距离增大逐渐减弱的特性；
　　　r_{ij}——萤火虫 X_i 和 X_j 的距离。

任意两只不同的萤火虫 X_i 和 X_j 之间的吸引力用式（5-49）表示：

$$\beta_{ij} = \beta_0 e^{-\gamma r_{ij}^2} \qquad (5-49)$$

式中　β_0——最大吸引力。

两只不同的萤火虫 X_i 和 X_j,移动规则是适应度较差的萤火虫将向适应度较好的萤火虫移动,即当萤火虫 X_j 适应度优于 X_i,萤火虫 X_i 向着 X_j 移动,移动的方式用式(5-50)表示:

$$x_{id}(t+1) = x_{id}(t) + \beta(r_{ij}) \times [x_{jd}(t) - x_{id}(t)] + \alpha \tag{5-50}$$

式中 d——问题维度;
　　　α——步长因子;
　　　t——迭代次数。

算法首先进行初始化,在求解空间内随机寻找萤火虫作为初始解,而后通过迭代过程进行寻优,即萤火虫通过绝对亮度更新、吸引力更新和位置更新不断进行交流探索,在求解空间内寻找最优解,萤烛算法流程如图 5-24 所示。

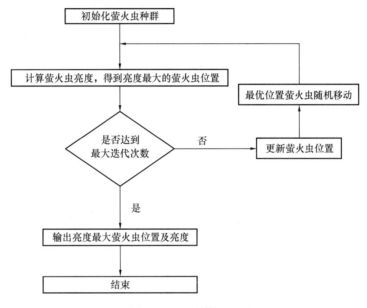

图 5-24　萤火虫算法流程

5.4.2　萤火虫算法优化 BP 神经网络(FA-BP 模型)

1. 萤火虫算法的改进

萤火虫算法相比其他的智能优化算法具有参数少、操作简单、稳定好等优点,但萤火虫算法也存在一些不足。首先,萤火虫算法在求解最优解时,若萤火虫的动态域范围内没有更优的解,也就是当出现邻域集是空的情况时,则萤火虫个体不再变换位置也不再进行寻找,这会使其准确性和收敛速率都下降。其次,基本萤火虫算法中步长是一个固定不变的值,步长对整个求解的过程影响很大。如果步长太小,算法会得到一个非全局最优解。如果步长太大,容易使算法错过最优解,产生反复振荡的现象。

以上总结了萤火虫算法的两个不足之处,以此提出两个方法对萤火虫算法进行改进。第一,当出现萤火虫的动态域范围内没有更优的解的情况时,规定让萤火虫按照导向策略进行迭代和位置更新。第二,将步长设置为可以调整的值,步长不再是一个固定的值,它的大小将随求解过程而变化。

(1) 导向性移动策略

前文已分析过在基本的萤火虫算法中，若萤火虫的动态决策域范围内不存在更优的个体，那么萤火虫将进行"无目标"的位置变换。产生的后果是：萤火虫耗费了大量的时间成本，然而位置移动效果并不理想。萤火虫随机变换位置会使求解的速率大大下降，也可能使算法得到的只是一个非全局最优解，导致算法失效。为了克服算法的不足，规定让在动态决策域内找不到更优解的萤火虫按照导向性策略进行位置更新，以此提高迭代速率和求解的准确度。导向性策略是指在迭代的过程中，搜索最优的萤火虫个体，此萤火虫的位置就是目前最优位置，随后，萤火虫将按照下式进行位置更新。

$$\begin{cases} X_i(t+1) = X_i(t) + s(t)\left(\dfrac{X_j(t) - X_i(t)}{\| X_j(t) - X_i(t) \|}\right) & i\,!=k \\ X_i(t+1) = X_i(t) + \mathrm{rand}(1) \times r_d^i(t) & i=k \end{cases} \quad (5\text{-}51)$$

式中　$X_i(t+1)$——$t+1$ 时刻萤火虫 i 的位置；

　　　$X_i(t)$——t 时刻萤火虫 i 的位置；

　　　$s(t)$——$s(t)$ 自适应步长；

　　　$X_j(t)$——t 时刻萤火虫 j 的位置；

　　　$r_d^i(t)$——t 时刻萤火虫 i 的动态决策域范围。

通过式（5-51）可知，萤火虫 k 具有指导方向的作用。若萤火虫 i 的动态决策域范围内不存在更优的个体，那么萤火虫 i 将向萤火虫 k 的方向进行位置更新。这会大大提高萤火虫算法的求解速率。如果在当前迭代的过程中，萤火虫 i 是最优解，那么它将用较小的步长进行位置变换，以此达到搜索更高精度解的目的。

(2) 自适应步长移动策略

由于萤火虫算法中步长是一个不变的值，可能出现得到一个非全局最优解和反复振荡的现象。针对此问题，提出自适应步长代替算法中的固定步长。即在前期的计算迭代过程中，保持较大的步长，以便提高求解速度、搜索全局最优解。而在后期的计算迭代过程中，保持较小的步长，以便解决振荡问题、提高解的精度。迭代过程前期和后期的步长可分别根据式（5-52）和式（5-53）确定：

$$s(t) = s_{\max}(p)^c \quad (5\text{-}52)$$

$$c = 1 + \dfrac{t}{t_{\max}} - \cos\left(\dfrac{t}{t_{\max}}\right) \quad (5\text{-}53)$$

式中　$s(t)$——自适应步长；

　　　p——常量。

2. FA-BP 模型

萤火虫算法优化 BP 神经网络模型预测公交车辆行程时间主要包括初始化神经网络权值和阈值、荧光素的更新、位置更新、更新决策域、计算最优权值和阈值等流程，具体步骤如图 5-25 所示。

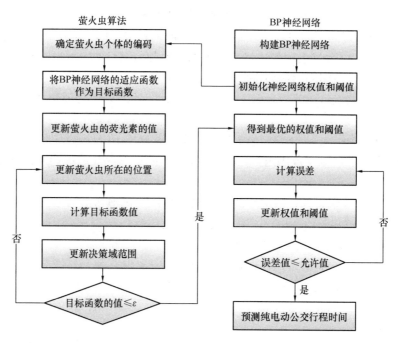

图 5-25 萤火虫算法优化 BP 神经网络模型步骤

3. FA-BP 模型适用性

(1) BP 神经网络的优势与不足

由于纯电动公交在运行的过程中受到多种复杂因素的影响，公交的行程时间具有非线性特点。在预测公交行程时间方面，大多学者选择卡尔曼滤波、支持向量机等模型进行预测。然而采用这些方法进行预测通常会出现预测精度低、求解速度慢等问题。BP 神经网络具有很强的非线性映射的功能和自学习能力，非常适合应用于公交行程时间的预测，且预测精度比卡尔曼滤波、支持向量机等模型高。

然而，BP 神经网络也存在着收敛速率较慢、往往容易产生得到一个非全局最优解就不再继续计算搜索的问题。所以，采用萤火虫算法对 BP 神经网络模型进行优化。

(2) FA-BP 模型公交行程时间预测的适用性

萤火虫算法可以改进 BP 神经网络，使其预测精度更高。由于纯电动公交在运行的过程中受到多种复杂因素的影响，在预测公交行程时间时，FA-BP 模型具有求解速率快、精度高的优势。同时，经萤火虫算法优化后，BP 神经网络提高了寻找全局最优的能力也克服了易陷入局部最优的问题。

5.4.3 FA-BP 模型纯电动公交车行程时间预测

利用萤火虫算法优化 BP 神经网络（FA-BP 模型），选取福州市公交运行调度平台 321 路公交线路运营数据，构建纯电动公交车行程时间预测模型。

1. 模型输入变量确定

在之前的章节中，已对影响纯电动公交车行程时间的因素进行了分析总结，选择车型、SOC 值、电池年龄以及时段作为纯电动公交车行程时间预测模型的输入变量，纯电动公交车的行程时间作为输出目标。具体参数设置如下：

th_n 表示历史星期同天同时段从线路首站发车时间最接近的车辆从站点 i 到 j 的行程时间，其中 $n=1，2，3$ 分别表示前一星期、前两星期和前三星期的行程时间数据。

车型用 x_1 表示，根据车型的不同，可以将车型表示为 $x_1=1，2，3$，其中 1 表示质量 $\geqslant$18000kg 型号的公交车，2 表示质量为 7400~18000kg 型号的公交车，3 表示质量 $\leqslant$ 7400kg 型号的公交车。

SOC 值用 x_2 表示，根据 SOC 值的不同，可以将 SOC 值表示为 $x_2=\{1，2，3\}$，其中 1 表示 SOC 值在 0~0.4 范围内，2 表示 SOC 值在 0.4~0.6 范围内，3 表示 SOC 值在 0.6~1 范围内。

电池年龄用 x_3 表示，根据电池年龄的不同，可以将电池年龄表示为 $x_2=\{1，2，3，4\}$，其中 1 表示电池年龄为 0~0.5 年，2 表示电池年龄为 0.5~1.5 年，3 表示电池年龄为 1.5~3 年，4 表示电池年龄大于 3 年。

时段用 x_4 表示，根据时段的不同，可以将时段表示为 $x_4=\{1，2\}$，其中 1 表示高峰时段 7：00~9：00 和 17：00~19：00，2 表示平峰时段 9：00~17：00。

输入变量集：$h=(th_1，th_2，th_3，x_1，x_2，x_3，x_4)^T$，即预测纯电动公交车行程时间的所需的 7 个数据。

建立训练数据向量：$D=(h_j，t_{ij})$。其中，$j=1，2，3，\cdots n$，n 为训练样本数量，t_{ij} 为纯电动公交车辆由公交站 i 至 j 的行程时间。

2. 输入数据处理

数据的处理关系到 FA-BP 模型的训练速率和预测精度，因此输入数据的处理对模型能否被成功训练至关重要。

在 BP 神经网络预测之前，常对数据进行数据归一化处理，采用的归一化函数见式 (5-54)：

$$X^* = \frac{x_i - \frac{1}{K}\sum_{i=1}^{K}x_i}{x_{\max} - x_{\min}} \tag{5-54}$$

式中　X^*——经过归一化后的数值；

　　　K——训练数据的组数；

　　　$x_{\max}$——训练数据的最大值；

　　　$x_{\min}$——训练数据的最小值。

3. 激活函数的选择

BP 算法要求激活函数可导，在 BP 神经网络中，激活函数多种多样。激活函数有斜坡函数、阈值函数、S 形函数和双极 S 形函数等。其中，最常用的是 S 形函数和双极 S 形函数，函数表达式如下：

S 形函数：

$$f(x) = \frac{1}{1+e^{-ax}} \tag{5-55}$$

$$f'(x) = \frac{ae^{-ax}}{(1+e^{-ax})^2} \tag{5-56}$$

双极 S 形函数：

$$f(x) = \frac{2}{1+e^{-ax}} - 1 \tag{5-57}$$

$$f'(x) = \frac{2ae^{-ax}}{(1+e^{-ax})^2} \tag{5-58}$$

S形函数和双极 S 形函数如图 5-26所示，双极 S 形函数与 S 形函数值范围有所不同。S 形函数值的最小为 0，最大为 1，取值范围在 0~1 之间。双极 S 形函数值最小为 -1，最大为 1，取值范围在 -1~1 之间。因为公交行程时间不可能为负数，所以选用 S 形函数作为 BP 神经网络的激活函数。

4. 模型节点数的确定

隐含层的确定对于纯电动公交车行程时间预测模型的构建十分关键，包括确定隐含层节点数的确定

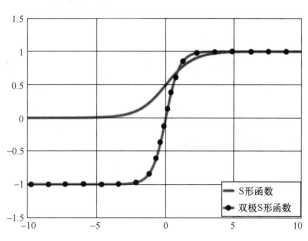

图 5-26　S形函数和双极 S 形函数

以及赋予隐形节点权值。节点数即为各层所包含因素个数，权值的大小体现了输入变量与输出变量之间的联系。

FA-BP 模型的构建需确定输入层、隐含层和输出层。输入层包含的节点数即为影响因素的个数，共需输入 7 个数据，所以输入层的个数是 7。在此模型中，纯电动公交的行程时间即为输出层的唯一输出值，因此输出层的节点个数是 1。隐含层的节点数不能根据因素的个数确定，只有经过反复地训练后才能得到最优节点个数。隐含层节点数的确定如式（5-59）所示：

$$P < \sqrt{M+N} + \lambda \tag{5-59}$$

式中　P——隐含层节点数；
　　　M——输入层节点数；
　　　N——输出层节点数；
　　　λ——0~10 范围内的常数。

从式（5-59）可以发现，最优隐含层节点个数大于 2 且小于 12。所以，在构建 FA-BP 模型时，隐含层节点个数应在该范围内取值进行训练。通过反复训练得出：隐含层节点个数是 9 时，模型的预测精度最高。因此，模型的组成可以表示为 7-9-1。7、9、1 分别代表输入层、隐含层、输出层节点个数。

5.4.4　算例分析

1. 数据来源

下文将利用福州市公交运行调度管理平台 321 路公交线路的运营数据，对前文所构建的纯电动公交行程时间预测模型和算法进行验证分析。福州市 321 路公交全线长 24km，起点站为公交大学城总站，终点站为远东丽景站，公交线路运营时间为 6:00~21:30，具

体公交线路走向如图 5-27 所示。该公交线路途经仓山万达广场、台江步行街、福建省皮肤病院等多个人流较大的站点。此条线路是大学城地区学生通往市区乘坐的主要线路。所以，选择该线路的数据进行验证，有较大的参考意义。

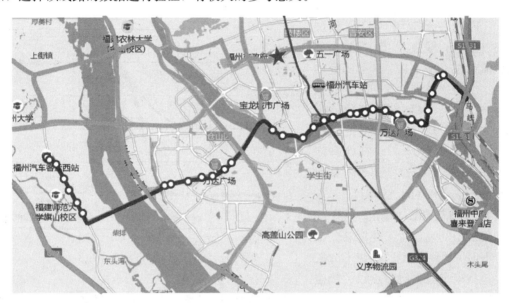

图 5-27　福州市 321 路公交线路走向

2. 输入数据

本次采集的样本数据共计 100 组，将其中的 80 组用于模型训练，另外的 20 组用于验证。在输入数据前，必须先对数据进行归一化处理。

3. 训练模型

将处理后的数据导入至 Matlab 中训练，表 5-8 是部分训练数据样本。

部分训练数据样本　　　　表 5-8

序号	th_1	th_2	th_3	x_1	x_2	x_3	x_4
1	10.00	8.33	8.90	1	1	1	1
2	7.17	7.83	7.05	1	1	2	2
3	9.25	10.00	8.35	1	1	3	1
4	8.55	8.33	8.32	1	1	4	2
5	8.28	8.00	7.55	1	1	1	1
6	11.15	10.98	11.28	1	1	2	2
7	9.12	9.25	9.97	1	1	3	1
8	7.57	8.48	7.75	1	1	4	2
9	8.55	9.47	9.60	1	1	1	1
10	10.00	8.33	8.90	1	1	1	1

在 Matlab 软件下编写萤火虫算法优化的 BP 神经网络模型的代码，模型重要参数取值如下：种群规模设置为 50，迭代次数设置为 50 次，参数全局设置为 2，局部搜索能力也设置为 2。

在 Matlab 平台运行代码后，可得到一张适应度曲线变化图，如图 5-28 所示。

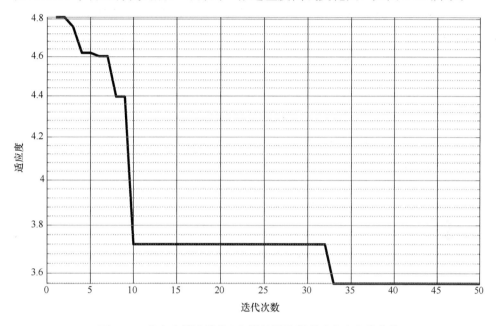

图 5-28　萤火虫算法优化 BP 神经网络模型适应度变化曲线

4. 构建模型

利用萤火虫算法优化 BP 神经网络中的权值和阈值，对 FA-BP 模型参数进行标定，从而构建公交行程时间预测模型，见式（5-60）。FA-BP 模型参数 w_{pm}、w_{np}、θ_p、θ_n 如表 5-9 所示。

$$Y_k = \cfrac{1}{1+\exp\left(-\sum_{p=1}^{P} w_{np} \cfrac{1}{1+\exp\left(-\sum_{m=1}^{M} w_{pm} \cfrac{1}{1+\exp(-x_m)} + \theta_p\right)} + \theta_n\right)} \quad (5\text{-}60)$$

FA-BP 模型参数标定　　　　　　　　　　　　　　　表 5-9

权值阈值	标定 FA-BP 模型最优参数							
w_{pm}	−0.0894	0.2229	−0.1295	0.6607	0.4641	0.6481	−0.0128	0.4562
	0.635	−0.234	−0.4246	0.5023	0.9522	0.0711	0.5018	−0.6429
	0.4682	−0.5758	0.2624	−0.2943	0.175	0.0066	−0.4709	0.767
	0.0341	0.9833	−0.9523	0.2463	−0.8854	−1	1	1
w_{np}	0.7288	−0.0325	0.7746	−0.0139	0.9755	0.7288	−0.0325	0.7746
θ_p	−0.5062	0.0757	−0.6871	0.5236	0.4046	−0.5062	0.0757	−0.6871
θ_n	−0.2378							

5. 模型验证

将 20 组测试样本数据进行归一化处理，利用卡尔曼滤波模型验证数据，输出的公交行程时间预测值与实际值对比如图 5-29 所示，公交行程时间预测相对误差如图 5-30 所示。利用 BP 神经网络模型验证数据，输出的公交行程时间预测值与实际值对比如图 5-31 所示，公交行程时间预测相对误差如图 5-32 所示。利用建立的 FA-BP 模型进行验证，输出的公交行程时间预测值与实际值对比如图 5-33 所示，公交行程时间预测相对误差如图 5-34所示。

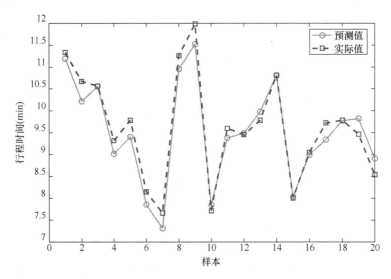

图 5-29　卡尔曼滤波模型公交行程时间预测值与实际值对比

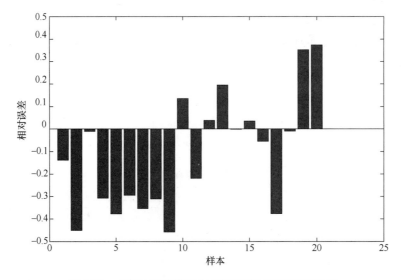

图 5-30　卡尔曼滤波模型公交行程时间预测相对误差

从图 5-30 看出，卡尔曼滤波模型的最大相对误差是 －0.4899，最小相对误差是 －0.1196；从图 5-32 看出，BP 神经网络模型的最大相对误差是 －0.0888，最小相对误差是 －0.0177；从图 5-34 看出：FA-BP 模型的最大相对误差是 －0.0998，最小相对误差是

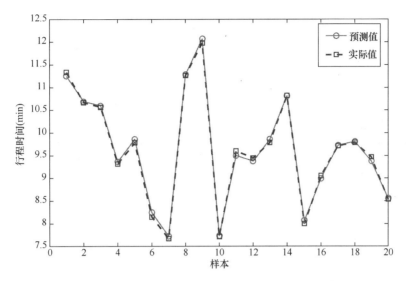

图 5-31　BP 神经网络模型公交行程时间预测值与实际值对比

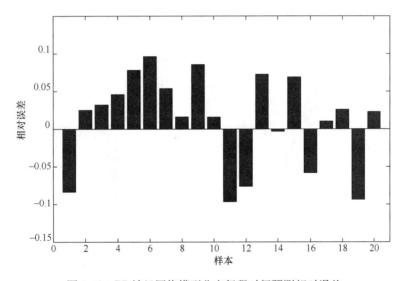

图 5-32　BP 神经网络模型公交行程时间预测相对误差

0.0010。因此，初步可判定：在 3 种预测模型中，萤火虫算法优化 BP 神经网络预测纯电动公交车行程时间的精确度高。

均方根误差亦称标准误差，可以反映模型整体的预测效果的优劣。其计算方法如式（5-61）所示。

$$RMSE = \sqrt{\frac{1}{N}\sum_{n=1}^{N}(T_n - Y_n)^2} \times 100\% \qquad (5\text{-}61)$$

式中　$RMSE$——均方根误差；

　　　T_n——实际值；

　　　Y_n——预测值。

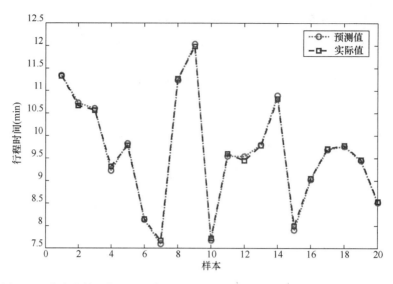

图 5-33 萤火虫算法优化 BP 神经网络模型公交行程时间预测值与实际值对比

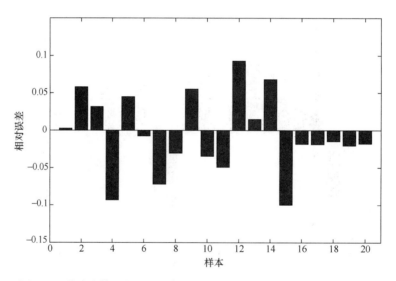

图 5-34 萤火虫算法优化 BP 神经网络模型公交行程时间预测相对误差

均方根误差比较　　　　　　　　　　表 5-10

模型	均方根误差
卡尔曼滤波模型	35.1%
BP 神经网络模型	5.9%
FA-BP 模型	4.0%

$RMSE$ 越大,说明实际值与预测值得误差越大,模型的预测精度越低。反之,预测精度越高。通过式(5-61)计算可得到 3 种模型的均方根误差。由表 5-10 可知,卡尔曼滤波模型的均方根误差最大为 35.1%,表明卡尔曼滤波模型的预测精度最低。FA-BP 模型均方根误差最小为 4.0%,表明 FA-BP 模型的预测精度最高。

第6章 公交运行可靠性分析

本章是对公交运行可靠性进行建模分析，主要从点、线、面三个层次分别建立公交运行可靠性模型。首先，以站点停留时间可靠性和区间行程时间可靠性作为评价指标，利用变异系数法确定指标权重系数，建立公交线路行程时间可靠性综合评价模型。其次，以混合机动车交通流条件下的公交行程时间可靠性为研究对象，采用蒙特卡罗方法计算公交行程时间可靠性，研究混合机动车交通流对公交行程时间可靠性的影响。最后，基于公交出行者路径选择行为问卷调查和出行意向调查，建立路径选择的混合 Logit 模型；并通过对公交运行特性分析，建立公交线路主体可靠性及出行者感知可靠性的二级评价指标体系。利用熵值法和模糊综合评价法对单条公交线路的可靠性进行综合评价，确定公交线路重要度，得出公交线网可靠度的计算方法。

6.1 基于站点设置及客流的可靠性分析

公交线路行程时间可靠性是公交线路运行情况的综合反映，是站点停留时间可靠性和区间行程时间可靠性共同作用的结果，也是管理者对公交线路进行评价、乘客出行路径选择的基础。因此，本节从站点客流的角度出发，对站点停留时间的乘客上下车时间、损失时间进行深入分析，建立站点停留时间可靠性模型；基于区间行程时间概率分布拟合，建立区间行程时间可靠性评价模型，根据乘客可接受的公交服务水平确定公交区间单位距离运行时间阈值。

6.1.1 站点停留时间可靠性模型

1. 基本定义及假设

根据系统可靠性理论，公交站点停留时间可靠性是指在规定时间内，公交车辆在公交站点完成服务一定数量乘客的概率。在建立站点停留时间可靠性模型之前，对公交线路运行系统进行如下假设：

(1) 公交车辆在各个站点的开门、关门时间均是可靠的；
(2) 同一个公交线路在同一个时段在相同公交站点服务的乘客数大致相同；
(3) 上车时间间隔、下车时间间隔及损失时间是相互独立的。

2. 表征指标

公交车辆在公交站点的核心功能是服务乘客上下车。表征乘客上下车实际情况的最直观指标为上车时间间隔、下车时间间隔及损失时间。实际上车时间间隔、下车时间间隔及损失时间在期望时间内的概率越大，表征公交车辆服务乘客完成水平越好；三个指标分布的方差越大，相对于均值就越分散，波动性越大，站点停留时间可靠性越差；反之波动性越小，站点停留时间可靠性越好。

3. 计算模型

参照站点停留时间可靠性的定义，计算原理可以描述为：公交车辆在站点停靠时乘客上车时间间隔、下车时间间隔、损失时间均在期望时间内，并达到一定公交服务水平的概率，具体表示为：

$$R_z = P(h_j^b \leqslant \varepsilon_1, h_i^a \leqslant \varepsilon_2, T_1 \leqslant \varepsilon_3)$$

$$s.t. \begin{cases} 0.6 \leqslant h_j^b \leqslant 9.6 \\ 0.3 \leqslant h_i^a \leqslant 6.2 \\ 0.6 \leqslant T_1 \leqslant 13.9 \end{cases} \quad (6\text{-}1)$$

式中　R_z——公交站点停留时间可靠性，$0 \leqslant R_z \leqslant 1$，该值越趋近于 1，可靠性越高，越趋近于 0，可靠性越低；

　　　h_i^a——第 i 个乘客与第 $i+1$ 个乘客下车时间间隔（s）；

　　　h_j^b——第 j 个乘客与第 $j+1$ 个乘客上车时间间隔（s）；

　　　ε_1——乘客上车时间间隔阈值（s）；

　　　ε_2——乘客下车时间间隔阈值（s）；

　　　ε_3——损失时间阈值（s）；

　　　T_1——损失时间（s）。

为了对上车时间间隔、下车时间间隔及损失时间相互之间的独立性进行检验，基于同种公交车型以及收费方式的情况下，在高峰时段（7:00～8:30，17:30～19:00）和平峰时段（9:00～10:30，14:30～16:00）分别对福州市的东街口、洪山桥及茶亭公交站点乘客的上车时间间隔、下车时间间隔、人数和损失时间进行调查分析。

采用统计软件 SPSS 对三个调查公交站点的上车时间间隔、下车时间间隔和损失时间进行两两之间的相关性分析，计算出两两变量间的皮尔逊（Pearson）相关系数，并对两两变量间相关性进行双侧显著性检验，所得结果见表 6-1。

上车时间间隔、下车时间间隔、损失时间两两之间的 Pearson 相关系数　　表 6-1

类别	Pearson 相关系数	显著性概率 Sig
上车时间间隔（s）与下车时间间隔（s）	0.057	0.276
上车时间间隔（s）与损失时间（s）	0.212	0.162
下车时间间隔（s）与损失时间（s）	0.254	0.186

结合 Palisade 决策分析软件，采用直线、二次、三次、对数、幂函数、指数等函数对任意两者间的相关关系进行线性与非线性拟合，结果发现拟合效果都不好。因此，综合判定上车时间间隔、下车时间间隔、损失时间两两之间相互独立。

相互独立的随机变量可用中心极限定理计算概率，因此，可将公交站点停留时间可靠性计算模型改写为：

$$R_z = P(h_j^b \leqslant \varepsilon_1) \cdot P(h_i^a \leqslant \varepsilon_2) \cdot P(T_1 \leqslant \varepsilon_3) \quad (6\text{-}2)$$

4. 适用条件

公交站点停留时间可靠性的计算适用于日常交通管理条件，但未考虑恶劣天气、交通事故等干扰情况,适用时间包括高峰时段及平峰时段。

5. 指标阈值

高峰时段、平峰时段分别测得上车时间间隔有效样本573个、552个;下车时间间隔有效样本512个、506个;损失时间有效样本395个、399个。上车时间间隔、下车时间间隔、损失时间阈值是随着公交车型、收费方式而变化的浮动值。考虑乘客上下车的实际情况进行指标阈值设定,采用数理统计方法,结合福州市公交车辆站点停靠的实际情况,这里暂取阈值为福州市实际调查所有样本的85%分位数。本节取$\varepsilon_1=2.21s$,$\varepsilon_2=2.09s$,$\varepsilon_3=4.67s$。

6.1.2 区间行程时间可靠性模型

1. 基本定义

公交区间是指相邻公交站点之间的距离,公交区间行程时间是指公交车辆从i站点启动到站点$i+1$停稳所用的时间。

根据系统可靠性理论,对公交区间行程时间可靠性进行界定:在一定条件下,公交车辆在相邻站点之间的行程时间在期望行程时间内的概率,可用式(6-3)表示为:

$$R_q = P(t \leqslant t^*) \tag{6-3}$$

式中 R_q——公交区间行程时间可靠性,$0 \leqslant R_q \leqslant 1$,该值越趋近于1,可靠性越高,越趋近于0,可靠性越低;

t——公交车辆单位距离实际运行时间(s/m);

t^*——单位距离运行时间阈值(s/m)。

2. 表征指标

公交车辆在相邻站点之间运行情况的最直观表征指标为公交车辆单位距离的平均运行时间。公交车辆在实际情况下单位距离平均运行时间越短,说明公交车辆的运行速度越大;反之单位距离平均运行时间越长,则说明公交车辆的运行速度越小。

3. 计算模型

(1)区间行程时间常见概率分布

到目前为止,区间行程时间概率分布类型有很多种。余艳春等通过分析大量的实测数据,将路段延误时间和行驶时间合在一起,得出路段行程时间服从正态分布;但是,宋晓梅基于人工调研的公交车辆路段运行时间数据,采用正态分布、对数正态分布、伽玛分布和威布尔分布对数据进行拟合,结果表明对数正态分布对区间单位距离运行时间的拟合效果最好;童小龙基于对AVL数据进行处理,采用正态分布、对数正态分布、伽玛分布和威布尔分布对单位距离行程时间进行拟合,通过比选拟合优度,发现对数正态分布拟合效果最好。

本节将利用福州市人工调查数据,通过比选正态分布、对数正态分布、伽玛分布、威布尔分布四种概率分布模型对区间单位距离运行时间的拟合效果,确定拟合效果最好的概率分布模型。

① 正态分布

若随机变量X服从正态分布,记作$X \sim N(u, \sigma^2)$,概率密度函数为:

$$f(x;u,\sigma)=\frac{1}{\sqrt{2\pi}\sigma}\exp\left[-\frac{(x-u)^2}{2\sigma^2}\right],-\infty<x<+\infty \quad (6-4)$$

式中 u —— X 的均值；
σ —— X 的标准差。

正态分布的累计分布函数为：

$$F(x)=\frac{1}{\sqrt{2\pi}\sigma}\int_0^{x^*}\exp\left[-\frac{(x-u)^2}{2\sigma^2}\right]\mathrm{d}x \quad (6-5)$$

② 对数正态分布

若随机变量 X 服从对数正态分布，记作 $X\sim Log-N(u,\sigma^2)$，概率密度函数为：

$$f(x;u,\sigma)=\begin{cases}\frac{1}{\sqrt{2\pi}\sigma x}\exp\left[-\frac{(\ln x-u)^2}{2\sigma^2}\right], & x>0\\ 0, & x\leqslant 0\end{cases} \quad (6-6)$$

式中 u —— $\ln X$ 的均值；
σ —— $\ln X$ 的标准差。

对数正态分布的累计分布函数为：

$$F(x)=\frac{1}{\sqrt{2\pi}\sigma}\int_0^{x^*}\frac{1}{x}\exp\left[-\frac{(\ln x-u)^2}{2\sigma^2}\right]\mathrm{d}x \quad (6-7)$$

③ 伽玛分布

若随机变量 X 服从伽玛分布，记作 $X\sim G(\alpha,\beta)$，概率密度函数为：

$$f(x;\alpha,\beta)=\frac{1}{\beta^\alpha\Gamma(\alpha)}x^{\alpha-1}\exp\left(-\frac{x}{\beta}\right),x>0 \quad (6-8)$$

其中 $\Gamma(\alpha)=\int_0^{+\infty}t^{x-1}\exp(-t)\mathrm{d}t$，满足性质 $\Gamma(x+1)=x\Gamma(x)$，当 n 为正整数时，$\Gamma(n+1)=n!$。

伽玛分布的累计分布函数为：

$$F(x)=\frac{1}{\beta^\alpha\Gamma(\alpha)}\int_0^{x^*}x^{\alpha-1}\exp\left(-\frac{x}{\beta}\right)\mathrm{d}x \quad (6-9)$$

④ 威布尔分布

若随机变量 X 服从威布尔分布，概率密度函数为：

$$f(x;\lambda,k)=\begin{cases}\frac{k}{\lambda}\left(\frac{x}{\lambda}\right)^{k-1}\exp\left[-\left(\frac{x}{\lambda}\right)^k\right], & x\geqslant 0\\ 0, & x<0\end{cases} \quad (6-10)$$

式中 λ —— 比例参数，$\lambda>0$；
k —— 形状参数，$k>0$。

威布尔分布的累计分布函数为：

$$F(x)=1-\exp\left(-\frac{x}{\lambda}\right)^k \quad (6-11)$$

(2) 区间行程时间概率分布拟合

为了使不同区间长度的行程时间数据具有可比性，本节将区间行程时间转化为单位距离运行时间进行概率分布拟合。具体步骤如下：

步骤1：分别计算平峰时段和高峰时段公交车辆在各个相邻站点区间的单位距离运行时间，通过频数和频率分析，作直方图，如图6-1和图6-2所示，并初步分析区间单位距离运行时间的分布特征；

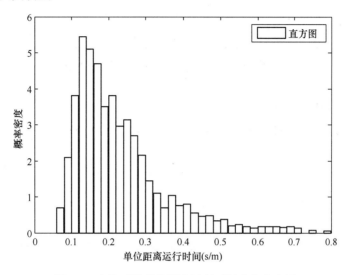

图6-1　高峰时段单位距离运行时间分布直方图

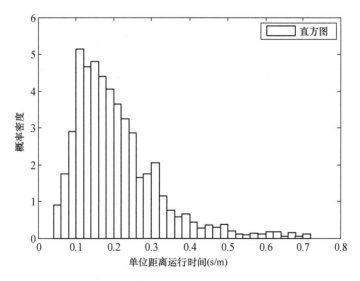

图6-2　平峰时段单位距离运行时间分布直方图

步骤2：利用Matlab的工具箱cftool实现正态分布、对数正态分布、伽玛分布和威布尔分布分别对平峰时段和高峰时段的区间单位距离运行时间数据进行拟合。

步骤3：分布计算四种概率分布拟合的误差平方和（SSE）和R平方（R^2），将其作为衡量拟合效果的指标，比选出拟合优度最高的概率分布。

四种概率分布类型对平峰时段和高峰时段单位距离运行时间的拟合优度对比见表6-2。

单位距离运行时间拟合优度对比　　　　　　　表 6-2

时段	指标值	样本量	正态分布	对数正态分布	伽玛分布	威布尔分布
高峰时段	SSE	678	0.02987	0.005041	0.009462	0.01801
	R^2		0.6780	0.9089	0.7800	0.6915
平峰时段	SSE	983	0.02109	0.001921	0.005223	0.01113
	R^2		0.7580	0.9795	0.8594	0.7873

由表 6-2 可知，在四种概率分布中，对数正态分布对区间单位距离运行时间的拟合度是最好的。

（3）区间行程时间可靠性评价模型

基于上文的分析，区间行程时间的概率密度函数可表示为：

$$f(t_i) = \frac{1}{\sqrt{2\pi}\sigma t_i}\exp\left[-\frac{(\ln t_i - u)^2}{2\sigma^2}\right] \quad (6-12)$$

式中　t_i——区间 i 的单位距离运行时间（s/m）；

u——$\ln t_i$ 的均值；

σ——$\ln t_i$ 的标准差。u 和 σ 可分别用式（6-13）和式（6-14）进行计算。

$$u = \frac{1}{n}\sum_{i=1}^{n}\ln t_i \quad (6-13)$$

$$\sigma = \sqrt{\frac{1}{n-1}\sum_{i=1}^{n}\left(\ln t_i - \frac{1}{n}\sum_{i=1}^{n}\ln t_i\right)^2} \quad (6-14)$$

因此，结合上文分析和区间行程时间可靠性的定义，将区间行程时间可靠性评价模型表示为：

$$\begin{aligned}P(t_i) &= \int_0^{t^*} f(t_i)\mathrm{d}t_i \\ &= \int_0^{t^*} \frac{1}{\sqrt{2\pi}\sigma_i t_i}\exp\left[-\frac{(\ln t_i - u_i)^2}{2\sigma_i^2}\right]\mathrm{d}t_i \\ &= \Phi\left(\frac{\ln t^* - u_i}{\sigma_i}\right)\end{aligned} \quad (6-15)$$

4. 适用条件

公交区间行程时间可靠性的计算适用于日常交通管理条件，但未考虑恶劣天气、交通事故等干扰情况，适用时间包括高峰时段及平峰时段。

5. 指标阈值

较多学者选取指标的不同百分位数作为等级划分的分界线，对需划分等级的指标进行大小排列。本节采取分位数法确定公交区间单位距离运行时间的等级。

在对福州市公交进行实际调查的基础上，绘制出单位距离运行时间百分位数图，如图 6-3 所示。比较各个点的斜率并选出斜率突变最大的 5 个点，然后将这 5 个点的百分位数作为公交区间单位距离运行时间等级划分的 5 个临界值。

第6章 公交运行可靠性分析

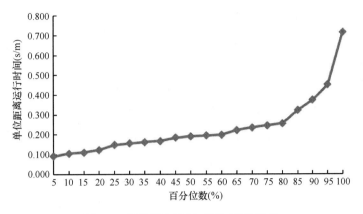

图 6-3 单位距离运行时间百分位数图

由图 6-3 可知：斜率突变最大的 5 个点分别为 20%、40%、60%、80%、95%，单位距离运行时间和运行速度百分位数图如图 6-4 所示。

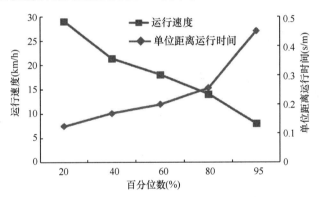

图 6-4 单位距离运行时间和运行速度百分位数图

因此，本节选取这 5 个百分位数作为公交区间单位距离运行时间、运行速度的阈值，如表 6-3 所示。

公交区间单位距离运行时间、运行速度的阈值表　　　　　表 6-3

单位距离运行时间百分位数（%）	单位距离运行时间（s/m）	运行速度（km/h）
20	0.124	29.032
40	0.168	21.429
60	0.199	18.090
80	0.256	14.063
95	0.451	7.982

由表 6-3 可知，公交车辆单位距离运行时间在 20% 百分位数对应数值之前表示运行状态最佳、公交车辆基本在自由流状态下运行且区间行程时间最短的交通运行状态；单位距离运行时间在 20%~40% 百分位数对应数值之间表示公交车辆运行状态良好，道路交通流较为顺畅，区间行程时间较短；单位距离运行时间在 40%~60% 百分位数对应数值之间则表示公交车辆运行状态较差，但仍处在可以接受的状态；单位距离运行时间在 60%~80% 百分位数对应数值之间表示交通拥堵开始出现，运行不稳定，但仍处在可以忍受的阶段；单位距离运行时间在 80%~95% 百分位数对应数值之间表示时常发生交通拥堵现象，

公交车辆运行处于不稳定状态；单位距离运行时间超过95％百分位数对应数值表示公交车辆运行过程中拥堵现象严重，经常停滞不前，此时公交运行状态是乘客难以忍受的。

由此，根据公交车辆实际公交运行数据百分位数，利用统计分析的方法，本节确定了福州市的公交服务水平与单位距离运行时间，运行速度的6个等级。如表6-4所示。

不同公交服务水平下的单位距离运行时间、运行速度阈值表　　表6-4

公交服务水平	单位距离运行时间（s/m）	运行速度（km/h）
A级	<0.124	>29.032
B级	0.124~0.168	21.429~29.032
C级	0.168~0.199	18.090~21.429
D级	0.199~0.256	14.063~18.090
E级	0.256~0.451	7.982~14.063
F级	>0.451	<7.982

其中，A级服务水平表示公交车辆在自由状态下运行，行程时间最短，是乘客最希望的运行情况；B级服务水平表示公交车辆是在稳定交通流下运行，但是与A级服务水平相比，行程时间有一定的增加；C级服务水平表示公交车辆在交通流基本稳定下运行，偶尔不稳定，乘客尚可接受；D级服务水平代表公交车辆在不稳定交通流状态下运行，区间行程时间具有较大的增加，道路交通开始对公交舒适性和运行速度产生较大的影响；E级服务水平表示公交车辆在道路拥堵状态下运行，经常发生交通拥堵，运行较不稳定，区间行程时间较长，乘客难以接受；F级服务水平表示公交运行状态最差，道路拥堵现象严重导致公交车辆走走停停，管理者和乘客都难以忍受。

综合分析表明，公交乘客可以接受的服务水平包括A、B、C三级，可以忍受D级服务水平。因此，本节将这四级服务水平下单位距离运行时间内的公交运行状态认为是可靠的。本节取单位距离运行时间阈值 $t^* = 0.256 \text{s/m}$。

6.1.3 公交线路行程时间可靠性综合评价模型

1. 综合评价模型

通过选取站点停留时间可靠性和区间行程时间可靠性两个指标来反映公交线路运行的均衡程度和行程时间稳定性。因此，本节采用加权综合评价的方法对公交线路行程时间可靠性进行评价。可以表示为：

$$R_{线} = w_z R_z + w_q R_q \tag{6-16}$$

式中　$R_{线}$——公交线路行程时间可靠性；

　　　w_z——站点停留时间可靠性的权重系数；

　　　w_q——区间行程时间可靠性的权重系数。

2. 权重系数的确定

考虑到不同指标取值的波动程度，在确定指标权重过程中，采用变异系数法确定权重系数。

各个指标变异程度一般用变异系数来表示。依据评价对象各个指标观测值变异程度的大小来确定权重系数的方法称为变异系数法。如果不同指标之间的平均数与度量单位相同，指标之间的变异程度可以直接用标准差来进行比较；如果不同指标之间的平均数与度量单位不同，则指标之间的变异程度需要采用标准差与平均数的比值才能进行比较。一般可以用变异系数来体现各个指标值的波动程度、消除平均数和度量单位不同对各个指标变异程度进行比较时所产生的影响。因此，计算变异系数如式（6-17）所示：

$$v = \frac{s}{\bar{x}} \times 100\% \tag{6-17}$$

式中　v ——变异系数；

　　　s ——指标值 x 的标准差；

　　　$\bar{x}$ ——指标值 x 的平均值。

$$s = \sqrt{\frac{1}{n}\sum_{i=1}^{n}(x_i - \bar{x})^2} \times 100\% \tag{6-18}$$

为避免各个指标的量纲和数量级不同所带来的影响，直接对各个指标的变异系数进行归一化处理，从而得到各个指标的权重系数：

$$w_j = \frac{v_j}{\sum_{j=1}^{m} v_j} \times 100\% \tag{6-19}$$

式中　v_j ——第 j 个指标变异系数；

　　　m ——指标个数；

　　　w_j ——第 j 个指标的权重系数。

因此，公交线路综合评价模型可以表示为：

$$R_{\text{线}} = \frac{v_z}{v_z + v_q}R_z + \frac{v_q}{v_z + v_q}R_q \tag{6-20}$$

式中　v_z ——站点停留时间可靠性变异系数；

　　　v_q ——区间行程时间可靠性变异系数。

6.1.4　实例分析

根据建立的公交可靠性模型，运用实际调查的公交数据，在定量分析福州市 55 路公交的站点停留时间可靠性及区间行程时间可靠性的基础上，对 55 路公交线路行程时间可靠性进行综合评价。

基于前文建立的站点停留时间可靠性模型和实际调查数据，通过计算可以得到福州市 55 路公交各个站点的停留时间可靠性如图 6-5 所示。总体来说，平峰时段站点停留时间

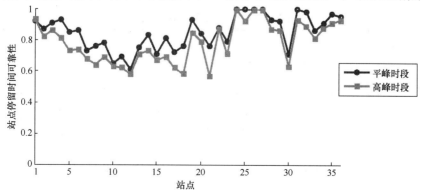

图 6-5　福州市 55 路公交站点停留时间可靠性

可靠性比高峰时段好，但也存在个别站点平峰时段停留时间可靠性比高峰时段差的现象。造成此现象的原因主要有两个：一是平峰时段发车间隔较大造成公交线路到达个别站点的时间间隔过大，从而使乘客出现集聚现象；二是个别站点平峰时段上下车人数较少，较好的公交运行状态使乘客一般有较多的时间进行上下车，乘客上下车比较随意，造成人均上下车时间具有较大的波动性，同时会对公交车开关门的时间产生影响。

基于前文建立的区间行程时间可靠性模型和实际调查数据，通过计算可以得到福州市 55 路公交各站点间的区间行程时间可靠性如图 6-6 所示。总体趋势上，平峰时段区间行程时间可靠性比高峰时段要好，但也存在个别站点间平峰时段区间行程时间可靠性比高峰时段差的现象，这主要是由于驾驶员的驾驶行为造成的。

由图 6-5 和图 6-6 可知：站点停留时间可靠性与区间行程时间可靠性变化的相关性不大，这主要是由于站点停留时间可靠性主要受到上下车乘客数、候车总人数、站点泊位数等因素的影响，而区间行程时间可靠性则主要取决于公交站点间距、公交站点位置、交通状况等因素，两者的影响因素之间不存在交织。但是，区间行程时间可靠性与站点停留时间可靠性并不完全独立。比较图 6-5 和图 6-6 可知，当区间行程时间可靠性较低时，站点停留时间可靠性往往也较低。这主要是因为上游站点或区间的可靠性较低会影响下游等待乘客数，同时也会影响驾驶员的驾驶行为。

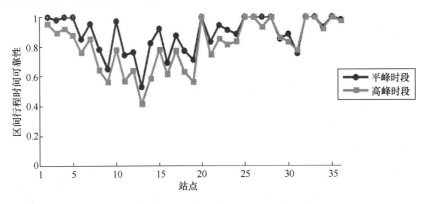

图 6-6 福州市 55 路公交区间行程时间可靠性

通过对站点停留时间可靠性和区间行程时间可靠性进行分析，计算得到的变异系数、权重系数分别如表 6-5、表 6-6 所示。

公交线路行程时间可靠性变异系数表　　　　表 6-5

类别	公交线路行程时间可靠性变异系数	
	平峰时段	高峰时段
站点停留时间可靠性	0.131	0.168
区间行程时间可靠性	0.141	0.201

公交线路行程时间可靠性权重系数表　　　　表 6-6

类别	公交线路行程时间可靠性权重系数	
	平峰时段	高峰时段
站点停留时间可靠性	0.482	0.455
区间行程时间可靠性	0.518	0.545

基于站点停留时间可靠性和区间行程时间可靠性的计算结果，根据公交线路行程时间可靠性综合评价模型可以计算得到福州市 55 路公交线路的行程时间可靠性：平峰时段为 0.863，高峰时段为 0.776。

福州市 55 路公交线路是大学城众多学生到福州市区普遍会选择的公交线路，高峰时段客流量比平峰时段显著增加，导致公交车在站点停留时间增加，降低站点停留时间可靠性；区间经过市区中心，造成区间行程时间波动性较大，因此区间运行可靠性具有较大权重系数；而 55 路公交线路里程较长，驾驶员可以通过在下游站点中弥补由于上游站点和区间造成的延误。通过分析，计算结果与实际情况吻合，说明所提出可靠性计算方法具有可行性与合理性。

6.2 基于混合机动车交通流的可靠性

6.2.1 混合机动车交通流条件下的公交行程时间特性

1. 混合机动车交通流特性

混合机动车交通流因交通组成不同而表现出不同的交通流特性。下文将分别对不同道路区间的混合机动车交通流特性进行研究，挖掘混合机动车平均速度与车型比例、公交车比例之间的关系，采用 MATLAB 进行相关性分析。由于特定的车型比例或公交车比例很难由人为设定，因此，从大量交通流数据中提取同等服务水平的道路基础设施、相同天气等条件下的交通流数据，如相同道路条件、相同天气条件下，不同公交站点及其影响区在不同时间内所呈现出的混合机动车平均速度，对这些数据按不同交通饱和度区间、不同车型比例进行分类分析，得到研究结论。

（1）平均速度空间分布特性

为研究道路不同断面的混合机动车平均速度的分布特性，通过对福州 2018 年 9 月份每天 6：00～22：00 的 50 个不同公交站点、50 个不同交叉口和 50 个不同路段的道路不同断面位置的机动车平均速度进行统计，得到图 6-7 所示的混合机动车平均速度空间变化图。由图 6-7 可知，混合机动车在路段的平均速度最大，在公交站点附近和交叉口停车线前分别受到公交车停靠站点的影响和交通信号灯的影响，分别呈现两个显著的平均速度低峰 B 和低峰 C。

（2）平均速度与车型比例、公交车比例的关系

城市道路交通流错综复杂，研究不同车型比例或不同公交车比例组成的混合机动车交通流特性，对于找到解决城市混合机动车交通流问题的有效方法和对策体系，具有重要的现实意义。混合机动车平均速度是混合机动车交通流的一个重要特性，研究不同车型比例组的混合机动车平均速度和不同公交车比例组成的混合机动车平均速度，可为研究混合机动车交通流公交行程时间可靠性提供一定的理论基础。

考虑到机动车在公交站点附近、交叉口容易受到公交车停靠、上下车乘客及交通信号灯的影响，其平均速度与在路段的平均速度差异较大，因此，有必要分公交站点及其影响区、交叉口及其影响区、公交站点及其影响区外的路段三类来研究混合机动车平均速度与车型比例、公交车比例的关系。由于公交站点前后 30m 范围内机动车受到公交车停靠公

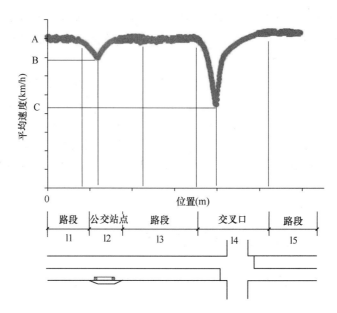

图 6-7 混合机动车平均速度空间变化图

交站点的影响较大，因此，选取公交站点前后 30m 范围统计混合机动车平均速度；由于机动车在交叉口停车线前 30m 至交叉口出口道后 20m 范围内机动车受到交通信号灯影响较大，因此，选取交叉口停车线前 30m 至交叉口出口道后 20m 范围统计混合机动车平均速度；以上范围之外统计的混合机动车平均速度即为路段的混合机动车平均速度。公交站点及其影响区、交叉口及其影响区、公交站点及其影响区外的路段的区间界定，如图 6-8 所示。

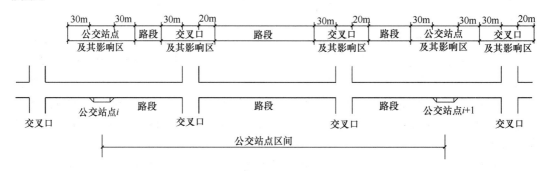

图 6-8 不同路段的区间界定

考虑到不同交通饱和度条件下，不同车型比例和不同公交车比例组成的混合机动车平均速度可能会存在较大差异，因此分不同交通饱和度区间对不同车型比例和不同公交车比例组成的混合机动车平均速度进行统计分析，并将二者函数关系相近的相邻饱和度区间进行整合，最终确定 0～0.4、0.4～0.75、0.75～1.0 三个饱和度区间进行分析。

采用 MATLAB 对 0～0.4、0.4～0.75、0.75～1.0 饱和度区间条件下，不同路段区间内混合机动车平均速度与相应的车型比例、公交车比例进行相关性分析，选取道路基础设施、天气情况等条件相同或相近的数据进行拟合，拟合结果详见表 6-7～表 6-10，表中的 v 表示混合机动车平均速度，x 表示车型比例，$Corr$ 表示相关系数，N 表示样本量。

1）不同饱和度、不同道路区间大型车比例与混合机动车平均速度关系

不同饱和度、不同道路区间大型车比例与混合机动车平均速度　　　表 6-7

函数关系			
饱和度	位置		
	公交站点及其影响区	交叉口及其影响区	公交站点及其影响区外的路段
0~0.4	$v=-25.93x+51.387$ $Corr=0.8630$ $N=531$ 组	$v=-16.14x+38.542$ $Corr=0.8746$ $N=738$ 组	$v=-24.69x+53.493$ $Corr=0.9423$ $N=867$ 组
0.4~0.75	$v=-26.71x+48.151$ $Corr=0.8014$ $N=598$ 组	$v=-18.07x+36.667$ $Corr=0.9263$ $N=976$ 组	$v=-26.66x+50.355$ $Corr=0.8746$ $N=656$ 组
0.75~1.0	$v=-22.1x+40.925$ $Corr=0.7108$ $N=770$ 组	$v=-16.27x+32.565$ $Corr=0.8475$ $N=564$ 组	$v=-22.35x+42.549$ $Corr=0.8659$ $N=764$ 组

2）不同饱和度、不同道路区间中型车比例与混合机动车平均速度关系

不同饱和度、不同道路区间中型车比例与混合机动车平均速度　　　表 6-8

函数关系			
饱和度	位置		
	公交站点及其影响区	交叉口及其影响区	公交站点及其影响区外的路段
0~0.4	$v=-23.6x+52.078$ $Corr=0.7444$ $N=836$ 组	$v=-16.06x+41.512$ $Corr=0.8641$ $N=785$ 组	$v=-24.4x+53.618$ $Corr=0.7985$ $N=830$ 组
0.4~0.75	$v=-20.8x+49.054$ $Corr=0.6865$ $N=926$ 组	$v=-17.58x+38.861$ $Corr=0.8471$ $N=861$ 组	$v=-27.3x+51.865$ $Corr=0.8662$ $N=689$ 组
0.75~1.0	$v=-11.67x+34.159$ $Corr=0.8329$ $N=1331$ 组	$v=-14.09x+31.535$ $Corr=0.9133$ $N=732$ 组	$v=-20.6x+43.016$ $Corr=0.9264$ $N=851$ 组

3）不同饱和度、不同道路区间小型车比例与混合机动车平均速度关系

不同饱和度、不同道路区间小型车比例与混合机动车平均速度　　　表 6-9

函数关系			
饱和度	位置		
	公交站点及其影响区	交叉口及其影响区	公交站点及其影响区外的路段
0~0.4	$v=24.36x+27.3$ $Corr=0.7086$ $N=1175$ 组	$v=24.36x+27.3$ $Corr=0.8744$ $N=864$ 组	$v=22.73x+31.763$ $Corr=0.9267$ $N=874$ 组

续表

饱和度	函数关系		
	位置		
	公交站点及其影响区	交叉口及其影响区	公交站点及其影响区外的路段
0.4~0.75	$v=20.8x+25.998$ $Corr=0.5886$ $N=1133$ 组	$v=14.8x+31.998$ $Corr=0.9122$ $N=754$ 组	$v=20.67x+27.685$ $Corr=0.8826$ $N=748$ 组
0.75~1.0	$v=8.5x+23.404$ $Corr=0.5393$ $N=1426$ 组	$v=8.5x+23.404$ $Corr=0.7856$ $N=813$ 组	$v=9.38x+24.168$ $Corr=0.8251$ $N=755$ 组

4）不同饱和度、不同道路区间公交车比例与混合机动车平均速度关系

不同饱和度、不同道路区间公交车比例与混合机动车平均速度　　表6-10

饱和度	函数关系		
	位置		
	公交站点及其影响区	交叉口及其影响区	公交站点及其影响区外的路段
0~0.4	$v=-90.07x+57.091$ $Corr=0.8364$ $N=531$ 组	$v=-42.92x+41.582$ $Corr=0.8674$ $N=658$ 组	$v=-76.2x+58.534$ $Corr=0.8425$ $N=794$ 组
0.4~0.75	$v=-82.37x+52.349$ $Corr=0.7461$ $N=603$ 组	$v=-46.89x+38.275$ $Corr=0.8452$ $N=758$ 组	$v=-75.86x+54.364$ $Corr=0.8769$ $N=588$ 组
0.75~1.0	$v=-55x+38.348$ $Corr=0.6930$ $N=785$ 组	$v=-38.57x+33.554$ $Corr=0.8352$ $N=868$ 组	$v=-51.67x+41.549$ $Corr=0.7358$ $N=835$ 组

统计结果表明，不同饱和度、不同道路区间，大型车比例、中型车比例、公交车比例与混合机动车平均速度都呈负相关的关系，小型车比例与混合机动车平均速度都呈正相关的关系。

2. 公交行程时间与车型比例、公交车比例的关系

由于特定的交通组成较难由人为设定，要研究车型比例、公交车比例与公交行程时间可靠性之间的关系，需要从大量交通流数据和公交运营数据中筛选数据进行分析。考虑到不同交通饱和度条件下，不同车型比例或不同公交车比例组成的混合机动车交通流所对应的公交行程时间可能会存在差异，因此对不同交通饱和度区间由不同车型比例和不同公交车比例组成的混合机动车交通流条件下的公交行程时间进行统计分析，并将二者函数关系相近的相邻交通饱和度区间进行整合得到 0~0.4、0.4~0.75、0.75~1.0 三个交通饱和度区间。考虑到交通流在公交站点及其影响区容易受到公交车停靠的影响和在交叉口及其影响区容易受上下乘客及交通信号灯的影响，其公交行程时间与路段的公交行程时间有所差异，因此，有必要分公交站点及其影响区、交叉口及其影响区、公交站点及其影响区外的路段三类来分别研究车型比例、公交车比例与公交行程时间之间的关系。公交站点及其

影响区、交叉口及其影响区、公交站点及其影响区外的路段的区间界定，见图 6-8。本节拟采用 MATLAB 对 0~0.4、0.4~0.75、0.75~1.0 交通饱和度区间条件下，公交站点及其影响区、交叉口及其影响区、公交站点及其影响区外的路段上车型比例、公交车比例与所对应的公交行程时间关系的相关性分析，选取道路基础设施、天气情况相同或相近条件下的数据进行拟合，得到相应的拟合结果，详见表 6-11~表 6-14，表中的 t 表示公交行程时间，x 表示车型比例，$Corr$ 表示相关系数，N 表示样本量。

不同饱和度、不同道路区间大型车比例与公交行程时间　　　　表 6-11

饱和度	函数关系		
	位置		
	公交站点及其影响区	交叉口及其影响区	公交站点及其影响区外的路段
0~0.4	$t=2.48x+20.759$ $Corr=0.9159$ $N=617$ 组	$t=2.27x+28.166$ $Corr=0.9031$ $N=1175$ 组	$t=1.54x+7.3611$ $Corr=0.9147$ $N=531$ 组
0.4~0.75	$t=1.28x+22.458$ $Corr=0.9045$ $N=1133$ 组	$t=2x+38.039$ $Corr=0.9016$ $N=770$ 组	$t=1.79x+8.1502$ $Corr=0.8563$ $N=926$ 组
0.75~1.0	$t=1.43x+25.326$ $Corr=0.9071$ $N=1131$ 组	$t=3.18x+46.596$ $Corr=0.9036$ $N=770$ 组	$t=1.38x+9.2687$ $Corr=0.9262$ $N=1133$ 组

不同饱和度、不同道路区间中型车比例与公交行程时间　　　　表 6-12

饱和度	函数关系		
	位置		
	公交站点及其影响区	交叉口及其影响区	公交站点及其影响区外的路段
0~0.4	$t=1.25x+20.726$ $Corr=0.9041$ $N=617$ 组	$t=2.27x+28.166$ $Corr=0.9031$ $N=1175$ 组	$t=0.76x+7.3385$ $Corr=0.9309$ $N=531$ 组
0.4~0.75	$t=1.28x+22.458$ $Corr=0.9045$ $N=1133$ 组	$t=0.94x+38.052$ $Corr=0.9004$ $N=770$ 组	$t=0.98x+8.1562$ $Corr=0.8527$ $N=926$ 组
0.75~1.0	$t=0.68x+25.321$ $Corr=0.9016$ $N=1131$ 组	$t=2.23x+46.608$ $Corr=0.9018$ $N=770$ 组	$t=0.66x+9.2608$ $Corr=0.8653$ $N=1133$ 组

不同饱和度、不同道路区间小型车比例与公交行程时间　　　　表 6-13

饱和度	函数关系		
	位置		
	公交站点及其影响区	交叉口及其影响区	公交站点及其影响区外的路段
0~0.4	$t=-2.42x+23.011$ $Corr=0.8152$ $N=617$ 组	$t=-3.03x+32.878$ $Corr=0.9056$ $N=1175$ 组	$t=-1.55x+8.7611$ $Corr=0.9155$ $N=531$ 组

续表

饱和度	函数关系 位置		
	公交站点及其影响区	交叉口及其影响区	公交站点及其影响区外的路段
0.4~0.75	$t=-1.57x+23.922$ $Corr=0.9067$ $N=1133$ 组	$t=-2.2x+40.08$ $Corr=0.9024$ $N=770$ 组	$t=-1.47x+9.8663$ $Corr=0.9103$ $N=926$ 组
0.75~1.0	$t=-1.55x+26.802$ $Corr=0.8783$ $N=1131$ 组	$t=-0.6x+48.434$ $Corr=0.9311$ $N=770$ 组	$t=-1.47x+10.732$ $Corr=0.9524$ $N=1133$ 组

不同饱和度、不同道路区间公交车比例与公交行程时间 表 6-14

饱和度	函数关系 位置		
	公交站点及其影响区	交叉口及其影响区	公交站点及其影响区外的路段
0~0.4	$t=1.42x+21.713$ $Corr=0.9079$ $N=617$ 组	$t=3.13x+31.41$ $Corr=0.9021$ $N=1175$ 组	$t=1.95x+7.6806$ $Corr=0.8594$ $N=531$ 组
0.4~0.75	$t=0.73x+23.211$ $Corr=0.9002$ $N=1133$ 组	$t=5.82x+37.566$ $Corr=0.9008$ $N=770$ 组	$t=1.47x+8.8524$ $Corr=0.8899$ $N=926$ 组
0.75~1.0	$t=0.02x+25.783$ $Corr=0.9034$ $N=1331$ 组	$t=0.24x+47.923$ $Corr=0.9024$ $N=770$ 组	$t=2.03x+9.6734$ $Corr=0.9124$ $N=1133$ 组

统计结果表明，不同交通饱和度区间、不同道路区间条件下，大型车比例、中型车比例、公交车比例均与公交行程时间都呈正相关的关系，而小型车比例与公交行程时间都呈负相关的关系。

6.2.2 考虑公交车比例的公交行程时间可靠性模型

公交行程时间可靠性在不同道路区间有所不同，如在公交站点及其影响区内，由于受到公交停靠站点及上下乘客的影响，其公交行程时间可靠性与其他道路区间上的公交行程时间可靠性有所不同；在交叉口及其影响区内，由于受到信号配时的影响，其公交行程时间可靠性与其他道路区间的公交行程时间可靠性有所不同。道路上公交车比例不同，对公交行程时间可靠性的影响不同，本节采用蒙特卡罗方法计算公交行程时间可靠性，建立考虑公交车比例的公交站点及其影响区（或交叉口及其影响区或公交站点及其影响区外路段）的公交行程时间可靠性模型、考虑公交车比例的公交站点区间公交行程时间可靠性模型、考虑公交车比例的路径公交行程时间可靠性模型，以便寻找公交行程时间可靠性最高时所对应的公交车比例，为改善公交运营环境提供理论价值。

1. 基本假设

对公交线路所经过的道路及交通条件进行如下假设：

(1) 非机动车都严格遵守交通规则，只在非机动车道行驶，不闯入机动车道。

(2) 同一时段公交站点区间混合机动车交通组成比例相对稳定。

2. 计算模型

(1) 模型一：考虑公交车比例的公交站点及其影响区（或交叉口及其影响区或公交站点及其影响区外路段）的公交行程时间可靠性模型

根据公交行程时间可靠性内涵，公交行程时间与公交行程时间可靠性有直接的关系。在不同饱和度区间下，公交站点及其影响区（或交叉口及其影响区或公交站点及其影响区外路段）内公交车比例与相应位置区间的公交行程时间都存在线性关系，如式（6-21）所示：

$$t_r = kr + b \tag{6-21}$$

式中　k——常数；

　　　r——公交车比例；

　　　b——常数。

由于不同路段区间长度的公交行程时间不具有可比性，因此，将公交行程时间转换为单位距离公交行程时间，如式（6-22）所示：

$$t' = \frac{t_r}{l} = \frac{kr + b}{l} \tag{6-22}$$

式中　t'——单位距离公交行程时间（s/m）；

　　　l——公交行驶经过的行程距离（m）。

使用MATLAB对46834组公交行程时间数据分不同交通流饱和度区间、不同路段区间进行统计及拟合，得到公交行程时间可靠性与单位距离公交行程时间的倒数呈线性关系，并对拟合出的斜率μ、截距σ进行标定，得到表6-15所示的不同饱和度区间、不同路段区间上单位距离公交行程时间的倒数与公交行程时间可靠性$R_{s\text{-bus}}$的关系，表6-15中的$Corr$表示相关系数，N表示样本量。

其中，公交行程时间可靠性可采用蒙特卡罗算法进行计算。蒙特卡罗算法的基本思想为：假定事件Q发生的概率为P_f，N次独立试验后，Q发生的频数是n，频率为$f(Q) = n/N$，当N够大时，频率n/N趋近于Q的发生概率P_f，即$P_f \approx f(Q) = n/N$近似为事件Q的解。

对于事件$Q : \frac{t_d}{t_r} \leqslant \alpha$，即公交行程延误时间占公交实际行程时间不超过乘客公交行程时间容忍度，构造状态变量X，令：

$$x_i = \begin{cases} 1, \dfrac{t_d}{t_r} \leqslant \alpha \\ 0, \dfrac{t_d}{t_r} > \alpha \end{cases}, x_i \in X, i = 1,2,3,\cdots,N \tag{6-23}$$

式中　x_i——第i个样本的$\dfrac{t_d}{t_r}$与α的关系。

当事件Q发生时，$x_i = 1$；相反，$x_i = 0$。

依据蒙特卡罗基本原理,当 N 够大时,Q 的发生频率逼近 Q 发生的概率,因此有:

$$R^* = P\left(\frac{t_d}{t_r} \leqslant \alpha\right) \approx f(Q) = \left(\sum_{i=1}^{N} x_i\right)/N \tag{6-24}$$

式中　R^*——公交行程时间可靠性。

因此,考虑公交车比例的公交站点及其影响区(或交叉口及其影响区或公交站点及其影响区外路段)的公交行程时间可靠性 R_{s-bus} 可以用式(6-25)表示:

$$R_{s-bus} = \mu \frac{l}{t'} + \sigma = \mu \frac{l}{t_r} + \sigma = \frac{\mu l}{kr+b} + \sigma \tag{6-25}$$

式中　R_{s-bus}——考虑公交车比例的公交站点及其影响区(或交叉口及其影响区或公交站点及其影响区外路段)的公交行程时间可靠性;

　　　μ——常数;

　　　σ——常数。

单位距离公交行程时间的倒数与公交行程时间可靠性　　　　表 6-15

饱和度	函数关系		
	位置		
	公交站点及其影响区	交叉口及其影响区	公交站点及其影响区外的路段
0~0.4	$\mu=0.0181$ $\sigma=0.8256$ $Corr=0.9445$ $N=865$ 组	$\mu=0.0133$ $\sigma=0.7398$ $Corr=0.9287$ $N=874$ 组	$\mu=0.0043$ $\sigma=0.9098$ $Corr=0.9375$ $N=853$ 组
0.4~0.75	$\mu=0.0243$ $\sigma=0.7218$ $Corr=0.9036$ $N=946$ 组	$\mu=0.0455$ $\sigma=0.4957$ $Corr=0.9364$ $N=856$ 组	$\mu=0.0040$ $\sigma=0.8861$ $Corr=0.9086$ $N=967$ 组
0.75~1.0	$\mu=0.0718$ $\sigma=0.4338$ $Corr=0.9286$ $N=844$ 组	$\mu=0.1000$ $\sigma=0.1921$ $Corr=0.9199$ $N=841$ 组	$\mu=0.0128$ $\sigma=0.7626$ $Corr=0.9352$ $N=853$ 组

(2)模型二:考虑公交车比例的公交站点区间公交行程时间可靠性模型

上文介绍的模型一仅适用于单个公交站点及其影响区(或单个交叉口及其影响区或单个公交站点及其影响区外路段),对于整个公交站点区间并不适用,下文将结合公交站点区间范围的特点,详见图 6-9,建立考虑公交车比例的公交站点区间公交行程时间可靠性模型,详见式(6-26)。

$$R_{a-bus} = \frac{l_{sta}}{s} R_{sta-bus} + \frac{l_{int}}{s} R_{int-bus} + \frac{l_{sec}}{s} R_{sec-bus} \tag{6-26}$$

式中　R_{a-bus}——考虑公交车比例的公交站点区间公交行程时间可靠性;

　　　s——公交站点区间长度(m);

　　　l_{sta}——公交站点区间内所有公交站点及其影响区长度之和(m);

　　　l_{int}——公交站点区间内所有交叉口及其影响区长度之和(m);

　　　l_{sec}——公交站点区间内公交站点及其影响区之外的路段长度之和(m)。

其具体长度由相应公交站点区间形式而定,若公交站点区间内有两个交叉口,详见

第6章 公交运行可靠性分析

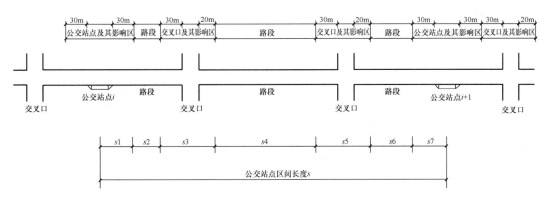

图 6-9 公交站点区间范围示意图

图 6-10，则 $l_{sta}=s1+s7$、$l_{int}=s3+s5$、$l_{sec}=s2+s4+s6$；$R_{sta-bus}$、$R_{int-bus}$、$R_{sec-bus}$ 分别为模型一在公交站点及其影响区、交叉口及其影响区、公交站点及其影响区外路段上的公交行程时间可靠性。

（3）模型三：考虑公交车比例的路径公交行程时间可靠性模型

模型一和模型二分别仅适用于公交站点区间内的公交站点及其影响区（或交叉口及其影响区或公交站点及其影响区外路段）和公交站点区间，下文将构建适用于公交行驶路径的公交行程时间可靠性模型，公交行驶路径示意图见图 6-10，假设公交路径经过的公交站点数量为 n，交叉口数量为 m，则路段数量为 $n+m-1$。构建的考虑公交车比例的路径公交行程时间可靠性模型详见式（6-27）。

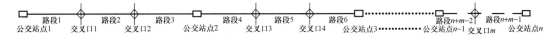

图 6-10 公交行驶路径示意图

$$R_{r-bus} = \frac{\sum_{i=1}^{n} l_{sta-i}}{l_r} \frac{1}{n} \sum_{i=1}^{n} R_{sta-bus-i} + \frac{\sum_{i=1}^{m} l_{int-i}}{l_r} \frac{1}{m} \sum_{i=1}^{m} R_{int-bus-i} + \frac{\sum_{i=1}^{n+m-1} l_{sec-i}}{l_r} \frac{1}{n+m-1} \sum_{i=1}^{n+m-1} R_{sec-bus-i}$$

$$= \frac{1}{l_r} \left(\frac{\sum_{i=1}^{n} l_{sta-i} \sum_{i=1}^{n} R_{sta-bus-i}}{n} + \frac{\sum_{i=1}^{m} l_{int-i} \sum_{i=1}^{m} R_{int-bus-i}}{m} + \frac{\sum_{i=1}^{n+m-1} l_{sec-i} \sum_{i=1}^{n+m-1} R_{sec-bus-i}}{n+m-1} \right) \quad (6-27)$$

式中 R_{r-bus}——考虑公交车比例的路径公交行程时间可靠性；

i——公交车途经路径起点开始数起的公交站点数量、交叉口数量、路段数量；

l_r——公交路径长度（m）；

l_{sta-i}——第 i 个公交站点及其影响区间长度（m）；

l_{int-i}——第 i 个交叉口及其影响区间长度（m）；

l_{sec-i}——第 i 个公交站点及其影响区外的路段长度（m）；

$R_{sta-bus-i}$——在第 i 个公交站点及其影响区外路段的公交行程时间可靠性；

$R_{int-bus-i}$——第 i 个交叉口及其影响区外路段的公交行程时间可靠性；

$R_{sec-bus-i}$——第 i 个公交站点及其影响区外路段的公交行程时间可靠性。

3. 模型最优解

为得到最优的公交行程时间可靠性时所对应的公交车比例，需要求解所建立的公交行程时间可靠性模型的最优解。

(1) 模型一最优解

要求解模型一的最优解，即求解不同混合机动车交通流饱和度区间内式（6-25）的最大值，通过对比该模型的极大值和边界值，其中最大值即为最优解。首先求解模型一的极大值，分别对不同混合机动车交通流饱和度区间内的式（6-25）求导，得到式（6-28）：

$$\frac{dR_{s-bus}}{dr} = -\frac{\mu l k}{(kr+b)^2} \tag{6-28}$$

由于考虑公交车比例的公交站点及其影响区、交叉口及其影响区、公交站点及其影响区外路段的公交行程时间可靠性 R_{s-bus} 不是一个固定的常数，单个公交站点及其影响区、交叉口及其影响区、公交站点及其影响区外路段的长度 $l \neq 0$，$\mu \neq 0$ 和 $k \neq 0$，且分母 $(kr+b)^2$ 不能为 0，因此有：

$$\frac{dR_{s-bus}}{dr} \neq 0 \tag{6-29}$$

所以模型一不存在极值点，因此从边界点寻找最优解，由于公交车比例 r 的范围为 $[\delta, \varepsilon]$，其中 δ 为接近于 0 的正数，ε 为大于 δ 且小于 1 的常数。表 6-16 列出了模型一的公交车比例 r 及所对应 R_{s-bus} 的边界值。

模型一边界值　　　　　　　　　　表 6-16

r 最小值	r 最小值对应的 R_{s-bus} 值	r 最大值	r 最大值对应的 R_{s-bus} 值
$r = \delta$	$R_{s-bus} = \frac{\mu l}{\delta k + b} + \sigma$	$r = \varepsilon$	$R_{s-bus} = \frac{\mu l}{\varepsilon k + b} + \sigma$

由表 6-14 可知，b 大于 0。由表 6-15 可知，μ 和 σ 均大于 0，所以不等式（6-30）成立：

$$\frac{\mu l}{\delta k + b} + \sigma > \frac{\mu l}{\varepsilon k + b} + \sigma \tag{6-30}$$

因此，$\left(r = \delta, R_{s-bus} = \frac{\mu l}{\delta k + b} + \sigma\right)$ 为该模型的最优解。

(2) 模型二最优解

一般情况下，公交车行驶过程中，相邻时段同一公交站点区间内不同道路区间的混合交通组成比例很接近。因此，可认为所计算公交站点区间内的公交站点及其影响区、交叉口及其影响区、公交站点及其影响区外路段内的混合机动车交通组成比例近似相等。因此，要求解模型二的最优解即求解不同于混合机动车交通流饱和度区间内式（6-26）的最大值，可以对比模型二的极大值和边界值，先求解模型二的极大值，分别对不同混合机动车交通流饱和度区间内的式（6-26）求导，得到式（6-31）：

$$\frac{\partial R_{a-bus}}{\partial r} = \frac{l_{sta}^2 k_{sta} \mu_{sta}}{s(k_{sta} r + b_{sta})^2} + \frac{l_{int}^2 k_{int} \mu_{int}}{s(k_{int} r + b_{int})^2} + \frac{l_{sec}^2 k_{sec} \mu_{sec}}{s(k_{sec} r + b_{sec})^2} \tag{6-31}$$

式中　k_{sta}、k_{sec}、k_{int}、b_{sta}、b_{sec}、b_{int}、μ_{sta}、μ_{sec}、μ_{int}——表示常数。

由表 6-14 和表 6-15 知，k_{sta}、k_{sec}、k_{int}、μ_{sta}、μ_{sec}、μ_{int} 均大于 0，所以 $\frac{\partial R_{a-bus}}{\partial r} > 0$，模

型二不存在极值点，因此从边界点寻找最优解，公交车比例 r 的范围为 $[\delta, \varepsilon]$，其中 δ 为接近于 0 的正数，ε 为大于 δ 且小于 1 的正数。表 6-17 列出了模型二的公交车比例 r 及所对应 $R_{\text{a-bus}}$ 的边界值。

模型二边界值　　　　表 6-17

r 最小值	$r = \delta$
r 最小值对应的 $R_{\text{a-bus}}$ 值	$R_{\text{a-bus}} = \dfrac{l_{\text{sta}}^2 k_{\text{sta}} \mu_{\text{sta}}}{s(\delta k_{\text{sta}} + b_{\text{sta}})^2} + \dfrac{l_{\text{int}}^2 k_{\text{int}} \mu_{\text{int}}}{s(\delta k_{\text{int}} + b_{\text{int}})^2} + \dfrac{l_{\text{sec}}^2 k_{\text{sec}} \mu_{\text{sec}}}{s(\delta k_{\text{sec}} + b_{\text{sec}})^2}$
r 最大值	$r = \varepsilon$
r 最大值对应的 $R_{\text{a-bus}}$ 值	$R_{\text{a-bus}} = \dfrac{l_{\text{sta}}^2 k_{\text{sta}} \mu_{\text{sta}}}{s(\varepsilon k_{\text{sta}} + b_{\text{sta}})^2} + \dfrac{l_{\text{int}}^2 k_{\text{int}} \mu_{\text{int}}}{s(\varepsilon k_{\text{int}} + b_{\text{int}})^2} + \dfrac{l_{\text{sec}}^2 k_{\text{sec}} \mu_{\text{sec}}}{s(\varepsilon k_{\text{sec}} + b_{\text{sec}})^2}$

由表 6-14 知，k_{sta}、k_{int}、k_{sec} 均大于 0；由表 6-15 知，μ_{sta}、μ_{int}、μ_{sec} 均大于 0，又因为 s、l_{sta}、l_{int}、l_{sec} 均大于 0，所以，$r = \delta$（其中，δ 为接近于 0 的正数）时对应的 $R_{\text{a-bus}}$ 值最大。

（3）模型三最优解

一般情况下，公交车行驶过程中，公交路径上不同道路区间的公交车比例近似相等，要求解模型三的最优解，即求解不同混合机动车交通流饱和度区间内式（6-27）的最大值，可以对比模型三的极大值和边界值，从而确定模型三的最优解。先求解模型三的极大值，对不同混合机动车交通流饱和度区间内的式（6-27）求导，得到式（6-32）：

$$\frac{\partial R_{\text{r-bus}}}{\partial r} = \frac{\partial \left[\dfrac{1}{l_r} \left(\dfrac{\sum_{i=1}^{n} l_{\text{sta}-i} \sum_{i=1}^{n} R_{\text{sta-bus}-i}}{n} + \dfrac{\sum_{i=1}^{m} l_{\text{int}-i} \sum_{i=1}^{m} R_{\text{int-bus}-i}}{m} + \dfrac{\sum_{i=1}^{n+m-1} l_{\text{sec}-i} \sum_{i=1}^{n+m-1} R_{\text{sec-bus}-i}}{n+m-1} \right) \right]}{\partial r}$$

(6-32)

同模型一和模型二，有：$\dfrac{\partial R_{\text{r-bus}}}{\partial r} > 0$。

所以模型三不存在极值点，因此从边界点寻找最优解，公交车比例 r 范围为 $[\delta, \varepsilon]$，其中 δ 为接近于 0 的正数，ε 为大于 δ 且小于 1 的正数。因此，公交车比例 r 及所对应的边界值中，$r = \delta$（其中，δ 为接近于 0 的正数）时对应的 $R_{\text{r-bus}}$ 值最大。

6.2.3　考虑车型比例的公交行程时间可靠性模型

混合机动车交通流中的车型比例不同，对公交车行程时间可靠性的影响不同，本节基于此建立考虑车型比例的公交站点及其影响区（或交叉口及其影响区或公交站点及其影响区外路段）的公交行程时间可靠性模型、考虑车型比例的公交站点区间公交行程时间可靠性模型、考虑车型比例的路径公交行程时间可靠性模型。以便寻找公交行程时间可靠性最高时所对应的车型比例，为改善公交运营环境提供理论价值与意义。

1. 基本假设

对公交线路所经过的道路及交通条件进行如下假设：

（1）非机动车都严格遵守交通规则，只在非机动车道行驶，不闯入机动车道。

(2) 同一时段公交站点区间混合机动车交通组成比例相对稳定。

2. 计算模型

(1) 模型四：考虑车型比例的公交站点及其影响区（或交叉口及其影响区或公交站点及其影响区外路段）的公交行程时间可靠性模型

在不同饱和度区间条件下，公交站点及其影响区（或交叉口及其影响区或公交站点及其影响区外路段）内车型比例与相应道路区间的公交行程时间都存在线性关系，如式（6-33）所示：

$$t_r = kr_\gamma + b \tag{6-33}$$

式中 r_γ——车型比例，$\gamma = 1, 2, 3$，$\gamma = 1$ 代表大型车，r_1 为大型车比例；$\gamma = 2$ 代表中型车，r_2 为中型车比例；$\gamma = 3$ 代表小型车，r_3 为小型车比例。

基于模型一，考虑车型比例的公交站点及其影响区（或交叉口及其影响区或公交站点及其影响区外路段）的公交行程时间可靠性 $R_{ds-\gamma}$ 可以用式（6-34）表示：

$$R_{ds-\gamma} = \mu \frac{1}{t'} + \sigma = \mu \frac{1}{t_r} + \sigma = \frac{\mu l}{kr_\gamma + b} + \sigma \tag{6-34}$$

式中 $R_{ds-\gamma}$——考虑车型比例的公交站点及其影响区（或交叉口及其影响区或公交站点及其影响区外路段）的公交行程时间可靠性；

R_{ds-1}、R_{ds-2}、R_{ds-3}——考虑大型车比例、中型车比例、小型车比例的公交站点及其影响区（或交叉口及其影响区或公交站点及其影响区外路段）的公交行程时间可靠性。

综合考虑车型比例，对式（6-34）分别计算出的大型车比例、中型车比例和小型车比例所对应的公交行程时间可靠性分别赋予相应的权重，最后，综合得到考虑车型比例的公交站点及其影响区（或交叉口及其影响区或公交站点及其影响区外路段）的公交行程时间可靠性 R_{s-mix}，详见式（6-35）：

$$R_{s-mix} = \left(\frac{k_1}{k_1 + k_2 + |k_3|}\right)\left(\frac{\mu_1 l}{k_1 r_1 + b_1} + \sigma_1\right) + \left(\frac{k_2}{k_1 + k_2 + |k_3|}\right)\left(\frac{\mu_2 l}{k_2 r_2 + b_2} + \sigma_2\right)$$

$$+ \left(\frac{|k_3|}{k_1 + k_2 + |k_3|}\right)\left(\frac{\mu_3 l}{k_3 r_3 + b_3} + \sigma_3\right) = \sum_{\gamma=1}^{3} \omega_\gamma R_{ds-\gamma} \tag{6-35}$$

式中 R_{s-mix}——考虑车型比例的公交站点及其影响区（或交叉口及其影响区或公交站点及其影响区外路段）的公交行程时间可靠性；

ω_γ——考虑不同车型比例时公交站点及其影响区（或交叉口及其影响区或公交站点及其影响区外路段）公交行程时间可靠性的权重；

ω_1、ω_2、ω_3——考虑大型车比例 r_1、考虑中型车比例 r_2、考虑小型车比例 r_3 时公交站点及其影响区（或交叉口及其影响区或公交站点及其影响区外路段）公交行程时间可靠性的权重；

k_1、k_2、k_3、b_1、b_2、b_3、μ_1、μ_2、μ_3、σ_1、σ_2、σ_3——常数。

(2) 模型五：考虑车型比例的公交站点区间公交行程时间可靠性模型

模型四仅适用于公交站点及其影响区（或交叉口及其影响区或公交站点及其影响区外

路段），对于公交站点区间及较长的公交行驶路径并不适用，下文将结合公交站点区间的空间位置特点，建立考虑车型比例的公交站点区间公交行程时间可靠性模型，同模型二，可得式（6-36）：

$$R_{\text{a-mix}} = \frac{l_{\text{sta}}}{s} R_{\text{sta-mix}} + \frac{l_{\text{int}}}{s} R_{\text{int-mix}} + \frac{l_{\text{sec}}}{s} R_{\text{sec-mix}} \tag{6-36}$$

式中　　　　$R_{\text{a-mix}}$——考虑车型比例的公交站点区间公交行程时间可靠性；

$R_{\text{sta-mix}}$、$R_{\text{int-mix}}$、$R_{\text{sec-mix}}$——考虑车型比例的公交站点区间内公交站点及其影响区、交叉口及其影响区、公交站点及其影响区外路段的公交行程时间可靠性，可由模型四即式（6-35）计算得到。

（3）模型六：考虑车型比例的路径公交行程时间可靠性模型

模型四和模型五分别仅适用于公交站点及其影响区（或交叉口及其影响区或公交站点及其影响区外路段）和公交站点区间，下文将构建适用于公交行驶路径的公交行程时间可靠性模型。假设公交路径经过的公交站点数量为 n，交叉口数量为 m，则路段数量为 $n+m-1$。构建考虑车型比例的路径公交行程时间可靠性模型，详见式（6-37）：

$$R_{\text{r-mix}} = \frac{l}{l_r} \left[\frac{\sum_{i=1}^{n} l_{\text{sta}-i} \sum_{i=1}^{n} R_{\text{sta-mix}-i}}{n} + \frac{\sum_{i=1}^{m} l_{\text{int}-i} \sum_{i=1}^{m} R_{\text{int-mix}-i}}{m} + \frac{\sum_{i=1}^{n+m-1} l_{\text{sec}-i} \sum_{i=1}^{n+m-1} R_{\text{sec-mix}-i}}{n+m-1} \right]$$

$$\tag{6-37}$$

式中　　　　$R_{\text{r-mix}}$——考虑车型比例的路径公交行程时间可靠性；

$R_{\text{sta-mix}-i}$、$R_{\text{int-mix}-i}$、$R_{\text{sec-mix}-i}$——模型四在第 i 个公交站点及其影响区、第 i 个交叉口及其影响范围区、第 i 个公交站点及其影响区外路段时的公交行程时间可靠性。

3. 模型最优解

为得到最优的公交行程时间可靠性时所对应的车型比例，需要对所建立的公交行程时间可靠性模型求解最优解。

（1）模型四最优解

要求解模型四的最优解，即求解不同混合机动车交通流饱和度区间内式（6-35）的最大值，可以对比函数的极大值和边界值，先求解函数的极大值，分别对不同混合机动车交通流饱和度区间内的式（6-35）求偏导，得到式（6-38）～式（6-40）：

$$\frac{\partial R_{\text{s-mix}}}{\partial r_1} = \frac{-k_1^2 \mu_1 l}{(k_1+k_2+k_3)(k_1 r_1 + b_1)^2} \tag{6-38}$$

$$\frac{\partial R_{\text{s-mix}}}{\partial r_2} = \frac{-k_2^2 \mu_2 l}{(k_1+k_2+k_3)(k_2 r_2 + b_2)^2} \tag{6-39}$$

$$\frac{\partial R_{\text{s-mix}}}{\partial r_3} = \frac{-k_3^2 \mu_3 l}{(k_1+k_2+k_3)(k_3 r_3 + b_3)^2} \tag{6-40}$$

由于式（6-38）～式（6-40）中分母均不能为0，且公交站点及其影响区、交叉口及其影响区、公交站点及其影响区外路段的长度 l 大于0，且由表6-15～表6-17可知，k_1、k_2、k_3 均不等于0，所以 $-k_1^2$、$-k_2^2$、$-k_3^2$ 均不等于0，因此有以下不等式成立：

$$\frac{\partial R_{\text{s-mix}}}{\partial r_1} \neq 0 \tag{6-41}$$

$$\frac{\partial R_{\text{s-mix}}}{\partial r_2} \neq 0 \tag{6-42}$$

$$\frac{\partial R_{\text{s-mix}}}{\partial r_3} \neq 0 \tag{6-43}$$

所以模型四不存在极值点，因此从边界点寻找最优解，大型车比例 r_1、中型车比例 r_2、小型车比例 r_3 的范围分别为 $[\eta,\lambda]$、$[\zeta,\varphi]$ 和 $[\xi,\tau]$，其中 η、ζ 和 ξ 均为接近于 0 的正数，λ 为大于 η 且接近于 1 的正数，φ 为大于 ζ 且接近于 1 的正数，τ 为大于 ξ 且接近于 1 的正数。表 6-18 列出了模型四所有的边界值，其中，C 为介于 0 和 1 之间的正数。

由表 6-12～表 6-14 可知，k_1、k_2、b_1、b_2、b_3 均大于 0，仅 k_3 小于 0，且 $k_1 < b_1$，$k_2 < b_2$，$k_3 < b_3$。公交站点及其影响区、交叉口及其影响区、公交站点及其影响区外路段的长度 l 大于 0。由表 6-15 可知，μ_1、μ_2、μ_3、σ_1、σ_2、σ_3 均大于 0。因此，所有边界值中，$r_1:r_2:r_3 = \eta:\zeta:\tau$（其中 η、ζ 均为接近于 0 的正数，τ 为接近于 1 的正数）时对应的 $R_{\text{s-mix}}$ 值最大。

模型四边界值 表 6-18

序号	车型比例	$R_{\text{s-mix}}$ 的值
1	$r_1:r_2:r_3$ $= \lambda:\zeta:\xi$	$R_{\text{s-mix}} = \left(\frac{k_1}{k_1+k_2+|k_3|}\right)\left(\frac{\mu_1 l}{k_1\lambda+b_1}+\sigma_1\right)+\left(\frac{k_2}{k_1+k_2+|k_3|}\right)\left(\frac{\mu_2 l}{k_2\zeta+b_2}+\sigma_2\right)+\left(\frac{|k_3|}{k_1+k_2+|k_3|}\right)\left(\frac{\mu_3 l}{k_3\xi+b_3}+\sigma_3\right)$
2	$r_1:r_2:r_3$ $= \eta:\varphi:\xi$	$R_{\text{s-mix}} = \left(\frac{k_1}{k_1+k_2+|k_3|}\right)\left(\frac{\mu_1 l}{k_1\eta+b_1}+\sigma_1\right)+\left(\frac{k_2}{k_1+k_2+|k_3|}\right)\left(\frac{\mu_2 l}{k_2\varphi+b_2}+\sigma_2\right)+\left(\frac{|k_3|}{k_1+k_2+|k_3|}\right)\left(\frac{\mu_3 l}{k_3\xi+b_3}+\sigma_3\right)$
3	$r_1:r_2:r_3$ $= \eta:\zeta:\tau$	$R_{\text{s-mix}} = \left(\frac{k_1}{k_1+k_2+|k_3|}\right)\left(\frac{\mu_1 l}{k_1\eta+b_1}+\sigma_1\right)+\left(\frac{k_2}{k_1+k_2+|k_3|}\right)\left(\frac{\mu_2 l}{k_2\zeta+b_2}+\sigma_2\right)+\left(\frac{|k_3|}{k_1+k_2+|k_3|}\right)\left(\frac{\mu_3 l}{k_3\tau+b_3}+\sigma_3\right)$
4	$r_1:r_2:r_3$ $= C:1-C:\xi$	$R_{\text{s-mix}} = \left(\frac{k_1}{k_1+k_2+|k_3|}\right)\left(\frac{\mu_1 l}{k_1 C+b_1}+\sigma_1\right)+\left(\frac{k_2}{k_1+k_2+|k_3|}\right)\left(\frac{\mu_2 l}{k_2(1-C)+b_2}+\sigma_2\right)+\left(\frac{|k_3|}{k_1+k_2+|k_3|}\right)\left(\frac{\mu_3 l}{k_3\xi+b_3}+\sigma_3\right)$
5	$r_1:r_2:r_3$ $= C:\zeta:1-C$	$R_{\text{s-mix}} = \left(\frac{k_1}{k_1+k_2+|k_3|}\right)\left(\frac{\mu_1 l}{k_1 C+b_1}+\sigma_1\right)+\left(\frac{k_2}{k_1+k_2+|k_3|}\right)\left(\frac{\mu_2 l}{k_2\zeta+b_2}+\sigma_2\right)+\left(\frac{|k_3|}{k_1+k_2+|k_3|}\right)\left(\frac{\mu_3 l}{k_3(1-C)+b_3}+\sigma_3\right)$
6	$r_1:r_2:r_3$ $= \eta:C:1-C$	$R_{\text{s-mix}} = \left(\frac{k_1}{k_1+k_2+|k_3|}\right)\left(\frac{\mu_1 l}{k_1\eta+b_1}+\sigma_1\right)+\left(\frac{k_2}{k_1+k_2+|k_3|}\right)\left(\frac{\mu_2 l}{k_2 C+b_2}+\sigma_2\right)+\left(\frac{|k_3|}{k_1+k_2+|k_3|}\right)\left(\frac{\mu_3 l}{k_3(1-C)+b_3}+\sigma_3\right)$
7	$r_1:r_2:r_3$ $= \eta:1-C:C$	$R_{\text{s-mix}} = \left(\frac{k_1}{k_1+k_2+|k_3|}\right)\left(\frac{\mu_1 l}{k_1\eta+b_1}+\sigma_1\right)+\left(\frac{k_2}{k_1+k_2+|k_3|}\right)\left(\frac{\mu_2 l}{k_2(1-C)+b_2}+\sigma_2\right)+\left(\frac{|k_3|}{k_1+k_2+|k_3|}\right)\left(\frac{\mu_3 l}{k_3 C+b_3}+\sigma_3\right)$

因此，模型四所对应的最优交通组成比例为 $r_1:r_2:r_3=\eta:\zeta:\tau$（其中 η、ζ 均为接近于 0 的正数，τ 为接近于 1 的正数）。

(2) 模型五最优解

一般情况下，公交运行过程中，相邻时段同一公交站点区间内不同道路区间的混合交通组成比例很接近，所计算公交站点区间内的公交站点及其影响区、交叉口及其影响区、公交站点及其影响区外路段内的混合机动车交通组成比例近似相等。

因此，即求解不同混合机动车交通流饱和度区间内的最大值，可以对比函数的极大值和边界值，先求解函数的极大值，分别对不同混合机动车交通流饱和度区间内的式（6-36）求偏导，得到式（6-44）~式（6-46）：

$$\frac{\partial R_{\text{a-mix}}}{\partial r_1}=\frac{l_{\text{sta}}^2(k_1^{\text{sta}})^2\mu_1^{\text{sta}}}{s(k_1^{\text{sta}}+k_2^{\text{sta}}+k_3^{\text{sta}})(k_1^{\text{sta}}r_1+b_1^{\text{sta}})^2}+\frac{l_{\text{int}}^2(k_1^{\text{int}})^2\mu_1^{\text{int}}}{s(k_1^{\text{int}}+k_2^{\text{int}}+k_3^{\text{int}})(k_1^{\text{int}}r_1+b_1^{\text{int}})^2}$$
$$+\frac{l_{\text{sec}}^2(k_1^{\text{sec}})^2\mu_1^{\text{sec}}}{s(k_1^{\text{sec}}+k_2^{\text{sec}}+k_3^{\text{sec}})(k_1^{\text{sec}}r_1+b_1^{\text{sec}})^2} \tag{6-44}$$

式中 $R_{\text{sta-mix}}$、$R_{\text{int-mix}}$、$R_{\text{sec-mix}}$——公交站点区间内考虑大、中、小车型比例的公交站点及其影响区、交叉口及其影响区、公交站点及其影响区外路段的公交行程时间可靠性；

k_1^{sta}、k_2^{sta}、k_3^{sta}、k_1^{int}、k_2^{int}、k_3^{int}、k_1^{sec}、k_2^{sec}、k_3^{sec}、b_1^{sta}、b_1^{int}、b_1^{sec}、μ_1^{sta}、μ_1^{int}、μ_1^{sec}——常数。

$$\frac{\partial R_{\text{a-mix}}}{\partial r_2}=\frac{l_{\text{sta}}^2(k_2^{\text{sta}})^2\mu_2^{\text{sta}}}{s(k_1^{\text{sta}}+k_2^{\text{sta}}+k_3^{\text{sta}})(k_2^{\text{sta}}r_2+b_2^{\text{sta}})^2}+\frac{l_{\text{int}}^2(k_2^{\text{int}})^2\mu_2^{\text{int}}}{s(k_1^{\text{int}}+k_2^{\text{int}}+k_3^{\text{int}})(k_2^{\text{int}}r_2+b_2^{\text{int}})^2}$$
$$+\frac{l_{\text{sec}}^2(k_2^{\text{sec}})^2\mu_2^{\text{sec}}}{s(k_1^{\text{sec}}+k_2^{\text{sec}}+k_3^{\text{sec}})(k_2^{\text{sec}}r_2+b_2^{\text{sec}})^2} \tag{6-45}$$

式中 b_2^{sta}、b_2^{int}、b_2^{sec}、μ_2^{sta}、μ_2^{int}、μ_2^{sec}——常数。

$$\frac{\partial R_{\text{a-mix}}}{\partial r_3}=\frac{l_{\text{sta}}^2(k_3^{\text{sta}})^2\mu_3^{\text{sta}}}{s(k_1^{\text{sta}}+k_2^{\text{sta}}+k_3^{\text{sta}})(k_3^{\text{sta}}r_3+b_3^{\text{sta}})^2}+\frac{l_{\text{int}}^2(k_3^{\text{int}})^2\mu_3^{\text{int}}}{s(k_1^{\text{int}}+k_2^{\text{int}}+k_3^{\text{int}})(k_3^{\text{int}}r_3+b_3^{\text{int}})^2}$$
$$+\frac{l_{\text{sec}}^2(k_3^{\text{sec}})^2\mu_3^{\text{sec}}}{s(k_1^{\text{sec}}+k_2^{\text{sec}}+k_3^{\text{sec}})(k_3^{\text{sec}}r_3+b_3^{\text{sec}})^2} \tag{6-46}$$

式中 b_3^{sta}、b_3^{int}、b_3^{sec}、μ_3^{sta}、μ_3^{int}、μ_3^{sec}——常数。

由于 $\frac{\partial R_{\text{a-mix}}}{\partial r_1}>0$，$\frac{\partial R_{\text{a-mix}}}{\partial r_2}>0$，$\frac{\partial R_{\text{a-mix}}}{\partial r_3}>0$，所以模型五不存在极值点，因此从边界点寻找最优解，大型车比例 r_1、中型车比例 r_2、小型车比例 r_3 的范围分别为 $[\eta,\lambda]$、$[\zeta,\varphi]$ 和 $[\xi,\tau]$，其中 η、ζ 和 ξ 均为接近于 0 的正数，λ 为大于 η 且接近于 1 的正数，φ 为大于 ζ 且接近于 1 的正数，τ 为大于 ξ 且接近于 1 的正数。所有模型五的边界值中，$r_1:r_2:r_3=\eta:\zeta:\tau$ 时对应的 $R_{\text{a-mix}}$ 最大。

因此，模型五的最优交通组成比例为 $r_1:r_2:r_3=\eta:\zeta:\tau$（其中 η、ζ 均为接近于 0 的正数，τ 为接近于 1 的正数）。

(3) 模型六最优解

假设公交车行驶过程中，公交路径上不同道路区间的混合机动车交通组成比例均相等，要求解模型六的最优解，即求解不同混合机动车交通流饱和度区间内式（6-37）的最大值，可以对比模型六的极大值和边界值，从而确定模型六的最优解。先求解模型六的极大值，对不同混合机动车交通流饱和度区间内的式（6-37）求偏导，得到式（6-47）~式（6-49）。

$$\frac{\partial R_{\text{r-mix}}}{\partial r_1} = \frac{\partial \left[\frac{1}{l_r} \left(\frac{\sum_{i=1}^{n} l_{\text{sta}-i} \sum_{i=1}^{n} R_{\text{sta-mix}-i}}{n} + \frac{\sum_{i=1}^{m} l_{\text{int}-i} \sum_{i=1}^{m} R_{\text{int-mix}-i}}{m} + \frac{\sum_{i=1}^{n+m-1} l_{\text{sec}-i} \sum_{i=1}^{n+m-1} R_{\text{sec-mix}-i}}{n+m-1} \right) \right]}{\partial r_1}$$

(6-47)

$$\frac{\partial R_{\text{r-mix}}}{\partial r_2} = \frac{\partial \left[\frac{1}{l_r} \left(\frac{\sum_{i=1}^{n} l_{\text{sta}-i} \sum_{i=1}^{n} R_{\text{sta-mix}-i}}{n} + \frac{\sum_{i=1}^{m} l_{\text{int}-i} \sum_{i=1}^{m} R_{\text{int-mix}-i}}{m} + \frac{\sum_{i=1}^{n+m-1} l_{\text{sec}-i} \sum_{i=1}^{n+m-1} R_{\text{sec-mix}-i}}{n+m-1} \right) \right]}{\partial r_2}$$

(6-48)

$$\frac{\partial R_{\text{r-mix}}}{\partial r_3} = \frac{\partial \left[\frac{1}{l_r} \left(\frac{\sum_{i=1}^{n} l_{\text{sta}-i} \sum_{i=1}^{n} R_{\text{sta-mix}-i}}{n} + \frac{\sum_{i=1}^{m} l_{\text{int}-i} \sum_{i=1}^{m} R_{\text{int-mix}-i}}{m} + \frac{\sum_{i=1}^{n+m-1} l_{\text{sec}-i} \sum_{i=1}^{n+m-1} R_{\text{sec-mix}-i}}{n+m-1} \right) \right]}{\partial r_3}$$

(6-49)

同模型四和模型五，有：

$$\frac{\partial R_{\text{r-mix}}}{\partial r_1} > 0, \frac{\partial R_{\text{r-mix}}}{\partial r_2} > 0, \frac{\partial R_{\text{r-mix}}}{\partial r_3} > 0$$

所以模型六不存在极值点，因此从边界点寻找最优解，大型车比例 r_1、中型车比例 r_2、小型车比例 r_3 范围分别为 $[\eta, \lambda]$、$[\zeta, \varphi]$ 和 $[\xi, \tau]$，其中 η、ζ 和 ξ 均为接近于 0 的正数，λ 为大于 η 且接近于 1 的正数，φ 为大于 ζ 且接近于 1 的正数，τ 为大于 ξ 且接近于 1 的正数。模型六的大、中、小车型比例及所对应 $R_{\text{r-mix}}$ 的边界值中，$r_1:r_2:r_3 = \eta:\zeta:\tau$ 时对应的 $R_{\text{r-mix}}$ 最大。

因此，模型六所对应的最优交通组成比例为 $r_1:r_2:r_3 = \eta:\zeta:\tau$（其中 η、ζ 均为接近于 0 的正数，τ 为接近于 1 的正数）。

6.2.4 模型验证

1. 考虑公交车比例的公交行程时间可靠性模型

为验证所建立的三个模型的准确性，现随机选取福州市 55 路和 96 路公交线路下行方向沿线所有路段、公交站点、交叉口 2018 年 11 月的公交车比例数据，对样本数据进行预处理后，将有效数据分别代入所建立的模型，得到相应的模型输出值，将实测的公交行程时间可靠性数据与模型输出值进行对比，分析相应的误差。此处，公交行程时间可靠性实测值可采用蒙特卡罗算法进行计算。

（1）模型一验证

以高峰桥站至善化坊口站之间的数据为例进行模型一的验证，模型一的输出值与实测值对比结果：当饱和度为 0～0.4 时，模型一的输出值、公交行程时间可靠性实测值和相对误差如图 6-11 所示。

为了验证模型一的准确性，选择平均绝对误差（MAE）和均方误差（MSE）作为评价的指标，如式（6-50）和式（6-51）所示：

$$MAE = \frac{1}{N} \sum_{n=1}^{N} |T_n - Y_n| \times 100\%$$

(6-50)

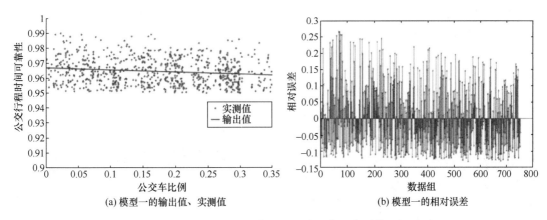

(a) 模型一的输出值、实测值　　　　　(b) 模型一的相对误差

图 6-11　饱和度为 0～0.4 时模型一的输出值、实测值和相对误差

$$MSE = \frac{1}{N}\sum_{n=1}^{N}(T_n - Y_n)^2 \times 100\% \tag{6-51}$$

式中　MAE ——平均绝对误差；

　　　MSE ——均方误差；

　　　T_n ——实测值；

　　　Y_n ——模型输出值。

当计算得出的均方误差越小时，模型准确性越高。根据式（6-50）和式（6-51）计算得模型一的平均绝对误差为 8.09%，均方误差为 0.93%，由此可见模型一具有较高的准确性。

同理，可得到不同饱和度区间的模型一的输出值与相应路段区间的公交行程时间可靠性实测值的对比结果，详见表 6-19。

模型一输出值与实测值的对比结果　　　　　表 6-19

模型误差			
饱和度	位置		
	公交站点及其影响区	交叉口及其影响区	公交站点及其影响区外的路段
0～0.4	$MAE=8.09\%$ $MSE=0.93\%$ $N=752$ 组	$MAE=7.90\%$ $MSE=1.00\%$ $N=889$ 组	$MAE=5.69\%$ $MSE=0.44\%$ $N=842$ 组
0.4～0.75	$MAE=9.67\%$ $MSE=1.31\%$ $N=831$ 组	$MAE=18.54\%$ $MSE=5.28\%$ $N=824$ 组	$MAE=2.65\%$ $MSE=0.10\%$ $N=766$ 组
0.75～1.0	$MAE=18.1\%$ $MSE=4.43\%$ $N=845$ 组	$MAE=27.64\%$ $MSE=10.72\%$ $N=865$ 组	$MAE=4.23\%$ $MSE=0.26\%$ $N=882$ 组

（2）模型二验证

以高峰桥站至善化坊口站之间的数据为例进行模型二的验证，模型二的输出值与实测值对比结果：当饱和度为 0~0.4 时，模型二的输出值、公交站点区间公交行程时间可靠性实测值和相对误差如图 6-12 所示。

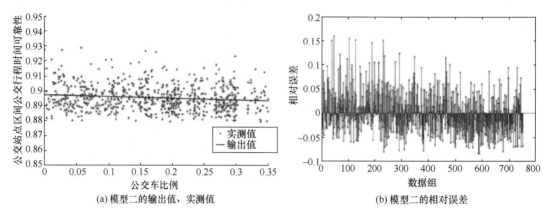

图 6-12　饱和度为 0~0.4 时模型二的输出值、实测值和相对误差

根据式（6-50）和式（6-51）计算得模型二的平均绝对误差为 3.31%，均方误差为 0.18%，由此可见模型二具有较高的准确性。

同理，可以得到不同饱和度区间的模型二的输出值与公交站点区间公交行程时间可靠性实测值的对比结果，详见表 6-20。

模型二输出值与实测值的对比结果　　　　　　　　　表 6-20

饱和度	模型误差		样本量（组）
	误差		
	MAE	MSE	
0~0.4	3.31%	0.18%	752
0.4~0.75	9.01%	1.20%	816
0.75~1.0	9.05%	1.23%	825

（3）模型三验证

以福州 55 路和 96 路公交线路为例进行模型三的验证。当饱和度为 0~0.4 时，模型三的输出值、公交站点区间公交行程时间可靠性实测值和相对误差如图 6-13 所示。

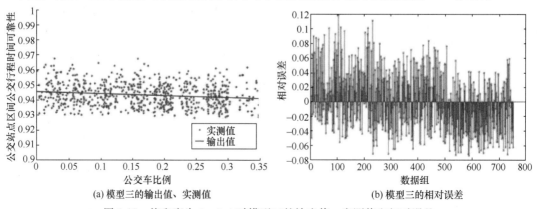

图 6-13　饱和度为 0~0.4 时模型三的输出值、实测值和相对误差

根据式（6-50）和式（6-51）计算得模型三的平均绝对误差为 3.13%，均方误差为 0.14%，由此可见模型三具有较高的准确性。同理，可以得到不同饱和度区间模型三的输出值与公交站点区间公交行程时间可靠性实测值的对比结果，详见表 6-21。

模型三输出值与实测值的对比结果　　　　　　表 6-21

饱和度	模型误差		
	误差		样本量（组）
	MAE	MSE	
0～0.4	3.13%	0.14%	749
0.4～0.75	9.59%	1.30%	855
0.75～1.0	4.51%	0.31%	841

2. 考虑车型比例的公交行程时间可靠性模型

为验证所建立模型的准确性，现随机选取福州市 55 路和 96 路公交线路下行方向沿线所有公交站点、交叉口、路段在 2018 年 11 月的交通组成比例数据，对样本数据进行预处理后，将有效数据分别代入所建立的模型，得到相应的模型输出值，将实测的公交行程时间可靠性数据与模型输出值进行对比，分析相应的误差。公交行程时间可靠性实测值采用蒙特卡罗方法进行计算。

（1）模型四验证

以高峰桥站至善化坊口站之间的数据为例进行模型四的验证，模型四的输出值与实测值对比结果：当饱和度为 0～0.4 时，模型四的输出值公交行程时间可靠性实测值和相对误差如图 6-14 所示。

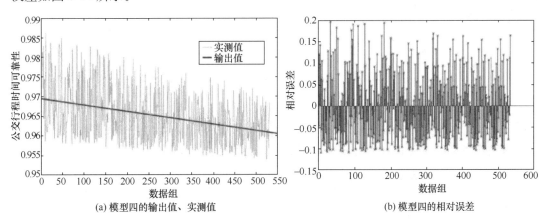

(a) 模型四的输出值、实测值　　　　　(b) 模型四的相对误差

图 6-14　饱和度为 0～0.4 时模型四的输出值、实测值和相对误差

根据式（6-32）和式（6-33）计算得模型四的平均绝对误差为 0.47%，均方误差为 0.04%，因此，模型四具有较高的准确性。同理，得到不同饱和度区间模型四的输出值与公交行程时间可靠性实测值的对比结果，详见表 6-22。

（2）模型五验证

以高峰桥站至善化坊口站之间的数据为例进行模型五的验证，模型五的输出值与实测值对比结果：当饱和度为 0～0.4 时，模型五的输出值、公交行程时间可靠性实测值和相对误差如图 6-15 所示。

模型四输出值与实测值对比　　　　　　　　　表 6-22

饱和度	模型误差		
	位置		
	公交站点及其影响区	交叉口及其影响区	公交站点及其影响区外的路段
0～0.4	$MAE=6.58\%$ $MSE=0.59\%$ $N=617$ 组	$MAE=4.18\%$ $MSE=0.29\%$ $N=1175$ 组	$MAE=0.47\%$ $MSE=0.04\%$ $N=532$ 组
0.4～0.75	$MAE=6.84\%$ $MSE=0.06\%$ $N=1133$ 组	$MAE=15.2\%$ $MSE=3.56\%$ $N=770$ 组	$MAE=1.98\%$ $MSE=0.05\%$ $N=926$ 组
0.75～1.0	$MAE=4.48\%$ $MSE=0.27\%$ $N=1331$ 组	$MAE=16.9\%$ $MSE=4.13\%$ $N=770$ 组	$MAE=3.32\%$ $MSE=0.15\%$ $N=1133$ 组

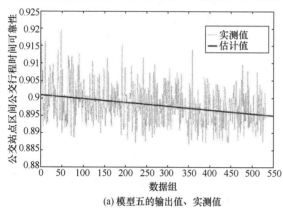

(a) 模型五的输出值、实测值

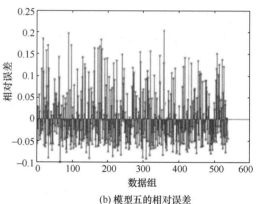

(b) 模型五的相对误差

图 6-15　饱和度为 0～0.4 时模型五的输出值、实测值和相对误差

根据式（6-32）和式（6-33）计算得模型五的平均绝对误差为 1.83%，均方误差为 0.05%，因此，模型五具有较高的准确性。同理，可得到不同饱和度区间模型五的输出值与公交站点区间公交行程时间可靠性实测值的对比结果，详见表 6-23。

模型五的输出值与公交站点区间公交行程时间可靠性实测值对比　　　表 6-23

饱和度	模型误差		
	误差		
	MAE	MSE	样本量（组）
0～0.4	1.83%	0.05%	532
0.4～0.75	4.80%	0.36%	770
0.75～1.0	5.34%	0.43%	770

（3）模型六验证

以福州 55 路和 96 路公交线路的数据为例进行模型六的验证，模型六的输出值与路径公交行程时间可靠性实测值对比结果：当饱和度为 0～0.4 时，模型六的输出值、路径公交行程时间可靠性实测值和相对误差如图 6-16 所示。

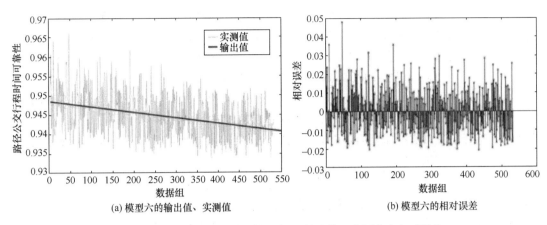

图 6-16 饱和度为 0～0.4 时模型六的输出值、实测值和相对误差

根据式（6-32）和式（6-33）计算得模型六的平均绝对误差为 0.96%，均方误差为 0.01%，因此，模型六具有较高的准确性。同理，可以得到不同饱和度区间模型六的输出值与路径公交行程时间可靠性实测值的对比结果，详见表 6-24。

模型六的输出值与路径公交行程时间可靠性实测值的对比结果　　　　　表 6-24

饱和度	模型误差		
	误差		样本量（组）
	MAE	MSE	
0～0.4	0.96%	0.01%	532
0.4～0.75	2.00%	0.06%	770
0.75～1.0	2.89%	0.12%	770

6.3 基于路径选择的公交线网可靠性分析

常规公交线网是一个复杂的系统，由人、车、路、环境共同组成，各个要素之间既相互影响又相互制约。公交线网可靠性体现了整个公交系统所能提供的服务质量、稳定程度以及舒适程度，线网是否可靠对人们是否选择公交出行会产生很大影响。基于路径选择的公交线网可靠性，主要从出行者角度对公交线网的可靠程度加以研究。

6.3.1 基于混合 Logit 模型的路径选择行为分析

1. 混合 Logit 模型介绍

在对行为选择问题进行描述时，效用函数可以分为三个部分，分别是可观测项、随机项和误差项。

$$U_{in} = V_{in} + \varepsilon_{in} + \xi_{in} \tag{6-52}$$

式中　n——第 n 个公交出行者；
　　　i——选择集中的第 i 个公交出行路径；
　　　ε_{in}——效用函数的随机项；

ξ_{in}——效用函数的误差项,其分布形式可以指定为常用的正态分布、对数正态分布和均匀分布等;V_{in} 为可观测效用,通常可表示为 $V_{in}=\beta^T X_{in}$,此处 X_{in} 为被观测到的参数值,包含公交出行者 n 的属性变量和公交路径 i 的特征变量,向量 β 是待估参数向量,反映个体偏好。

经典的多项 Logit 模型,假定所有随机项相互独立且服从极值分布,且向量 β 都是固定值。根据效用最大化原理,每个人都将选择自身效用最大的那一项,即个人 n 选择 i 的概率等于选择项 i 带给选择者的效用最大的概率。从而可以得到个人 n 选择 i 的概率为:

$$P_{in}=\frac{\exp(V_{in})}{\exp(V_m)}=\frac{\exp(\beta^T X_{in})}{\sum_{\in C_n}\exp(\beta^T X_m)} \tag{6-53}$$

式中 C_n——公交出行者 n 的所有出行路径的集合。

与经典多项 Logit 模型不同的是,混合 Logit 模型认为待估参数向量 β 不是一个固定值,而是一个随机向量,它的分布可以根据个人不同的喜好服从一定的形式。从它的形式上可以认为,混合 Logit 模型是多项 Logit 模型的积分形式,即:

$$P_{in}=\int\frac{\exp(\beta^T X_{in})}{\sum_{\in C_n}\exp(\beta^T X_m)}f(\beta/\theta)\mathrm{d}\beta \tag{6-54}$$

式中 $f(\beta/\theta)$——β 的概率密度函数,所有向量 β 的元素都为随机变量,其分布可以是正态分布、对数正态分布、三角分布或均匀分布等;

θ——该密度函数的待估参数,当式(6-54)中随机变量 β 取为恒常数的单点分布时,混合 Logit 模型便可以简化成多项 Logit 模型。

2. 路径选择行为建模

为了考察影响出行者路径选择行为的因素,本节在个人特征属性方面选取了性别、年龄、出行目的、职业、月平均收入和平均每周搭乘公交次数六个变量,公交线路选择影响因素选取了行程时间、候车时间、换乘次数、出行费用、车辆准点率五个变量,变量设置详见表 6-25、表 6-26。

变量设置 表 6-25

解释变量归属	变量名称	变量说明
个人特征属性	性别	1. 男性;2. 女性
	年龄	1. 18 岁以下;2. 18~40 岁;3. 40~60 岁;4. 60~69 岁;5. 70 岁以上
	出行目的	1. 上班上学;2. 休闲购物;3. 就医;4. 回家;5. 其他
	职业	1. 企事业单位员工;2. 公务员;3. 离退休人员;4. 学生;5. 自由职业者;6. 其他
	月平均收入	1. 2000 元及以下;2. 2001~3000 元;3. 3001~5000 元;4. 5000 元以上
	每周平均搭乘公交次数	1. 少于 1 次;2. 1~5 次;3. 5~10 次;4. 10 次以上
公交线路选择影响因素	是否考虑行程时间	1. 完全不介意;2. 不是很介意;3. 说不清;4. 有点介意;5. 非常介意
	是否考虑候车时间	
	是否考虑换乘次数	
	是否考虑出行费用	
	是否考虑车辆准点率	

变量符号定义 表6-26

选择方案	个人特征属性变量						公交线路影响因素变量				
	性别	年龄	学历	职业	收入	次数	行程时间	候车时间	换乘次数	出行费用	车辆准点率
路径1							x_{1n}^7	x_{1n}^8	x_{1n}^9	x_{1n}^{10}	x_{1n}^{11}
路径2	y_n^1	y_n^2	y_n^3	y_n^4	y_n^5	y_n^6	x_{2n}^7	x_{2n}^8	x_{2n}^9	x_{2n}^{10}	x_{2n}^{11}
…							…	…	…	…	…
路径i							x_{in}^7	x_{in}^8	x_{in}^9	x_{in}^{10}	x_{in}^{11}
未知参数	β_1	β_2	β_3	β_4	β_5	β_6	β_7	β_8	β_9	β_{10}	β_{11}

根据所选定的解释变量，建立基于混合Logit模型的路径选择效用函数和路径选择概率函数，详见式（6-55）～式（6-58），在这里将6个出行者的个人特征属性变量加载至第一条路径上，即路径1。

$$V_{1n} = \varepsilon_{1n} + \sum_{j=1}^{6}\sum_{k=1}^{6}\beta_j y_n^k + \sum_{j=7}^{11}\sum_{k=7}^{11}\beta_j x_{1n}^k + \xi_{1n} \tag{6-55}$$

$$V_{in} = \varepsilon_{in} + \sum_{j=7}^{11}\sum_{k=7}^{11}\beta_j x_{in}^k + \xi_{in} \quad (i \geqslant 2 \text{ 且 } i \in N^*) \tag{6-56}$$

$$L_{in}(\beta) = \frac{\exp[V_{in}(\beta)]}{\sum_{i,j \in N^*}\exp[V_{jn}(\beta)]} \tag{6-57}$$

$$P_{in} = \int L_{in}(\beta) f(\beta/\theta) \mathrm{d}\beta \tag{6-58}$$

式中 x_{in}^k ——出行者n选择路径i的特征变量中的第k个解释变量；

y_n^k ——出行者n的个人特征属性变量的第k个解释变量；

V_{in} ——出行者n在路径i上的效用；

$L_{in}(\beta)$ ——待估参数β的多项Logit模型概率；

P_{in} ——公交出行者选择每条公交出行路径的概率；

$f(\beta/\theta)$ ——权重密度函数，分布形式通常为正态分布、对数正态分布和均匀分布等，θ为参数，当密度函数服从正态分布时，参数θ便可通过均值μ和标准差δ来表示。

3. 参数估计与检验

（1）参数估计

参照参数的估计步骤，在求解混合Logit模型中的概率函数时可以运用Monte Carlo法，具体步骤如下：

首先，生成待估参数β的若干个随机数。要使得Monte Carlo模拟值趋于一个稳定值，随机样本数m须大于等于300。因而，这里应随机生成$m(m \geqslant 300)$个服从标准正态分布的随机数η，$\eta \sim N(0,1)$，得到待估参数β的m个随机数，即$\beta_1 = \mu + \eta_1 \delta$，$\beta_2 = \mu + \eta_2 \delta$，…，$\beta_m = \mu + \eta_m \delta$。

然后，确定仿真概率$\overline{P_{rn}}$，即P_{in}的估计值，如式（6-59）所示：

$$\overline{P_{rn}} = \frac{1}{m}\sum_{n=1}^{m}\frac{\exp[V_{rn}(\beta)]}{\sum_{r,k \in R_w}\exp[V_{kn}(\beta)]} \tag{6-59}$$

接着，构建极大似然算子。首先求样本的仿真似然函数 $L^*(\beta)$，见式（6-60），其中 N 表示样本数，R 为可选路径数；取 $L^*(\beta)$ 的对数 L，详见式（6-61）：

$$L^*(\beta) = \prod_{n=1}^{N} \prod_{r=1}^{R} \overline{P_{rn}}^{\delta_{rn}} \tag{6-60}$$

$$L = \ln L^*(\beta) = \prod_{n=1}^{N} \prod_{r=1}^{R} \delta_{rn} \ln \overline{P_{rn}} \tag{6-61}$$

最后，确定梯度向量 ∇L 和 Hessian 矩阵 $\nabla^2 L$；运用 Quasi-Newton 计算 β 的参数最优值，若 $\beta \sim N(\mu, \delta)$，其参数最优值即为 μ 和 δ。

（2）模型检验

1）t 检验。

在显着性水平确定的情况下，可以用 t 检验判断某个变量的有效性以及对模型影响的显着程度。当 $|t| > 1.96$ 时，可靠性水平为 95%，可认为其对选择概率产生影响的因素是相应的特征变量。当 $|t| < 1.96$ 时，则认为该特征变量不产生影响，将其剔除，重新估计参数。

2）极大似然值 $L(\bar{\beta})$。

极大似然值 $L(\bar{\beta})$ 为 L 的最大值。

3）拟合优度比。

$\rho^2 = 1 - \dfrac{L(\bar{\beta})}{L(0)}$ 称为拟合优度比或 Mcfadden 决定系数，是模型评价的核心内容。ρ^2 的值在 $[0, 1]$ 之间，其值越大，模型的精度就越高。实际建模时，如果 ρ^2 的值能达到 0.2~0.4 的话，其精度便可认为较高了。

6.3.2 评价指标体系的建立

本节从公交线路自身和出行者的角度出发，根据常规公交的以上特点，将公交线路可靠性评价指标分为两个方面：一是公交线路自身的可靠性，主要有行程时间可靠性、到站准点可靠性及候车时间可靠性三个可靠性指标；二是从出行者感知的角度进行考虑的可靠性，包括出行费用可靠性、换乘次数可靠性和服务可靠性。

根据以上公交线路可靠性评价指标，建立如下的评价体系，如图 6-17 所示。

1. 公交线路主体可靠性

（1）到站准点可靠性

公交线路的构成主体是各个公交站点，如果可以把握好到站准点性，使公交车到达站点的时间偏差的绝对值较小，那么对于大多数出行者来说公交服务就是准时可靠的。因此，公交到站准点可靠性可以被定义为：公交车辆在动态交通网络中运行时，能够在允许的限定时间范围内到站的能力。从概率角度来说，到站准点可靠性可以表示为公交车到站时间的偏差在限定范围内的概率，其计算公式见式（6-62）：

$$R_1 = p(|\delta_i| \leq \gamma \cdot \delta_{i0}) \tag{6-62}$$

式中　R_1——到站准点可靠度；

　　　δ_i——到站时间的实际偏差值（min）；

　　　δ_{i0}——第 i 辆车可允许的限定偏差值（min）；

　　　γ——不同类型线路的修正值，$\gamma > 1$。

第6章 公交运行可靠性分析

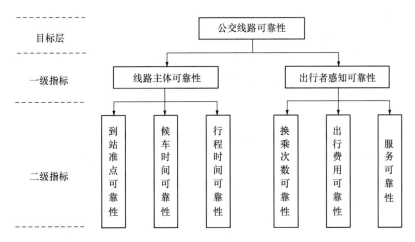

图 6-17 公交线路可靠性评价指标体系

其中 δ_{i0} 按照相关规定进行取值,《福建省人民政府办公厅转发省建设厅等部门关于优先发展福建省城市公共交通实施意见的通知》(闽政办〔2010〕276号)中建议,一般情况下,公交车辆的到站准点率要达到90%及以上。但是实际情况一般更为复杂,考虑到目前各个城市公交的普遍服务状况与广大出行者可接受的服务质量,对相应的数据进行修正,并用量化的数值来表示。若公交车到达站点的时间与规定时间的差值在5min之内,就可以认为该公交车辆此次准点到站。同时对几个特定的节点和时刻的准点率进行修正。通常,公交车辆在首站的准点率达到90%以上时可认定为可靠,而平峰期公交车辆在主站的准点率达到80%或高峰期达75%以上时认定为可靠。

(2) 候车时间可靠性

对于公交线网而言,候车时间可靠性可定义为:在一定的运营条件下和时间内,能让出行者在期望候车时间内搭乘到预定公交线路的能力。

这里的营运条件体现的是常规公交的营运环境。候车时间可靠性表征了整个公交线网的换乘服务质量和舒适程度,对人们是否选择公交方式出行产生直接影响。

候车时间可靠性用于衡量公交车辆在随机运行条件下出行者等候车辆的难易程度,其计算公式见式(6-63):

$$R_2 = \frac{\overline{\omega}^*}{\overline{\omega}} \tag{6-63}$$

式中 R_2——候车时间可靠度;

$\overline{\omega}^*$——期望的候车时间(min);

$\overline{\omega}$——实际候车时间的平均值(min)。

(3) 行程时间可靠性

在公交运营过程中,判断公交车辆是否产生延误主要根据公交车辆实际到站时间是否在公交运行时刻表规定时间之内,如果公交车辆不能准时到站,无法将出行者按时送至目的地,则认为该公交车辆运行不可靠,公交车辆在路上所延误的时间越长,则表示该线路行程时间可靠性越低。

在高峰时段,由于道路交通量增加,道路服务水平降低,路段车辆前进速度缓慢。而与此同时，高峰时段出行者数量增多，出行者的上下车行为更加密集，使公交车辆在站点的停靠时间增长，这将直接影响线路的行程时间可靠性。

公交线路的行程时间可靠性的定义如下：在一定的交通环境条件下，车辆在运行区间内完成从节点 a 到节点 b 转移的时间在规定时间范围内的概率，其计算公式见式（6-64）：

$$R_3 = \begin{cases} 0 & \text{当 } t_b \geqslant t_a \\ \dfrac{t_a - t_b}{t_a - t_s} & \text{当 } t_s < t_b < t_a \\ 1 & \text{当 } t_b \leqslant t_a \end{cases} \tag{6-64}$$

式中　R_3——行程时间可靠度；

　　　t_a——出行者所能接受的最长出行时间（min）；

　　　t_b——公交线路高峰时段平均出行时间（min）；

　　　t_s——时刻表规定的公交运行时间及出行者到站（目的地）所花时间的总和（min）。

2. 基于出行者感知的可靠性

（1）换乘次数可靠性

公交换乘次数是指出行者在从出发地到目的地需要换乘公交车的次数，从出行者角度出发，换乘次数可靠性是指在给定的公交线路之间，出行者能够在可接受最大换乘次数内顺利完成出行的能力，其计算公式见式（6-65）：

$$R_4 = P(\mu \leqslant \mu') \tag{6-65}$$

式中　R_4——出发地到目的地之间的公交换乘次数可靠度；

　　　μ——出发地到目的地之间的实际换乘次数（次）；

　　　μ'——出发地到目的地之间的可接受最大换乘次数（次）。

（2）出行费用可靠性

从出行者的角度来看，出行中的费用有站点等待的费用和乘坐公交的费用。出行费用可靠性是指在特定的公交运行区间上，出行者实际完成预定出行的总花费不大于期望花费的概率，其计算公式见式（6-66）：

$$R_5 = P(\pi_{ij} \leqslant \pi'_{ij}) \tag{6-66}$$

式中　R_5——完成 i、j 区间转移的出行费用可靠度；

　　　π_{ij}——出行者完成 i、j 区间转移的实际费用（元）；

　　　π'_{ij}——出行者对完成 i、j 区间转移的期望费用（元）。

（3）出行者服务可靠性

出行者服务可靠性既与公交线网服务水平有关，又与出行者自身感知水平有关。本研究中的出行者服务可靠性从出行者感知角度出发，即认为是其对公交服务水平及舒适度的评价。本节公交线路的出行者服务可靠性主要是基于该公交线路车内拥挤程度来考虑。

6.3.3　基于熵权的公交线路可靠性模糊评价

1. 熵权值的计算模型

熵最开始是物理学中的一个热力学概念，C. E. Shannon 则将熵的概念引入信息论中。他指出，信息可以用于度量系统的有序程度。而熵则可以用于度量不确定性，因此二者的绝对值相等，但符号相反。

假设系统处于多种不同的状态，而出现每种状态的概率为 $P_i(i=1,2,3\cdots m)$，则可将系统的熵定义为：

$$H = -k\sum_{i}^{m} p_i \ln p_i \tag{6-67}$$

公式中设有 m 个评价指标，n 个评价的对象，则原始数据是一个 $m \times n$ 阶的矩阵 $\boldsymbol{R}'$，$\boldsymbol{R}' = (r'_{ij})_{m \times n}$，见式（6-68）：

$$\boldsymbol{R}' = \begin{bmatrix} r'_{11} & r'_{12} & \cdots & r'_{1n} \\ r'_{21} & r'_{22} & \cdots & r'_{2n} \\ \vdots & \vdots & & \vdots \\ r'_{m1} & r'_{m2} & \cdots & r'_{mn} \end{bmatrix} = (r'_{ij})_{m \times n} \tag{6-68}$$

对 $\boldsymbol{R}'$ 做标准化处理得到：

$$\boldsymbol{R} = (r_{ij})_{m \times n} \tag{6-69}$$

式中　r_{ij}——第 j 个评价对象在指标 i 之上的值，即第 j 条公交出行路径在第 i 个公交线路可靠性评价指标上的值。又 $r_{ij} \in [0,1]$，且：

$$r_{ij} = \frac{r'_{ij} - \min_{j}\{r'_{ij}\}}{\min_{j}\{r'_{ij}\} - \min_{j}\{r'_{ij}\}} \tag{6-70}$$

在有 m 个公交线路可靠性评价指标，n 条公交出行路径的评估问题中，第 i 个评价指标的熵定义为：

$$H_i = -k\sum_{j=1}^{n} p_{ij} \ln p_{ij} \tag{6-71}$$

$$p_{ij} = \frac{r_{ij}}{\sum_{j=1}^{n} r_{ij}} \tag{6-72}$$

$$k = \frac{1}{\ln n} \tag{6-73}$$

式中　p_{ij}——第 i 项评价指标下第 j 条路径指标值的比重，当 $p_{ij}=0$ 时，$p_{ij}\ln p_{ij}=0$。在 (m,n) 评价问题中，第 i 个评价指标的熵权 W_H^i 计算公式为：

$$W_H^i = \frac{1 - H_i}{m - \sum_{i=1}^{m} H_i} \tag{6-74}$$

由此得到基于熵权的评价指标权向量 $\boldsymbol{W}_H$：

$$\boldsymbol{W}_H = (w_H^1, w_H^2, \cdots, w_H^m) \tag{6-75}$$

2. 公交线路可靠性的模糊综合评价

运用模糊综合评价法，对公交线路可靠性指标进行综合评价：

（1）建立线路可靠性评价指标集合

本节线路可靠性评价指标集 U 是由一、二级指标组成的综合评价指标的集合，一级指标集为：
$$U = (U_1, U_2, \cdots, U_i) \tag{6-76}$$

二级指标集为：
$$U_i = (U_{i1}, U_{i2}, \cdots, U_{ik}) \tag{6-77}$$

式中　U_i——一级评价指标体系中的第 i 个指标；
　　　U_{ik}——对应 U_i 的第 k 个二级指标。

(2) 建立可靠性评判集 V

评判集是对各种指标做出可能结果的集合，一般来讲，评判等级个数应大于3且小于9，而且应取奇数。根据经验及公交线路可靠性的实际情况，对公交线路的可靠性采用五级评价，可取评判集为：
$$V = (V_1, V_2, V_3, V_4, V_5) \tag{6-78}$$

式中　V_1——"很可靠"，取值为 1.0；
　　　V_2——"可靠"，取值为 0.8；
　　　V_3——"基本可靠"，取值为 0.6；
　　　V_4——"不可靠"，取值为 0.4；
　　　V_5——"很不可靠"，取值为 0。

当可靠度值为 1.0 时，认为该公交线路很可靠；当 $0.8 \leqslant C < 1.0$ 时，认为该公交线路可靠；当 $0.6 \leqslant C < 0.8$ 时，该公交线路基本可靠；当 $0.4 \leqslant C < 0.6$ 时，认为该公交线路不可靠；当 $C < 0.4$ 时，该公交线路很不可靠。

(3) 一级模糊综合评价

对每一个指标子集进行一级综合评判。采用熵权法计算 U_i 的权向量 $\boldsymbol{W}_H$（$\boldsymbol{W}_H$ 为 $1 \times n_i$ 阶矩阵），接着对 U_i 的每个单独因素进行评判，结果得到一个 $n_i \times m$ 的评判矩阵 $\boldsymbol{R}_i$，$\boldsymbol{B}_i$ 作为 U_i 中的一个 $1 \times m$ 阶综合评判向量，其计算公式为：
$$\boldsymbol{B}_i = \boldsymbol{W}_H \cdot \boldsymbol{R}_i \tag{6-79}$$

(4) 二级模糊综合评价

将每个 U_i 作为一个因素，用 $\boldsymbol{B}_i$ 作为它的单因素评判向量，又构成一个 $s \times m$ 阶单因素评判矩阵 $\boldsymbol{R}$，即：
$$\boldsymbol{R} = (\boldsymbol{B}_1^T, \boldsymbol{B}_2^T \cdots \boldsymbol{B}_n^T)^T \tag{6-80}$$

每个 U_i 作为 U 的一部分，反映 U 的某种属性，可按其重要性确定权重分配：
$$\boldsymbol{A} = (a_1, a_2 \cdots a_i) \tag{6-81}$$

最后计算出 U 的二级综合评判向量为：
$$\boldsymbol{B} = \boldsymbol{A} \cdot \boldsymbol{R} \tag{6-82}$$

为了便于比较，结合可靠性评判集，将上述综合评价结果转换成可靠度定量值，得到单条线路的可靠度：
$$C_i = \boldsymbol{B} \cdot \boldsymbol{V}^T \tag{6-83}$$

6.3.4 基于路径选择的公交线网可靠性模糊综合评价

1. 基于路径选择的公交线路重要度分析

若干条不同运行路线的公交线路组成了一个公交线网,其中各条公交线路的可靠度都会对整个公交线网的可靠度产生影响。但是,每条公交线路对于该公交线网的贡献度不同,公交线网的可靠度可能会因为部分线路可靠性的改变而产生较大的影响,而某些公交线路可靠性的改变并不一定会对整个公交线网产生较大的波动。一般线路对公交线网可靠度的影响程度可用公交线路重要度来衡量。

公交线路重要度计算公式:

$$I_i = \frac{Q_i}{Q} = P_{in} \tag{6-84}$$

式中 I_i——公交线网中第 i 条公交线路的重要度;

Q_i——第 i 条公交线路 OD 对的客流量(人次);

Q——公交线网中总客流量(人次);

Q_i/Q——直接反映公交线路在系统中的影响程度,即可认为是公交线网的线路重要度。

2. 公交线网可靠性模糊综合评价

根据前文分析和计算方法可得到公交线网中第 i 条公交线路的可靠值以及第 i 条公交线路的重要度值,则由此可得出公交线网可靠度计算公式为:

$$C = \sum_{i=1}^{n} C_i \cdot I_i \tag{6-85}$$

式中 C——公交线网可靠度;

C_i——公交线网中第 i 条公交线路的可靠度;

I_i——公交线网中第 i 条公交线路的重要度。

参照可靠性评判集,对所得的公交线网可靠度值进行评价。当可靠度值为 1.0 时,认为该公交线网很可靠;当 $0.8 \leqslant C < 1.0$ 时,认为该公交线网较可靠;当 $0.6 \leqslant C < 0.8$ 时,该公交线网基本可靠;当 $0.4 \leqslant C < 0.6$ 时,认为该公交线网不可靠;当 $C < 0.4$ 时,该公交线网很不可靠。根据对公交线网的可靠度的计算,对公交线网的可靠度等级进行评判,最后得到公交线网的可靠性评价。

6.3.5 案例分析

1. 研究对象

龙岩市区现有公交线路 31 条,线路总长度 357.1km,首末站 41 个,中途站 667 个,市内具备开通公交线路条件的城市道路大部分有公交线路通过。

(1) 线网密度

龙岩市区公交线路总长度达 357.1km。2015 年,面积为 60km^2 的龙岩城区的公交线网密度达 2.32km/km^2,总体上说,这个值是偏低的。

(2) 主要线路长度

龙岩市区主要公交线路的长度如表 6-27 所示,公交线路的长度主要分布在 2.2~

18km 的区间,线路平均长度为 11.5km。

龙岩市区主要公交线路长度表　　　　　表 6-27

路线	线路长度（km）	路线	线路长度（km）
K1	10.40	K18	17.40
K2	13.50	K19	9.10
K3	12.90	K20	12.00
K4	11.10	K21	8.00
K5	6.20	K22	10.20
K6	8.80	K23	18.00
K7	15.00	K25	17.80
K8	11.15	K26	10.40
K9	16.70	K27	13.40
K10	13.30	K28	7.90
K11	12.10	K29	2.20
K12	11.10	K30	13.10
K13	12.95	K32	11.20
K15	7.30	K33	9.60
K16	10.50	K35	11.20
K17	12.60		

注：路线 K29 路为公交专线,下同。

(3) 非直线系数

根据统计分析,龙岩市区公交线路平均非直线系数为 1.94,有 26 条线路超出国标 1.4 的指标,详见表 6-28。非直线系数偏高的原因主要是由于龙岩市中心城区道路网曲折回旋,公交线路也随之较为曲折。

龙岩市区公交线路非直线系数统计表　　　　　表 6-28

路线	非直线系数	路线	非直线系数
K1	1.73	K17	1.64
K2	1.60	K18	2.23
K3	1.52	K19	1.72
K4	1.71	K20	1.85
K5	1.34	K21	2.96
K6	1.44	K25	1.85
K7	3.49	K26	3.21
K8	2.34	K27	1.68
K9	1.52	K28	2.46
K10	1.51	K29	1.14
K11	1.64	K30	1.38
K12	1.70	K32	1.87
K13	1.41	K33	3.00
K15	1.87	K35	2.44
K16	1.95		

通过对居民公交出行进行调查，出行者认为龙岩公交存在的主要问题包括：不准时占15%，公交站点太远占10%，换乘困难占12%，票价太贵占3%，车厢内太拥挤占27%，车速慢占10%，其他原因（车况差、班次少、等车时间太长等）占23%。

2. 路径选择行为分析

本节以龙岩市万达广场到龙岩火车站 OD 对为例，其中可供搭乘的线路分别是 K1、K2、K3、K9、K28、K33。调查结果表明该 OD 对间 96% 以上的公交出行者会选择其中 4 条公交路径出行，因此选择以上 4 条路径作为本节研究对象。对多个 OD 对或一个 OD 对多条线路，思路和方法是一致的。

各可搭乘公交路径描述如下：

路径一：从万达广场出发，乘坐 K2 直达龙岩火车站，途经 23 站，行程时间 55min，单程总共步行距离约 1000m；

路径二：从万达广场出发，乘坐 K9 经过 6 站于海峡银行下车，乘坐 K33 途经 8 站于火车站下车，行程时间 58min，总步行距离约 950m；

路径三：从万达广场出发，乘坐 K3 经过 10 站于恒宝酒店下车，乘坐 K28 途经 7 站于火车站下车，行程时间 60min，总步行距离约 520m；

路径四：从万达广场出发，乘坐 K1 经过 1 站于双龙路下车，乘坐 K9 经过 8 站于莲花站下车，乘坐 K28 经过 10 站于火车站下车，行程时间 70min，总步行距离约 620m。

以本次调查的 376 份问卷为基础数据，并将所获取的问卷数据进行标准化处理，将个人社会经济属性和路径选择影响因素作为自变量，路径选择情况作为因变量，利用 SAS 软件中的 MDC 模块构建并分析混合 Logit 路径选择行为模型，并对其参数估计结果进行比较分析，SAS 参数估算过程如图 6-18 所示。

首先，将常数项以外的变量都设定为随机变量，且变量的分布均设为正态分布。参数估算结果见表 6-29，实际调查结果与理论预测结果对比见表 6-30。

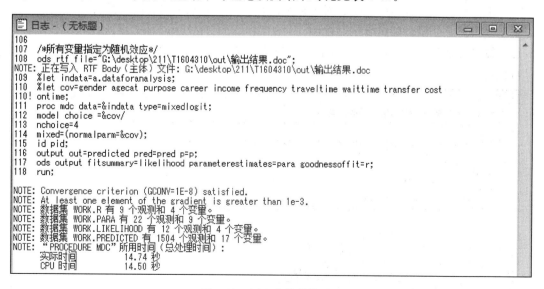

图 6-18 SAS 参数估算过程

设定所有变量随机的参数估算结果 表 6-29

随机变量	参数估算值	
	均值	标准差
性别	0.1903 (0.5133)	0.8643 (2.1511)
年龄	0.0157 (0.5968)	0.2899 (4.6093)
出行目的	−0.7094 (0.2613)	2.3560 (0.6182)
职业	−0.3618 (0.2564)	0.5618 (0.7241)
月平均收入	−0.6312 (0.4092)	1.4305 (0.9594)
每周平均搭乘次数	−0.8741 (0.2148)	0.4270 (0.5511)
是否考虑行程时间	1.0090 (0.3460)	0.2813 (0.6723)
是否考虑候车时间	−0.1326 (0.1295)	0.6291 (0.3155)
是否考虑换乘次数	0.2770 (0.1154)	0.0471 (0.8886)
是否考虑出行费用	−0.4295 (0.1529)	0.0134 (1.1718)
是否考虑车辆准点率	−0.9959 (0.2833)	0.0152 (1.7682)
对数似然函数收敛值	−475.3796	
McFadden 决定系数	0.1324	

实际调查结果与理论预测结果对比 表 6-30

路径选择	路径 1	路径 2	路径 3	路径 4
实际调查结果	63.03%	20.21%	13.83%	2.93%
理论预测结果	47.47%	15.47%	18.4%	18.67%

由表 6-29 和表 6-30 可知，McFadden 决定系数值为 0.1324，低于标准精度区间 [0.2～0.4]，参数估算精度不高，因而，需要进行进一步参数估算；而是否考虑行程时间、是否考虑换乘次数、是否考虑出行费用和是否考虑准点率这四个变量的标准差都比较小，说明了这些系数的取值与均值相比是比较接近的，可以将这些参数设定为固定变量，其估算值并不会因此而有多大区别，同时还可提高模型参数估算效率。

设定是否考虑行程时间、是否考虑换乘次数、是否考虑出行费用和是否考虑准点率为固定变量，其余变量为随机变量，并假设它们都服从正态分布，再次进行参数估计，SAS 参数估算过程如图 6-19、图 6-20 所示，估算结果见表 6-31，实际调查结果与理论预测结果对比见表 6-32。

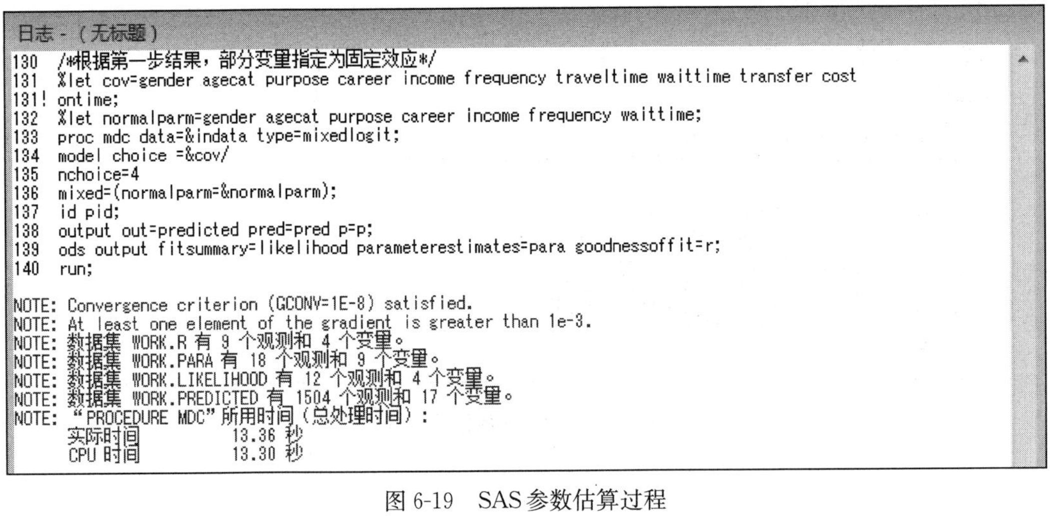

```
日志 - (无标题)
130  /*根据第一步结果，部分变量指定为固定效应*/
131  %let cov=gender agecat purpose career income frequency traveltime waittime transfer cost
131! ontime;
132  %let normalparm=gender agecat purpose career income frequency waittime;
133  proc mdc data=&indata type=mixedlogit;
134    model choice =&cov/
135    nchoice=4
136    mixed=(normalparm=&normalparm);
137    id pid;
138    output out=predicted pred=pred p=p;
139    ods output fitsummary=likelihood parameterestimates=para goodnessoffit=r;
140  run;
NOTE: Convergence criterion (GCONV=1E-8) satisfied.
NOTE: At least one element of the gradient is greater than 1e-3.
NOTE: 数据集 WORK.R 有 9 个观测和 4 个变量。
NOTE: 数据集 WORK.PARA 有 18 个观测和 9 个变量。
NOTE: 数据集 WORK.LIKELIHOOD 有 12 个观测和 4 个变量。
NOTE: 数据集 WORK.PREDICTED 有 1504 个观测和 17 个变量。
NOTE: "PROCEDURE MDC" 所用时间（总处理时间）:
      实际时间        13.36 秒
      CPU 时间        13.30 秒
```

图 6-19 SAS 参数估算过程

设定部分变量随机的估算结果一　　　　　　　表 6-31

固定变量	均值	
是否考虑出行费用	−0.4135 (0.1314)	
是否考虑车辆准点率	−0.9484 (0.2492)	
是否考虑换乘次数	0.2748 (0.1103)	
是否考虑行程时间	0.9394 (0.1808)	
随机变量	参数估算值	
	均值	标准差
年龄	0.0308 (0.5652)	0.2583 (6.3511)
职业	−0.3364 (0.238)	0.5838 (0.6771)
性别	0.214 (0.4807)	0.4655 (3.034)
月平均收入	−0.587 (0.3873)	1.4284 (0.9142)
出行目的	−0.6488 (0.2248)	2.2407 (0.526)
每周平均搭乘次数	−0.8376 (0.1769)	0.3683 (0.5814)
是否考虑候车时间	−0.1423 (0.1217)	0.5923 (0.3083)
对数似然函数收敛值	−451.2721	
McFadden 决定系数	0.1975	

实际调查结果与理论预测结果对比　　　　　　　表 6-32

路径选择	路径 1	路径 2	路径 3	路径 4
实际调查结果	63.03%	20.21%	13.83%	2.93%
理论预测结果	53.50%	23.40%	13.80%	9.30%

从表 6-31 和表 6-32 中可以看出，将是否考虑行程时间、是否考虑换乘次数、是否考虑出行费用和是否考虑准点率设为固定变量后，McFadden 决定系数为 0.1975，其值较将所有变量都设为随机变量时有所提高，但参数估算的精度仍然不高。由于在 0 的两侧，正

```
日志 - (无标题)
141  /*在第二步基础上,将frequency指定为对数正态分布*/
142  %let cov=gender agecat purpose career income frequency traveltime waittime transfer cost
142! ontime;
143  %let normalparm=gender agecat purpose career income waittime;
144  %let lognormalparm=frequency;
145  proc mdc data=&indata type=mixedlogit;
146  model choice =&cov/
147  nchoice=4
148  mixed=(normalparm=&normalparm,lognormalparm=&lognormalparm)
149  OPTMETHOD=NR;
150  id pid;
151  output out=predicted pred=pred p=p;
152  ods output fitsummary=likelihood parameterestimates=para goodnessoffit=r;
153  run;

NOTE: Convergence criterion (ABSGCONV=0.00001) satisfied.
NOTE: 数据集 WORK.R 有 9 个观测和 4 个变量。
NOTE: 数据集 WORK.PARA 有 18 个观测和 9 个变量。
NOTE: 数据集 WORK.LIKELIHOOD 有 12 个观测和 4 个变量。
NOTE: 数据集 WORK.PREDICTED 有 1504 个观测和 17 个变量。
NOTE: "PROCEDURE MDC"所用时间(总处理时间):
      实际时间           1:55.35
      CPU 时间           1:54.25
```

图 6-20　SAS 参数估算过程

态分布都是可以取值的,因而将每周平均搭乘次数设定为正态分布不太合理,故再次进行参数估算时设定它服从对数正态分布,估算结果见表6-33,实际调查结果与理论预测结果对比见表6-34。

设定部分变量随机的估算结果二　　　　　　　　　　　　　　　　表6-33

固定变量	均值	
是否考虑出行费用	−0.4591 (0.129)	
是否考虑车辆准点率	−0.9685 (0.2532)	
是否考虑换乘次数	0.4984 (0.1223)	
是否考虑行程时间	1.1223 (0.2174)	
随机变量	参数估算值	
	均值	标准差
年龄	−0.4454 (0.6397)	0.1235 (1.2671)
职业	−0.8242 (0.4825)	2.1463 (0.894)
性别	0.1886 (0.537)	0.7499 (1.8681)
月平均收入	−0.808 (0.5313)	1.902 (1.0753)
出行目的	−0.3082 (0.1927)	1.9142 (0.4862)
每周平均搭乘次数	−16.1586 (433.253)	0.015 (429.2328)
是否考虑候车时间	−0.0328 (0.1534)	1.3434 (0.4145)
对数似然函数收敛值	−451.0249	
McFadden决定系数	0.2158	

实际调查结果与理论预测结果对比　　　　　　　　　　　　　　　　表6-34

路径选择	路径1	路径2	路径3	路径4
实际调查结果	63.03%	20.21%	13.83%	2.93%
理论预测结果	58.20%	24.13%	11.93%	5.74%

由表6-33可知,McFadden决定系数为0.2158,精度达到要求;就对数似然函数收敛值而言,表6-29、表6-31和表6-33中其值相差不大,因此从数据结果上看,将每周平均搭乘次数设定为服从对数正态分布时,本节所提出的路径选择模型精度较高。从表6-30、表6-32和表6-34同样也可得出此结论。

根据建模结果可得到4条公交客流分配结果:路径1公交客流的比例Q_1/Q为58.2%,路径2公交客流的比例Q_2/Q为24.13%,路径3公交客流的比例Q_3/Q为11.93%,路径4公交客流的比例Q_4/Q为5.74%。

3. 公交线网可靠度计算

(1) 公交线路主体可靠性

本节建立了3个二级指标,通过数据调查,同时结合式(6-62)、式(6-63)和式(6-64),得到各路径的可靠度相关指标。

路径1:到站准点可靠度$r'_{11}=0.65$;

候车时间可靠度$r'_{21}=0.95$;

行程时间可靠度 $r'_{31}=0.84$；

路径2：到站准点可靠度 $r'_{12}=0.84$；
　　　　候车时间可靠度 $r'_{22}=0.47$；
　　　　行程时间可靠度 $r'_{32}=0.77$；

路径3：到站准点可靠度 $r'_{13}=0.81$；
　　　　候车时间可靠度 $r'_{23}=0.33$；
　　　　行程时间可靠度 $r'_{33}=0.76$；

路径4：到站准点可靠度 $r'_{14}=0.84$；
　　　　候车时间可靠度 $r'_{24}=0.12$；
　　　　行程时间可靠度 $r'_{34}=0.65$。

根据以上指标建立了公交线路主体可靠性的评价矩阵 $\boldsymbol{R}'_1$：

$$\boldsymbol{R}'_1 = \begin{bmatrix} 0.65 & 0.84 & 0.81 & 0.84 \\ 0.95 & 0.47 & 0.33 & 0.12 \\ 0.84 & 0.77 & 0.76 & 0.65 \end{bmatrix}$$

根据式（6-70）对 $\boldsymbol{R}'_1$ 进行标准化处理得到 $\boldsymbol{R}_1$：

$$\boldsymbol{R}_1 = \begin{bmatrix} 0 & 1 & 1 & 1 \\ 1 & 0 & 0 & 0 \\ 0.63 & 0.81 & 0.90 & 0.74 \end{bmatrix}$$

根据式（6-72）计算得到 $\boldsymbol{p}_{ij}$：

$$\boldsymbol{p}_{ij} = \begin{bmatrix} 0 & 0.33 & 0.33 & 0.33 \\ 1 & 0 & 0 & 0 \\ 0.23 & 0.26 & 0.29 & 0.24 \end{bmatrix}$$

根据式（6-71）计算得到 $\boldsymbol{H}_1$：

$$\boldsymbol{H}_1 = \begin{bmatrix} 0.79 & 0 & 0.99 \end{bmatrix}$$

根据式（6-74）计算得到 $\boldsymbol{W}_H^1$：

$$\boldsymbol{W}_H^1 = \begin{bmatrix} 0.172 & 0.820 & 0.008 \end{bmatrix}$$

（2）基于出行者感知的可靠性

本节建立了3个二级指标，通过数据调查，同时结合式（6-65）和式（6-66），得到各路径的可靠度相关指标。

路径1：换乘次数可靠度 $r'_{41}=1$；
　　　　出行费用可靠度 $r'_{51}=1$；
　　　　出行者服务可靠度 $r'_{61}=0.89$；

路径2：换乘次数可靠度 $r'_{42}=0.73$；
　　　　出行费用可靠度 $r'_{52}=0.87$；
　　　　出行者服务可靠度 $r'_{62}=0.65$；

路径3：换乘次数可靠度 $r'_{43}=0.71$；
　　　　出行费用可靠度 $r'_{53}=0.87$；
　　　　出行者服务可靠度 $r'_{63}=0.73$；

路径4：换乘次数可靠度 $r'_{44}=0.11$；

出行费用可靠度 $r'_{54}=0.26$；

出行者服务可靠度 $r'_{64}=0.32$。

根据以上指标建立了出行者感知的可靠性的评价矩阵 $\boldsymbol{R}'_2$：

$$\boldsymbol{R}'_2 = \begin{bmatrix} 1 & 0.73 & 0.71 & 0.11 \\ 1 & 0.87 & 0.87 & 0.26 \\ 0.89 & 0.65 & 0.73 & 0.32 \end{bmatrix}$$

据式（6-70）对 $\boldsymbol{R}'_2$ 进行标准化处理得到 $\boldsymbol{R}_2$：

$$\boldsymbol{R}_2 = \begin{bmatrix} 1 & 0.36 & 0 & 0 \\ 1 & 1 & 1 & 0.71 \\ 0 & 0 & 0.13 & 1 \end{bmatrix}$$

根据式（6-72）计算得到 $\boldsymbol{p}_{ij}$：

$$\boldsymbol{p}_{ij} = \begin{bmatrix} 0.74 & 0.26 & 0 & 0 \\ 0.27 & 0.27 & 0.27 & 0.19 \\ 0 & 0 & 0.12 & 0.88 \end{bmatrix}$$

根据式（6-71）计算得到 $\boldsymbol{H}_2$：

$$\boldsymbol{H}_2 = \begin{bmatrix} 0.41 & 0.99 & 0.26 \end{bmatrix}$$

根据式（6-74）计算得到 $\boldsymbol{W}_H^2$：

$$\boldsymbol{W}_H^2 = \begin{bmatrix} 0.441 & 0.006 & 0.553 \end{bmatrix}$$

同理，得：

$$\boldsymbol{W}_H = \begin{bmatrix} 0.364, 0.639 \end{bmatrix}$$

4. 公交线路可靠性计算

本为以路径1的可靠度计算为例。首先，运用模糊运算法则，综合运算熵权法计算得到的指标权重 w_H^1、w_H^2 和 w_H 以及通过调查多建立的评判隶属矩阵 $\boldsymbol{R}$，并作归一化处理，得到隶属向量 $\boldsymbol{S}_i$。

$$\boldsymbol{S}_1 = \boldsymbol{W}_H^1 \boldsymbol{R}_1 = (0.172 \quad 0.820 \quad 0.008) \times \begin{pmatrix} 0 & 0.18 & 0.52 & 0.17 & 0.13 \\ 0.34 & 0.55 & 0.11 & 0 & 0 \\ 0.12 & 0.52 & 0.24 & 0.12 & 0 \end{pmatrix}$$

$$= (0.280 \quad 0.486 \quad 0.182 \quad 0.030 \quad 0.022)$$

同理，有：

$$\boldsymbol{S}_2 = \boldsymbol{W}_H^2 \boldsymbol{R}_2 = (0.441 \quad 0.006 \quad 0.553) \times \begin{pmatrix} 1 & 0 & 0 & 0 & 0 \\ 1 & 0 & 0 & 0 & 0 \\ 0.28 & 0.51 & 0.21 & 0 & 0 \end{pmatrix}$$

$$= (0.602 \quad 0.282 \quad 0.116 \quad 0)$$

$$\boldsymbol{B}_1 = \boldsymbol{W}_H \cdot \boldsymbol{S} = (0.364, 0.639) \times \begin{pmatrix} 0.280 & 0.486 & 0.182 & 0.030 & 0.022 \\ 0.602 & 0.282 & 0.116 & 0 & 0 \end{pmatrix}$$

$$= (0.487 \quad 0.355 \quad 0.140 \quad 0.010 \quad 0.008)$$

同理，计算可得路径2、路径3、路径4的计算结果：

$$\boldsymbol{B}_2 = (0.034 \quad 0.225 \quad 0.499 \quad 0.186 \quad 0.056)$$

$$\boldsymbol{B}_3 = (0.025 \quad 0.228 \quad 0.463 \quad 0.212 \quad 0.071)$$

$$\boldsymbol{B}_4 = (0.029 \quad 0.077 \quad 0.220 \quad 0.442 \quad 0.232)$$

将上述综合评价结果转换成可靠度定量值,在万达广场到火车站间公交路径可靠性评价中,各路径的可靠度计算结果为:

$$C_1 = \boldsymbol{B}_1 \cdot \boldsymbol{V}^T = 0.487 \times 1 + 0.355 \times 0.8 + 0.140 \times 0.6 + 0.010 \times 0.4 + 0.008 \times 0$$
$$= 0.895$$

同理可得:

$$C_2 = \boldsymbol{B}_2 \cdot \boldsymbol{V}^T = 0.588$$
$$C_3 = \boldsymbol{B}_3 \cdot \boldsymbol{V}^T = 0.571$$
$$C_4 = \boldsymbol{B}_4 \cdot \boldsymbol{V}^T = 0.399$$

5. 公交线网可靠度计算

根据前文计算公式可得各路径的公交线路重要度:

$$I_1 = \frac{Q_1}{Q} = 58.2\%$$

$$I_2 = \frac{Q_2}{Q} = 24.13\%$$

$$I_3 = \frac{Q_3}{Q} = 11.93\%$$

$$I_4 = \frac{Q_4}{Q} = 5.74\%$$

则公交线网可靠度为:

$$C = \sum_{i=1}^{4} C_i \cdot I_i = 58.2\% \times 0.895 + 24.13\% \times 0.588 + 11.93\% \times 0.571$$
$$+ 5.74\% \times 0.399 = 0.753$$

根据公交可靠度评判等级可知,龙岩市万达广场到火车站间的公交线网基本可靠。

第 7 章 公交组合调度优化

公交调度计划作为公交企业日常工作中的核心内容，必须依据线路客流在时空上实际的分布特点，合理安排各类公交车辆的发车间隔，才能使有限的公交资源被合理利用。本章基于对公交多源数据的挖掘分析，获取诸如站点客流集散量、站间 OD 客流量、各时段客流分布等线路客流特征参数，获取客流特征，构建公交组合调度模型，并采用适宜的算法进行求解，得出契合实际的发车时刻方案，提高公交系统总体效益。

7.1 公交调度方式概述

常规公交调度模式按照其在线路上停靠站点的不同可分为全程车、区间车和大站车。公交企业为满足城市外围组团地区乘客的出行需求及保障企业运营收益，所设置的公交线路逐渐呈现出里程长、站点多的趋势。但由于各站点的吸引率不同，会导致部分高频站点客流密集而低频站点客流稀疏的现象产生。在这种情况下，若依旧采用传统的全程车调度模式，易引发车辆运力与运量上的不平衡，进而导致乘客出行的满意度降低，而通过大站车或区间车与全程车组合调度的调度方式可以较大程度地缓解这个问题。

7.1.1 公交调度方式的主要类别

1. 全程车调度方式

目前公交线路以全程车为主要调度模式，也是调度模式中最基础的形式，大站车和区间车调度是在全程车运营基础上的补充模式。全程车需要在运营线路首末站之间的所有固定站点停靠，如图 7-1 所示。

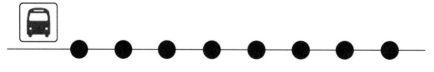

图 7-1　全程车运营形式

2. 区间车调度方式

区间车运营路线与全程车一致，首末站是全程车的停靠站点，此形式在全程车运营路段上选取客流量较大的路段或区间提供运营服务，仅在此路段或区间内的站点停靠，如图 7-2 所示。

图 7-2　区间车运营形式

3. 大站车调度方式

大站车的运营路线、首末站与全程车一致，大站车仅在运行线路中乘客客流需求量较大的站点进行停靠，线路主要为长距离出行的乘客提供服务，如图7-3所示。

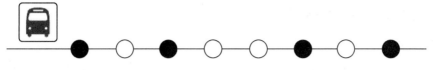

图7-3 大站车运营形式

7.1.2 不同调度方式的特点

全程车调度方式的优点是乘客可根据其实际出行情况，对目的地站点所在线路进行选择；而缺点是在长距离出行时，当线路站点数较多时，会导致车辆频繁地加减速进出站，将使得乘客车内时间变长。区间车调度方式优点是可以在线路运力紧张的情况下满足乘车需求高路段乘客的出行要求，加快车辆周转；缺点是不能满足全部乘客的出行需求。大站车调度方式优点是当载客量高，而将要停靠的站点客流集散量较少时，选择跳过该站点能缩短车辆在站点附近的停靠时间与延误时间，进而提高运行速度；缺点是站点密度小。

组合调度是将区间车或大站车与全程车组合起来协同运行的公交运行模式，对乘客而言，不同出行目的乘客之间的影响降低，站点停靠的时间减少，缩短乘客的出行时长，对运营企业来说，停站时间减少一定程度上提高公交车的运行速度，进而缩短周转时间，提高运营效率。

7.1.3 不同调度方式常用算法的特点

三种公交调度方式所采用模型的目标函数都是综合成本最低，基本的假设条件有乘客均匀到达公交站点、开通前后客流总量相同、不考虑堵车情况等，常用模拟退火算法、布谷鸟算法、萤火虫算法、人工鱼群算法等启发式算法，并通过组合其他算法或改进算法来提升算法性能，常用算法对比见表7-1。

常用算法对比　　　　表7-1

名称	优点	缺点	适用情况
模拟退火算法	具备跳出局部最优解进而全局寻优的属性	参数难以控制，需要多次尝试才能获得最优值，且容易陷入局部最优	离散优化问题、连续优化问题
布谷鸟算法	参数少、操作简单、易实现、随机搜索路径优和寻优能力强等	收敛速度较慢，缺少活力	连续优化问题
萤火虫算法	参数少、具有很高的计算效率、简单易实现等	收敛早熟、易陷入局部最优	离散优化问题、连续优化问题
人工鱼群算法	能较好地克服陷入局部最优解，易实现，收敛速度快，鲁棒性强	保持探索与开发平衡方面能力较差，在运行后期计算速度相对较慢，收敛性差	求解组合优化问题或者目标函数与一些约束条件不可微的优化问题

注：常用算法的介绍详见每节算法部分。

7.2 全程车调度模型及算法

7.2.1 全程车调度模型构建

1. 基本假设

公交车辆实际行驶时，受到气候条件、行驶环境、道路状况、驾驶员驾驶风格等多方面的影响，通过线路客流特征减少部分条件的制约，但仍需要对公交运行过程进行一些合理的假设。

（1）出行人员到达站点的规律服从均匀分布，不会被其他线路车辆所干扰；

（2）研究线路的所有车辆都依据运营计划定时出站、到站运行；

（3）相同研究时段内发车时间间隔相同。

2. 目标函数

通过前文的分析，公交调度过程中不仅要考虑公交公司利益，还需要考虑乘客利益。对于公交公司而言，其利益主要和员工收入挂钩，所以考虑其运营成本作为优化目标的考虑因素；对于乘客而言，乘客选择搭乘公交作为出行方式，是希望在节约成本的同时能够有良好的出行体验。因此，采用乘客满意程度作为乘客利益方面的优化目标。

（1）公交公司运营成本

一条线路的运营成本主要考虑两部分内容：一是开设线路所需要的配套设施及设备产生的固定成本；二是由于班次运行带来的资源消耗费用及人工费用等组成的可变成本。公交调度优化旨在通过调整公交车辆的发车间隔来优化运营资源，这只能改变公交运营的可变成本，对于固定成本没有影响。因此，本节仅讨论由发车间隔调整产生费用变动的可变成本。

将班次运行带来的资源消耗费用与人工费用统一归为车辆每行驶 1km 产生的费用，则公交公司全天的运营成本可表示为：

$$C_b = C_v L \sum_{j=1}^{J} \frac{T_j}{t_j} \tag{7-1}$$

式中　C_b ——一天内公交公司运营总成本（元）；

　　　C_v ——研究线路的公交车运行 1km 产生的费用（元）；

　　　L ——研究线路总长度（km）；

　　　T_j —— j 时段的总时长（min）；

　　　t_j —— j 时段的发车间隔（min）；

　　　J ——发车时段的总数，发车时段数的集合 $J = \{1, 2, \cdots, J\}$，其中 j 表示第 j 个研究时段。

（2）乘客满意程度

乘客在一次公交出行中，对出行体验感知最大的部分包括到达站点后的等车时间以及乘车过程中车内环境的舒适程度。因此，针对乘客满意程度的优化目标从乘客等车时间及乘车过程舒适程度入手考虑。

（3）乘客等车时间

乘客公交出行的等车时间和公交发车频率息息相关,乘客在站点等车时间越长,乘客的忍耐程度会降低,进而对班次运营的不满意程度会升高。将乘客的等车时间造成的不满意程度量化为乘客的等车过程中损失的价值成本作为优化目标,乘客损失的成本越大,乘客的满意程度就越低,进而降低了公交对乘客的吸引力。

本节在模型假设中假设了乘客到达站点的规律服从均匀分布,所以可以计算出乘客的平均等车时间是 $t_j/2$。站点是否存在滞站乘客可从客流特征识别结果计算出本站点等车人数与车内空余可乘车人数进行比较,为保障乘客的乘车体验,本节将产生滞站这一现象加入约束条件中阐述,对于可以正常上车的乘客而言,全天候乘客的等车成本可以表示为:

$$C_\mathrm{p} = C_\mathrm{w} \sum_{i=1}^{I} \sum_{j=1}^{J} P_{ij} \frac{t_j}{2} \tag{7-2}$$

式中 C_p——研究线路全天所有班次乘客等车时间总成本(元);

C_w——一位乘客每分钟等车状态下的损失成本(元/min);

I——所研究线路的总站点数,站点数集合 $I = \{1,2,\cdots I\}$;

i——线路上的第 i 个站点;

P_{ij}——第 j 个时段下位于 i 站点的等车人数(人)。

(4)乘客乘车舒适性

乘客乘车过程的舒适度主要由车内的温度、驾驶员操作水平及车内的拥挤程度构成,与公交调度直接相关联的就是车内的拥挤程度。因此,通过乘客在车内感受到的拥挤程度对自身舒适情况进行衡量,乘客的舒适性难以量化,本节通过定义乘客在乘车过程中因拥挤造成的价值惩罚为拥挤成本,来对乘客乘车的舒适性进行量化。用立席密度来表征乘客的活动空间,通过确定乘客开始感受到拥挤的立席密度下限值及乘客无法忍受拥挤情况的上限值,以及公交车的有效站立面积,计算拥挤成本。当乘客未感知到拥挤时,不产生拥挤成本。当乘客开始产生拥挤时,拥挤程度会随着乘客数量的增加而不断增加,此时拥挤成本也不断变大。当车内拥挤程度超过乘客忍受的极限时,拥挤成本惩罚值变为无穷大。可表示为:

$$\begin{cases} B_\mathrm{pd} = \dfrac{V}{V_\mathrm{d}} \\ B_\mathrm{pu} = \dfrac{V}{V_\mathrm{u}} \end{cases} \tag{7-3}$$

式中 B_pd、B_pu——公交车内载客人数引起乘客产生不适感时的下限人数和不适感难以忍受的上限人数(人);

V——公交车辆有效站立面积(m^2);

V_d、V_u——乘客开始感受到拥挤的立席密度下限值及乘客无法忍受拥挤情况的上限值(m^2)。

$$C_\mathrm{h} = \begin{cases} 0, B_\mathrm{pmax} \leqslant B_\mathrm{pd} \\ \gamma_1 \times B_\mathrm{pmax}, B_\mathrm{pd} < B_\mathrm{pmax} \leqslant B_\mathrm{pu} \\ \gamma_2 \times B_\mathrm{pmax}, B_\mathrm{pmax} > B_\mathrm{pu} \end{cases} \tag{7-4}$$

式中 C_h——乘客拥挤成本(元);

B_pmax——该趟公交车上人数最多时的人数(人);

γ_1、γ_2——两个状态下对应的拥挤度系数。

通过对影响因素的分析，得到了关于公交公司及乘客双方利益的多目标函数，在现有的研究中，通常采用对各个目标函数赋予权重的方式将多目标函数进行转化，并且公交决策人员在考虑双方利益时往往需要从不同的角度考虑。因此，本节借助对多目标函数赋予权重的方式将多目标函数转化为单目标函数，通过赋予灵活的权重给予公交公司更为实用的模型。经加权后，目标函数表示如下：

$$\begin{cases} \min Z = z_1 \left(C_w \sum_{i=1}^{I} \sum_{j=1}^{J} P_{ij} \frac{t_j}{2} \right) + z_2 \left(C_w \sum_{i=1}^{I} \sum_{j=1}^{J} P_{ij} \frac{t_j}{2} \right), B_{pmax} \leqslant B_{pd} \\ \min Z = z_1 \left(C_w \sum_{i=1}^{I} \sum_{j=1}^{J} P_{ij} \frac{t_j}{2} \right) + z_2 \left(C_w \sum_{i=1}^{I} \sum_{j=1}^{J} P_{ij} \frac{t_j}{2} + \gamma_1 \times B_{pmax} \right), B_{pd} < B_{pmax} \leqslant B_{pu} \\ \min Z = z_1 \left(C_w \sum_{i=1}^{I} \sum_{j=1}^{J} P_{ij} \frac{t_j}{2} \right) + z_2 \left(C_w \sum_{i=1}^{I} \sum_{j=1}^{J} P_{ij} \frac{t_j}{2} + \gamma_2 \times B_{pmax} \right), B_{pmax} > B_{pu} \end{cases}$$

(7-5)

式中　Z——目标函数；

z_1、z_2——加权系数，z_1、$z_2 > 0$ 且 $z_1 + z_2 = 1$。

3. 约束条件

公交调度需要考虑实际情况，保障模型的可行性和实用性。在调度过程中应该满足以下约束条件。

（1）收支平衡约束

公交在服务居民的基础上也要保证公交公司的运营，在调度时至少要保障公交公司的收入大于支出，即要满足：

$$\frac{\sum_{i=1}^{I} \sum_{j=1}^{J} P_{uji}}{\sum_{j=1}^{J} \frac{T_j}{t_j}} > C_v L \tag{7-6}$$

式中　P_{uji}——j 时段 i 站点的上车人数（人）。

（2）载客人数约束

为避免出行空载情况，需保证车辆的平均满载率不能低于最低满载率要求，同时，为了保障乘客的乘客体验，乘客能够一次上车避免在站点滞留的情况，需保证车内的最大乘车人数小于额定载客人数，有：

$$P_{\bar{c}} > P_{cmin} \tag{7-7}$$

$$P_r < P_{ci} \tag{7-8}$$

式中　$P_{\bar{c}}$——一趟班次平均满载率；

P_{cmin}——一趟班次平均最小满载率；

P_r——研究线路车辆的额定载客人数（人）；

P_{ci}——一趟班次在第 i 个站点时车内载客人数（人）。

在求解带约束条件的数学模型时，直接对其求解过程复杂，计算量大。通过罚函数将约束条件转化成带惩罚值的项加入目标函数，形成无约束的新目标函数，便于求解。新的目标为：

$$\min Z' = \begin{cases} z_1\left(C_w\sum_{i=1}^{I}\sum_{j=1}^{J}P_{ij}\frac{t_j}{2}\right)+z_2\left(C_w\sum_{i=1}^{I}\sum_{j=1}^{J}P_{ij}\frac{t_j}{2}\right), B_{pmax}\leqslant B_{pd} \\ z_1\left(C_w\sum_{i=1}^{I}\sum_{j=1}^{J}P_{ij}\frac{t_j}{2}\right)+z_2\left(C_w\sum_{i=1}^{I}\sum_{j=1}^{J}P_{ij}\frac{t_j}{2}+\gamma_1\times B_{pmax}\right), B_{pd}<B_{pmax}\leqslant B_{pu} \\ z_1\left(C_w\sum_{i=1}^{I}\sum_{j=1}^{J}P_{ij}\frac{t_j}{2}\right)+z_2\left(C_w\sum_{i=1}^{I}\sum_{j=1}^{J}P_{ij}\frac{t_j}{2}+\gamma_2\times B_{pmax}\right), B_{pmax}>B_{pu} \\ +\delta_1\left[\max\left\{0,\dfrac{\sum_{i=1}^{n}\sum_{j=1}^{m}Pu_{ji}}{\sum_{j=1}^{m}\dfrac{T_j}{t_j}}-C_vL\right\}\right]+\delta_2\left[\max\{0,P\bar{c}-Pc_{\min}\}\right] \\ +\delta_3[\max\{0,P_r-Pc_i\}] \end{cases} \quad (7\text{-}9)$$

式中 $\min Z'$ ——带惩罚项的新目标函数；

δ_1、δ_2、δ_3 ——惩罚系数，取值均大于0，具体值可根据多次实验确定。

7.2.2 模拟退火-自适应布谷鸟算法

1. 基础模拟退火算法介绍

模拟退火算法源于金属在加热液化至重新冷却的物理变化过程，可以看作金属本身的分子在不断寻优，重新寻找平衡的过程。当金属温度较高时，分子间运动变得剧烈，打破原有的平衡状态，开始不断的重新组合，当温度逐渐降低时，分子间运动逐渐减弱，慢慢趋向于新的平衡。Metropolis 准则通过函数表达这一退火过程。

$$P=\begin{cases}1 & f'_0<f_0 \\ \exp\left(\dfrac{f_0-f'_0}{T_{ap}}\right) & f'_0>f_0\end{cases} \quad (7\text{-}10)$$

式中 f_0 ——当前最优解 x_0 所对应的目标函数值；

f'_0 ——新解 x'_0 所对应的目标函数值，T_{ap} 为当前状态下的温度。

根据 Metropolis 准则，当新解 f'_0 比现有解 f_0 要好时，新解将更新成为最优解。当新解 f'_0 比当前解 f_0 差时，在（0,1）区间内随机生成一个数，若 $\exp(f_0-f'_0/F_i)>rand(0,1)$，则接受这个不好的新解。从式（7-10）中可以得出，当温度较高时，P 的计算结果较大，相当于算法可以跳出局部最优解的概率较大，增加了在全局搜索的概率；当温度降到一个较低值时，接受不好解的概率变小，函数值区域稳定，逐渐收敛于当前的最优解。模拟退火算法操作流程如图 7-4 所示。其具体步骤如下：

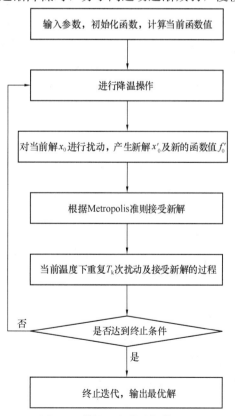

图 7-4 模拟退火算法操作流程

步骤1：设置算法参数，包括初始温度 T_0、退火系数 T_α、最低温度 T_{min} 或迭代次数 T_η、扰动次数 T_k。初始化函数，计算当前函数值作为当前最优解；

步骤2：降温操作。令 T_{ap} 等于冷却温度表中的下一个温度，T_{ap} 等于当前温度乘以退火系数 T_α；

步骤3：对当前解 x_0 进行扰动，产生新解 x_0'，新的函数值 f_0'。

步骤4：根据 Metropolis 准则接受新解；

步骤5：在当前温度 T_{ap} 下，重复 T_k 次扰动和接受新解的过程；

步骤6：判断当前温度 T_{ap} 是否等于 T_{min}。若达到，停止退火操作，输出目标函数最优值。若尚未达到，跳转至步骤2继续降温操作。

从模拟退火算法的介绍中可以得出，在 Metropolis 准则判定下，模型在温度较高时存在接受不好的解的概率跳出当前寻优环境。因此，模拟退火算法具备跳出局部最优解进而全局寻优的属性。

2. 基础布谷鸟算法介绍

布谷鸟在育雏方式上与大部分鸟类不同，雌性布谷鸟不会自己建窝孵化鸟蛋，也不会去哺育下一代布谷鸟，而是选择寄生的方式。在其繁殖的季节，布谷鸟会寻找其他相似习性的鸟窝进行产卵，蛋的大小、形状、颜色与宿主鸟的蛋相近。同时，布谷鸟为了自己后代有更大的存活概率，会将宿主的鸟蛋推出鸟巢，并且布谷鸟雏鸟的孵化速度要快于宿主雏鸟，先出生的小布谷鸟会根据本能把还在孵化的宿主鸟的鸟蛋挤出鸟巢，并且学习宿主鸟雏鸟的发声，增大自己的存活概率。而宿主鸟只要发现布谷鸟的鸟蛋或雏鸟，便会将其丢弃或丢弃现有的鸟窝，选择其他地方重新筑窝繁殖。

根据布谷鸟这种产卵习性，学者 Yang 和 Deb 提出了一种寻优算法——布谷鸟算法。从便于描述布谷鸟这种繁衍后代习性方面考虑，提出了三个假设条件：

（1）布谷鸟单次只会下一个鸟蛋，并且这个寻找宿主下蛋过程随机；

（2）在宿主鸟巢里，仅仅隐藏得最好的鸟蛋，能被孵化；

（3）可用鸟巢数量是确定的，宿主鸟有一定的概率会发现隐藏在自己鸟巢里的外来鸟蛋，这时宿主鸟会把这个外来鸟蛋丢弃或在其他的地方另行筑巢。也就是说，鸟窝有概率会被替换。

在满足上述假设后，布谷鸟算法流程如图 7-5 所示。

具体步骤为：

步骤1：设置算法参数。包括鸟巢个数 $nest$、步长 α、发现概率 P_a、迭代精度或者迭代次数 T_{max}，并且初始化种群，计算适应度，即相应的函数值，作为当前最优解；

步骤2：对每个鸟巢按照莱维飞行产生

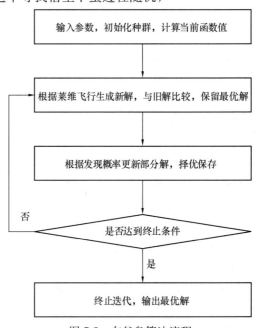

图 7-5　布谷鸟算法流程

新的解,见式(7-11)。若新解比当前最优解要好,则将新解更新为最优解;反之,保留现有的最优解:

$$X_i^{k+1} = X_i^k + \alpha \oplus L(\lambda) \tag{7-11}$$

式中 X_i^k 和 X_i^{k+1}——第 $i(i=1,2,\cdots,n)$ 个寄主鸟巢在第 k 代以及第 $k+1$ 代的旧解和新解;

$\oplus$——点对点乘法;

$L(\lambda)$——莱维飞行随机搜索路径。

莱维飞行的步长特点是随机的短距离步长为主要的行走方式,伴随着偶尔出现的长距离步长,莱维飞行的位置更新公式如下:

$$L(\lambda) \sim u = t^{-\lambda}, 1 < \lambda \leqslant 3 \tag{7-12}$$

式中 λ——幂次系数。

在布谷鸟算法里,$L(\lambda)$ 通过 Mantegna 法则进行更新,表达式为:

$$L(\lambda) \sim \frac{\varphi u}{|v|^{\frac{1}{\lambda}}} \tag{7-13}$$

式中参数 u、v 属于标准正态分布,λ 取值取 1.5。

φ 由式(7-14)计算得出:

$$\varphi = \left\{ \frac{\Gamma(1+\lambda)\sin(\pi\lambda/2)}{\Gamma\left[\left(\frac{1+\lambda}{2}\right)\lambda 2^{\frac{\lambda-1}{2}}\right]} \right\}^{\frac{1}{\lambda}} \tag{7-14}$$

式中 Γ——标准的 Gamma 函数,其概率分布的均值和方差都是没有限的。

在 Matlab 中用 Mantegna 方法模拟莱维飞行,可以得到莱维飞行示意图,如图 7-6 所示。从图中可以看出其以随机的短距离步长为主要的行走方式,伴随着偶尔出现的长距离步长的飞行特征。

步骤 3:对于每个鸟巢,任选其他两个不同的鸟巢,按照式(7-15)计算。同样,若

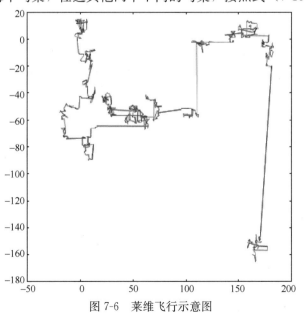

图 7-6 莱维飞行示意图

新解比当前最优解要好，则将新解更新为最优解。这一步骤即宿主鸟存在一定概率发现布谷鸟蛋的过程：

$$x_{g+1,i} = x_{g,i} + ru(x_{g,i} - x_{g,k}) \otimes h(P_a - ru) \tag{7-15}$$

式中　　ru——（0，1）上以均匀分布为规则随机产生的数；

　　　　$x_{g,i}$ 和 $x_{g,k}$——第 g 代的两个随机数；

　　　　h——heaviside 函数。

当发现概率 P_a 大于随机数然 ru 时，heaviside 函数取 1。即宿主鸟发现布谷鸟蛋，更新鸟窝的位置；反之，heaviside 函数取 0，即宿主鸟没有发现布谷鸟蛋，鸟窝位置不变。

步骤 4：记录当前的最优解，满足要求则停止迭代，输出最优解，否则返回步骤 2 继续迭代。

从布谷鸟算法的介绍中可以得出，布谷鸟算法具有算法参数少，易于应用，局部搜索能力强的特点，但由于步长 α 是一个定值，莱维飞行的长距离步长占比较小，容易陷入局部最优解，这成为算法的短板。

3. 模拟退火-自适应布谷鸟算法设计

由 7.2.2 节的介绍可以得出布谷鸟算法具有算法参数少、易于应用、局部搜索能力强的特点。但是，其存在搜索时更新的步长 α 是一个定值、容易陷入局部最优解的不足。针对这两个问题，对算法进行改进。

（1）改进算法步长

步长值设置的大，寻优路径的跳动大，对于全局的寻优有一定的好处，但是存在寻优精度不高的问题。当步长值设置的小时，寻优路径跳动小，就带来了精度足够但是寻优范围不够广的问题。因此，对固定的步长值进行改进，构造一个步长值先大后小的自适应步长，在算法执行的前期，通过跨度大的寻优路径扩大搜索范围，到算法执行后期，步长变小，在全局最优的范围内精细化求解。改进的步长更新公式为：

$$\alpha(t) = \alpha_{\max} \exp\left[\frac{t_{\mathrm{ap}}}{T_{\max}} \ln\left(\frac{\alpha_{\min}}{\alpha_{\max}}\right)\right] \tag{7-16}$$

式中　　$T_{\max}$——总的迭代次数；

　　　　t_{ap}——当前迭代次数。

从式（7-16）中可以看出，一旦开始迭代，步长就从开始时的较大值开始变小，在迭代的过程中，步长的衰减幅度减弱，到后期，逼近最小步长 $\lambda_{\min}$。根据反复试验，设置 $\lambda_{\min}=0.005$，$\alpha_{\min}=0.05$，$\alpha_{\max}=0.5$，此时算法的寻优结果最佳。

（2）增加退火操作

针对布谷鸟算法在寻优过程中可能陷入局部最优解的不足，通过引入模拟退火算法中退火阶段的操作，使布谷鸟算法在 Metropolis 准则应用下在更新鸟窝位置时存在接受较差的解的概率，增加全局寻优的概率。

4. 模拟退火-自适应布谷鸟算法流程

根据上述说明，模拟退火-自适应布谷鸟算法流程如图 7-7 所示，具体步骤如下：

步骤 1：设置算法参数。包括鸟巢个数 $nest$、发现概率 P_a、迭代精度或者迭代次数 $T_{\max}$、初始温度 T_0、退火系数 T_a、最低温度 $T_{\min}$、扰动次数 T_k 等相关参数，并初始化种群，计算相应的函数值，作为当前最优解；

步骤2：以改进后的步长更新方式更新鸟窝位置，计算更新后鸟窝的函数值，和上一代鸟窝的函数值相对比，保留当前最好鸟窝；

步骤3：将较差的一组鸟窝进行模拟退火操作，如果新解对应的函数值比现解更好，则更新当前最优解，否则依照概率 $\exp(f_0 - f_0'/F_i) > rand(0,1)$ 接受新解，并让当前温度在退火系数 T_a 下执行退火操作并更新出当前的最优解；

步骤4：对于每个鸟巢，任选其他两个不同的鸟巢，按照式（7-14）计算。当新解要比旧解好时，更新当前最优解；

步骤5：记录当前的最优解，若满足停止条件，输出最优解，若不满足，则返回步骤2继续寻优。

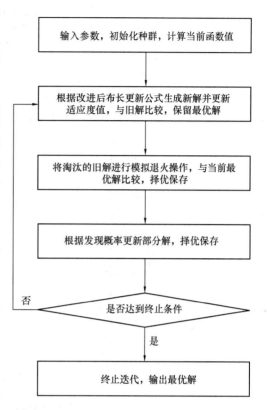

图 7-7 模拟退火-自适应布谷鸟算法流程

7.2.3 仿真实验

选取5个算法寻优性能测试常用的标准函数，对比布谷鸟算法、在寻优时常用的粒子群算法（Particle Swarm Optimization）以及改进后的模拟退火-布谷鸟算法（Simulated Annealing-Adaptive Cuckoo Search）的寻优性能，所选取的函数如下：

$$f_1(x) = \sum_{i=1}^{d} x_i^2 \tag{7-17}$$

$$f_2(x) = 0.5 + \frac{\sin^2\sqrt{x_1^2 + x_2^2} - 0.5}{[1 + 0.001(x_1^2 + x_2^2)]^2} \tag{7-18}$$

$$f_3(x) = \frac{\sin^2\sqrt{x_1^2 + x_2^2} - 0.5}{[1 + 0.001(x_1^2 + x_2^2)]^2} - 0.5 \tag{7-19}$$

$$f_4(x) = \frac{1}{4000}\sum_{i=0}^{n-1} x_i^2 - \sum_{i=0}^{n-1} \cos\left(\frac{x_i}{\sqrt{i+1}}\right) + 1 \tag{7-20}$$

$$f_5(x) = \sum_{i=1}^{9} (100(x_i^2 - x_{i+1})^2 + (x_i - 1)^2) \tag{7-21}$$

测试函数的属性见表 7-2。将 5 个算法的种群规模均设置为 30 个，最大迭代次数 200 次，粒子群算法的学习因子均取 2，对 5 个测试函数每个算法均运行 30 次，取平均结果，仿真结果如图 7-8～图 7-12 所示。

测试函数属性表   表 7-2

函数编号	搜索范围	理论最优值	目标精度
f_1	$(-100, 100)$	0	e^{-5}
f_2	$(-100, 100)$	0	e^{-5}
f_3	$(-100, 100)$	-1	e^{-5}
f_4	$(-600, 600)$	0	e^{-5}
f_5	$(-10, 10)$	0	e^{-5}

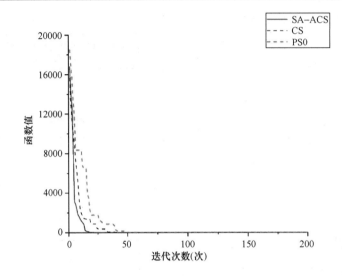

图 7-8　各算法对函数 $f_1(x)$ 迭代结果曲线图

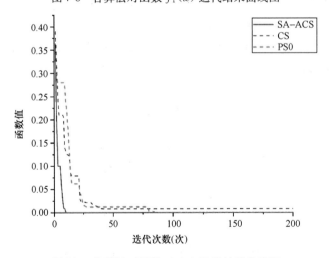

图 7-9　各算法对函数 $f_2(x)$ 迭代结果曲线图

在图 7-8～图 7-12 中，各算法以英文名称缩写形式表示。从图中可以看出，对于 5 个测试函数的测试结果，在寻优速度方面，模拟退火-自适应布谷鸟算法的迭代次数是最少的，寻优的速度要优于其他两个算法；在寻优精度方面，模拟退火-自适应布谷鸟算法算法均未陷入局部最优解，布谷鸟算法在 $f_2(x)$、$f_3(x)$ 中陷入了局部最优，粒子群算法在 $f_3(x)$ 中陷入了局部最优解。从仿真结果可以得出，采用改进的模拟退火-自适应布谷鸟算法对公交调度模型优化是可行的，并且算法的性能要优于常用的粒子群算法。

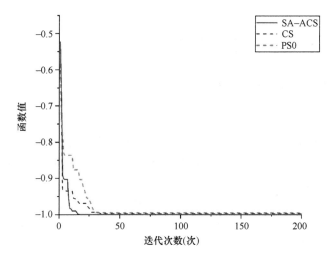

图 7-10　各算法对函数 $f_3(x)$ 迭代结果曲线图

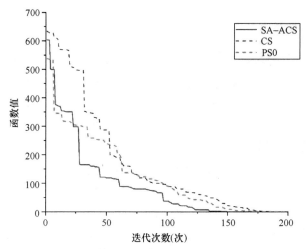

图 7-11　各算法对函数 $f_4(x)$ 迭代结果曲线图

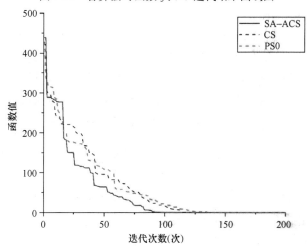

图 7-12　各算法对函数 $f_5(x)$ 迭代结果曲线图

7.3 区间车组合调度模型及算法

7.3.1 区间车组合调度模型构建

1. 基本假设

公交车行驶受到道路环境、站点乘客数量等因素影响，行驶速度、到站时间等具有不确定性，为减少条件制约，降低模型的复杂程度，本节针对车辆运行过程、乘客出行特征做出五点合理的假设：

（1）全程车和区间车采用相同车型运营，且在公交站点间运行速度相同。
（2）区间车运营路段内保持全程车、区间车两种调度模式交替发车。
（3）乘客均匀到达公交站点。
（4）客流量不因调度方式的变化而产生波动，开通区间车前后线路的总客流量不变，不考虑诱增客流。
（5）车内有座位的乘客不会产生拥挤成本。

2. 目标函数

公交调度计划的制定影响公交公司和乘客双方利益，前者主要选取企业运营成本，后者往往选择乘车时间成本，但乘客对乘车舒适度和安全性也有一定要求，因此本节增加考虑车内拥挤时间成本，将乘客乘车时间成本、拥挤成本和公交公司运营成本之和为区间车组合调度优化模型的优化目标，全程车与区间车之间发车间隔为约束条件。

（1）乘客时间成本

乘客出行成本包括乘车费用以及花费时间，前者稳定不变，后者是乘客在乘车出行过程中付出的时间转变的价值成本，与公交调度计划密切相关。乘车出行过程包括乘客从起讫点步行至公交站点，公交站点等待车辆、上车、乘车前往目的地站点、下车。乘客的步行时间与公交调度优化无明确关系，乘客的上、下车时间不随调度优化的变化而产生变化，因此乘客时间出行成本从候车和在车过程两方面考虑。

1) 乘客在车时间

公交在乘客的上车站点离开时间与下车站点到达时间之差为乘客在车时间，可进一步细分为乘客在上车站点与下车站点之间（不包含上下车站点）的公交站点停靠时间，以及各个站点间路段行驶的时间。前者可利用乘客在站点的上下车时间表示，计算站点上车人数与人均上车时间乘积以及下车人数与人均下车时间乘积，较大值为站点停靠时间，后者采用站点之间的运行时长表示。公交车在站点 i 的停靠时间用式（7-22）表示：

$$T_i = \max\left(\sum_{j=i+1}^{N} q_k^{(i,j)} t_s, \sum_{n=1}^{i-1} q_k^{(n,i)} t_x\right) \quad (7\text{-}22)$$

式中 $q_k^{(i,j)}$ ——第 k 辆公交车从站点 i 到达站点 j 的乘客数（人）；
t_s ——乘客平均上车时间（s）；
t_x ——乘客平均下车时间（s）。

站点 i 与站点 $i+1$ 之间的公交车运行时间用前者的离站时间与后者的到站时间之差表

示，则站点 i 上车乘客的在车时间用式（7-23）表示：

$$Z_i = \sum_{j=i+1}^{N} \left[q_k^{(i,j)} \left(\sum_{i}^{j-1} t_{i,i+1} + \sum_{i}^{j-1} T_{i+1} \right) \right] \tag{7-23}$$

式中　$t_{i,i+1}$——站点 i 与站点 $i+1$ 之间的公交车运行时间（h）。

全程车的乘客在车时间用式（7-24）表示：

$$P_1 = \sum_{i=1}^{N} \sum_{j=i+1}^{N} \left[q_k^{(i,j)} \left(\sum_{i}^{j-1} t_{i,i+1} + \sum_{i}^{j-1} T_{i+1} \right) \right] \tag{7-24}$$

区间车的乘客在车时间用式（7-25）表示：

$$P_2 = \sum_{i=\mu}^{\varphi} \sum_{j=i+1}^{\varphi} \left[q_k^{(i,j)} \left(\sum_{i}^{j-1} t_{i,i+1} + \sum_{i}^{j-1} T_{i+1} \right) \right] \tag{7-25}$$

式中　φ——区间车的终点站。

2）乘客候车时间

候车时间为乘客到达上车站点时间与乘坐的线路到达所在站点时间之差，在 $k-1$ 和 k 车之间到达 i 站的乘客数量用式（7-26）表示：

$$R_i = \sum_{j=i+1}^{N} h_{ki} R_{ij} \tag{7-26}$$

式中　R_{ij}——从站点 i 到站点 j 的乘客的到达率；

h_{ki}——第 k 辆公交车和第 $k-1$ 辆公交车到达站点 i 的时间间隔（min），为两辆公交车到达站点 i 的时间差，用式（7-27）表示：

$$\begin{aligned} h_{ki} = t_k + \sum_{n=1}^{i-1} & \left[\max\left(\sum_{j=i+1}^{N} q_k^{(i,j)} t_s, \sum_{n=1}^{i-1} q_k^{(n,i)} t_x \right) + \sum_{n=1}^{i-1} t_{i,i+1} \right] \\ & - \left\{ t_{k-1} + \sum_{n=1}^{i-1} \left[\max\left(\sum_{j=i+1}^{N} q_{k-1}^{(i,j)} t_s, \sum_{n=1}^{i-1} q_{k-1}^{(n,i)} t_x \right) + \sum_{n=1}^{i-1} t_{i,i+1} \right] \right\} \end{aligned} \tag{7-27}$$

根据均匀分布规律，乘客在上车站点的平均等车时间是 $h_{ki}/2$。组合调度时，根据发车形式以及乘客的上、下车站点与区间车起终点的关系，分三类情况讨论乘客的候车时间。

① 第 k 辆公交车是全程车，且第 $k-1$ 辆公交车为区间车

当上下车站点都处于区间车运营范围内，则乘坐这班全程车的乘客平均候车时间为 $h_2/2$，则站点 i 的乘客候车时间用式（7-28）表示：

$$H_1 = \frac{1}{2} \sum_{j=i+1}^{\varphi} h_2^2 R_{ij} \tag{7-28}$$

式中　h_2——第 $k-1$ 辆区间车与第 k 辆全程车之间的发车间隔（min）；

j——乘客下车站点。

当上下车站点没有都处于区间车运营范围内，区间车到达时未能上车，需要额外等待可以乘坐的全程车，乘坐这班全程车的乘客平均候车时间为 $(h_1+h_2)/2$，此时站点 i 的乘客候车时间用式（7-29）表示：

$$H_2 = \frac{1}{2} \sum_{j=i+1}^{N} (h_1 + h_2)^2 R_{ij} \tag{7-29}$$

式中　h_1——第 $k-1$ 辆全程车与第 k 辆区间车之间的发车间隔（min）。

则乘坐第 k 辆全程车的乘客平均候车时间用式（7-30）表示：

$$P_3 = \frac{1}{2}\sum_{i=\mu}^{\varphi-1}\sum_{j=i+1}^{\varphi} h_2^2 R_{ij} + \frac{1}{2}\sum_{i=1}^{\mu-1}\sum_{j=i+1}^{N}(h_1+h_2)^2 R_{ij}$$
$$+ \frac{1}{2}\sum_{i=\mu}^{\varphi}\sum_{j=\varphi+1}^{N}(h_1+h_2)^2 R_{ij} + \frac{1}{2}\sum_{i=\varphi}^{N-1}\sum_{j=i+1}^{N}(h_1+h_2)^2 R_{ij} \tag{7-30}$$

式中　μ——区间车的起始站点。

② 第 k 辆公交车是区间车，且第 $k-1$ 辆公交车为全程车

乘坐这班全程车的乘客平均候车时间为 $h_1/2$，此时乘坐这班车的乘客候车时间用式 (7-31) 表示：

$$P_4 = \frac{1}{2}\sum_{i=\mu}^{\varphi-1}\sum_{j=i+1}^{\varphi} h_1^2 R_{ij} \tag{7-31}$$

③ 第 k 辆公交车是全程车，且第 $k-1$ 辆公交车为全程车

乘坐这班全程车的乘客平均候车时间为 $h_0/2$，此时乘坐这班车的乘客候车时间用式 (7-32) 表示：

$$P_5 = \frac{1}{2}\sum_{i=1}^{N}\sum_{j=i+1}^{N} h_0^2 R_{ij} \tag{7-32}$$

式中　h_0——第 $k-1$ 辆全程车与第 k 辆全程车之间的发车间隔 (min)。

乘客感知等待与实际等待的时间存在一定差异，前者可达到后者的 1.5 倍，乘客高峰小时在车时间成本可用城市平均每人的单位时间工资计算：

$$\omega = \frac{U}{D \times H \times 3600} \tag{7-33}$$

式中　U——城市平均工资（元）；

　　　D——每个月工作天数（天）；

　　　H——每天工作时长（h）。

综上所述，全程车运营过程中的乘客时间成本表示见式 (7-34)：

$$P^0 = 1.5\omega k \left(\frac{1}{2}\sum_{i=1}^{N}\sum_{j=i+1}^{N} h_0^2 R_{ij}\right) + \omega k \sum_{i=1}^{N}\sum_{j=i+1}^{N}\left[q_k^{(i,j)}\left(\sum_{i}^{j-1} t_{i,i+1} + \sum_{i}^{j-1} T_{i+1}\right)\right] \tag{7-34}$$

式中　k——传统全程车调度时，公交车的发车次数（次）。

全程车组合调度运营过程中的乘客时间成本见式 (7-35)：

$$P^1 = 1.5\omega \left[k_1 \left\{ \begin{array}{l} \frac{1}{2}\sum_{i=\mu}^{\varphi-1}\sum_{j=i+1}^{\varphi} h_2^2 R_{ij} + \frac{1}{2}\sum_{i=1}^{\mu}\sum_{j=i+1}^{N}(h_1+h_2)^2 R_{ij} \\ + \frac{1}{2}\sum_{i=\mu}^{\varphi}\sum_{j=\varphi+1}^{N}(h_1+h_2)^2 R_{ij} + \frac{1}{2}\sum_{i=\varphi}^{N-1}\sum_{j=i+1}^{N}(h_1+h_2)^2 R_{ij} \end{array} \right\} \\ + \frac{1}{2}k_2 \sum_{i=\mu}^{\varphi-1}\sum_{j=i+1}^{\varphi} h_1^2 R_{ij} \right]$$
$$+ \omega k_1 \sum_{i=1}^{N}\sum_{j=i+1}^{N}\left[q_k^{(i,j)}\left(\sum_{i}^{j-1} t_{i,i+1} + \sum_{i}^{j-1} T_{i+1}\right)\right]$$
$$+ \omega k_2 \sum_{i=\mu}^{\varphi}\sum_{j=i+1}^{\varphi}\left[q_k^{(i,j)}\left(\sum_{i}^{j-1} t_{i,i+1} + \sum_{i}^{j-1} T_{i+1}\right)\right] \tag{7-35}$$

式中 k_1——全程车的发车次数;

k_2——区间车的发车次数;

k_1+k_2——组合调度时的发车次数。

(2) 公交车内拥挤成本

乘客的个人活动最小空间为 0.93m²,公交车上站立乘客的活动空间小于此值,会产生拥挤成本。选取 0.93m² 作为公交车内拥挤成本的阈值,建立拥挤成本模型:

$$f = \begin{cases} 0, 0 \leqslant \rho_{ij} \leqslant 0.93 \\ 1.483\rho_{ij} - 0.157x\rho_{ij}^2 + 0.024\rho_{ij}^3 + 10.130, \rho_{ij} > 0.93 \end{cases} \quad (7-36)$$

$$\rho_{ij} = \frac{q-s}{z} \quad (7-37)$$

式中 f——拥挤成本价值(元/h);

ρ_{ij}——公交车内立席密度(人/m²);

q——公交车站点 i 到站点 j 路段上的乘客数(人);

s——公交车内固定座位数(个);

z——公交车内乘客可站立的面积(m²)。

全程车中乘客在车内的拥挤成本用式(7-38)表示:

$$F^0 = k \sum_{i=1}^{N-1} q_k^{(i,i+1)} x_{ij}^w t_{i,i+1} f \quad (7-38)$$

式中 x_{ij}^w——站点 i 至站点 j 的路段站立乘客的活动空间,大于 0.93m² 时取值为 1,反之为 0;

$q_k^{(i,i+1)}$——第 k 辆车站点 i 至 $i+1$ 路段上的乘客数(人),见式(7-39):

$$q_k^{(i,i+1)} = \sum_{n=1}^{i} \sum_{j=i+1}^{N} q_k^{(n,j)} \quad (7-39)$$

区间车中乘客在车内的拥挤成本用式(7-40)表示:

$$F^1 = k_1 \sum_{i=1}^{N-1} q_k^{(i,i+1)} x_{ij}^w t_{i,i+1} f + k_2 \sum_{i=\mu}^{\varphi-1} q_k^{(i,i+1)} x_{ij}^w t_{i,i+1} f \quad (7-40)$$

(3) 公交公司运营成本

公交公司运营成本主要考虑公交线路运营配套设施及设备等固定成本和公交运营所需资源消耗费用、人工费用等可变成本,前者与最小配车数相关,后者可以细分为驾驶员工资、车辆折旧费、公交车燃料费用等。

1) 固定成本

公交线路运营的固定成本包括车辆购置费用、公交配备司乘人员工资等,两项支出均与运营线路的配车数相关。公交线路的最小配车数用式(7-41)表示:

$$W = \left(\frac{2L}{v} + t\right)n \quad (7-41)$$

式中 L——公交线路的运营长度(km);

v——公交车从首站至末站的平均运营速度(km/h);

t——公交车在首末站的休息时间(h);

n——发车频率(班次/h)。

司乘人员按照每月工作22天计算工资成本，用式（7-42）表示：

$$u_1 = cW\frac{S}{22} \tag{7-42}$$

式中　c——每辆公交车配备驾驶员数（人）；

　　　S——公交公司司乘人员的平均收入（元/人）。

公交客运汽车最大的使用年限为13年，假定公交车价值随着使用年限均匀减少，强制报废后的公交车价值为0，则采用平均年限法计算公交车折旧费用，每天公交车的折旧费用成本可以用式（7-43）表示：

$$u_2 = \frac{QW}{13 \times 365} \tag{7-43}$$

式中　Q——公交车的购入价格（元/辆）。

全程车调度一天固定成本用式（7-44）表示：

$$U^0 = k\left(\frac{2l_1}{v_y} + t\right)\left(\frac{cS}{22} + \frac{Q}{4745}\right) \tag{7-44}$$

区间车组合调度一天固定成本用式（7-45）表示：

$$U^1 = k_1\left(\frac{2l_1}{v_y} + t\right)\left(\frac{cS}{22} + \frac{Q}{4745}\right) + k_2\left(\frac{2l_2}{v_y} + t\right)\left(\frac{cS}{22} + \frac{Q}{4745}\right) \tag{7-45}$$

2）公交运营可变成本

设新能源公交车辆行驶100km需要消耗h度电，企业的用电价格为a（元/度），一天内车辆能耗费用式（7-46）表示：

$$A = \frac{k_1 lha}{50} \tag{7-46}$$

式中　l——公交车线路运营里程（km）。

实施全程车运营一天情况下，公交企业的运营成本用式（7-47）表示：

$$A^0 = \frac{kl_1 ha}{50} \tag{7-47}$$

实施区间车组合调度一天情况下，公交企业的运营成本用式（7-48）表示：

$$A^1 = \frac{ha}{50}(k_1 l_1 + k_2 l_2) \tag{7-48}$$

综上所述，线路采用单一调度形式运营时，模型的目标函数用式（7-49）表示：

$$\min Z^{(0)} = \alpha\left\{\begin{array}{l} 1.5\omega k\left(\frac{1}{2}\sum_{i=1}^{N}\sum_{j=i+1}^{N}h_0^2 R_{ij}\right) + \\ \omega k \sum_{i=1}^{N}\sum_{j=i+1}^{N}\left[q_k^{(i,j)}\left(\sum_{i}^{j-1}t_{i,i+1} + \sum_{i}^{j-1}T_{i+1}\right)\right] \end{array}\right\} \\ + \beta k \sum_{i=1}^{N-1}q_k^{(i,i+1)}x_{ij}^w t_{i,i+1}f + \gamma\left\{\frac{t}{T}\left[k\left(\frac{2l_1}{v_y} + t\right)\left(\frac{cS}{22} + \frac{Q}{4745}\right) + \frac{kl_1 ha}{50}\right]\right\} \tag{7-49}$$

式中　t——研究时段时长（h）；

　　　T——线路每日运营时长（h）；

线路采用区间车和全程车组合调度时，模型的目标函数用式（7-50）表示：

$$\min Z^{(1)} = \alpha \left\{ \begin{array}{l} 1.5\omega \left[k_1 \left[\begin{array}{l} \frac{1}{2}\sum_{i=\mu}^{\varphi-1}\sum_{j=i+1}^{\varphi} h_2^2 R_{ij} + \frac{1}{2}\sum_{i=1}^{\mu}\sum_{j=i+1}^{N}(h_1+h_2)^2 R_{ij} \\ +\frac{1}{2}\sum_{i=\mu}^{\varphi}\sum_{j=\varphi+1}^{N}(h_1+h_2)^2 R_{ij} + \frac{1}{2}\sum_{i=\varphi}^{N-1}\sum_{j=i+1}^{N}(h_1+h_2)^2 R_{ij} \\ +\frac{1}{2}k_2 \sum_{i=\mu}^{\varphi-1}\sum_{j=i+1}^{\varphi} h_1^2 R_{ij} \end{array} \right] \right] \\ +\omega \left[\begin{array}{l} k_1 \sum_{i=1}^{N}\sum_{j=i+1}^{N}(q_k^{(i,j)}(\sum_i^{j-1} t_{i,i+1}+\sum_i^{j-1} T_{i+1})) \\ +k_2 \sum_{i=\mu}^{\varphi}\sum_{j=i+1}^{\varphi}(q_k^{(i,j)}(\sum_i^{j-1} t_{i,i+1}+\sum_i^{j-1} T_{i+1})) \end{array} \right] \\ +\beta(k_1 \sum_{i=1}^{N-1} q_k^{(i,i+1)} x_{ij}^w t_{i,i+1} f + k_2 \sum_{i=\mu}^{\varphi-1} q_k^{(i,i+1)} x_{ij}^w t_{i,i+1} f) \\ +\gamma \left\{ \frac{t}{T} \left[\begin{array}{l} k_1 \left(\frac{2l_1}{v_y}+t\right)\left(\frac{cS}{22}+\frac{Q}{4745}\right) + k_2 \left(\frac{2l_2}{v_y}+t\right)\left(\frac{cS}{22}+\frac{Q}{4745}\right) \\ +\frac{ha}{50}(k_1 l_1 + k_2 l_2) \end{array} \right] \right\} \end{array} \right\}$$

(7-50)

3. 约束条件

发车间隔是合理调度计划制定的基础，且与系统总成本息息相关。发车间隔较大时能减少公交发车频率，降低公交公司运营成本，但一定程度上会因乘客候车时间过长而影响公交的服务水平；发车间隔较小能较大程度上满足乘客的出行需求，提高公交服务质量，但会增加公交公司运营成本。制定合理的发车间隔是平衡乘客出行需求和公交公司的成本的关键，发车间隔需要处在合适阈值内，见式（7-51）：

$$X_{\min} \leqslant h \leqslant X_{\max} \tag{7-51}$$

式中　$X_{\min}$——最小发车间隔（min）；

　　　$X_{\max}$——最大发车间隔，高峰时间发车间隔范围一般取 1~8min。

同时研究时段内全部公交车发车间隔之和不能大于研究时长，见式（7-52）：

$$\sum_{k=1}^{j} h \leqslant T \tag{7-52}$$

7.3.2　改进的萤火虫算法

1. 基础萤火虫算法介绍

参考本书 5.4.1 节。

2. 改进的萤火虫算法参数选取研究

合理的算法参数是提升算法性能的重要路径，决定算法的优劣性，决定算法是否能准确快速找到最优解。为提高算法性能，采用经典的测试函数对萤火虫算法中可调节参数进行数值实验，分别是光吸收系数 γ、最大吸引力 β_0 和步长因子 α 这三个参数，实验确定参数的合理选取方法。本节选择单模态测试函数 Sphere 以及多模态测试函数 Ackely 对各参数的影响程度进行分析。测试函数属性见表 7-3，测试函数三维图像如图 7-13 所示。

测试函数属性表 表7-3

函数名称	测试函数	定义域	精度
Sphere	$f_{1(x)} = \sum_{i=1}^{n} x_i^2$	$[-100, 100]$	e^{-5}
Ackely	$f_{2(x)} = -20\exp\left(-0.2\sqrt{\frac{1}{n}\sum_{i=1}^{n}x_i^2}\right) - \exp\left(\frac{1}{n}\sum_{i=1}^{n}\cos(2\pi x_i)\right) + 20 + e$	$[-32, 32]$	e^{-5}

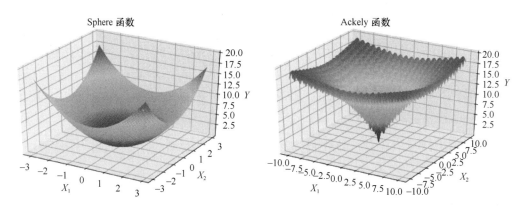

图7-13 测试函数三维图像

(1) 光吸收系数 γ

为保障参数分析的有效性，对未验证参数采用相同初值。萤火虫个体的数目取50，问题维数为2，算法最大迭代次数为100，最大吸引力 β_0 为1，步长 α 取0.97，当光吸收系数 γ 取不同数值时两个测试函数仿真情况统计结果见表7-4。

从最优值分析，Sphere函数最优值出现在 γ 取0.001时，Ackely函数最优值出现在 γ 取0.1时。由此结果可知，萤火虫算法中的光吸收系数 γ 的取值对于算法的性能有较大的影响，同时光吸收系数 γ 的取值不是固定值，可能取决于函数的类型，需要针对待求解问题进行设置。

不同光吸收系数下两个测试函数仿真情况统计结果 表7-4

测试函数	统计方法	0.001	0.01	0.1	1
Sphere	平均值	1.63×10^{-6}	6.04×10^{-6}	117.12	451.49437
	最小值	2.06×10^{-8}	6.12×10^{-7}	6.69×10^{-5}	19.71446
	最大值	8.94×10^{-6}	1.50×10^{-5}	360.71	1911.70463
Ackely	平均值	0.00064	0.00058	0.00055	0.00190
	最小值	2.71×10^{-5}	2.86×10^{-5}	7.45×10^{-6}	0.00014
	最大值	0.00180	0.00195	0.00106	0.00508

由萤火虫算法的数学描述可知，萤火虫之间的吸引力不仅与自身适应度相关，也取决于光吸收系数和距离，相对于距离较远的萤火虫，距离较近的萤火虫会有更大的吸引力，求解过程中容易出现多处局部最优，导致整个种群自动细分为子群体，每个子群体中的萤

火虫会围绕内部的最优值进行移动。当子群体的数量远小于种群中粒子个数时，萤火虫算法中的上述机制，在一定程度上能增加算法寻优性能。

对实验过程中种群粒子分布情况分析，当光吸收系数 γ 取不同数值时，Ackely 函数仿真实验迭代次数为 50 时，种群分布情况如图 7-14 所示，空心点为种群粒子，实心点为局部最优值的粒子。光吸收系数 γ 取值为 1 时，子种群的数量与种群中粒子个数相差不大，最优值容易出现震荡现象；γ 取值为 0.01 时容易陷入局部最优，最优的光吸收系数取值应为 0.1，光吸收系数 γ 取值可采用以下函数进行取值：

$$\gamma = \frac{1}{\sqrt{s}} \tag{7-53}$$

式中　　s——函数的定义域。

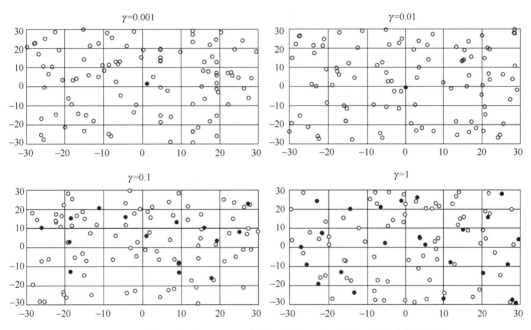

图 7-14　迭代 50 次时 Ackely 函数在不同光吸收系数下的种群分布情况

(2) 最大吸引力 β_0

当最大吸引力 β_0 同值时萤火虫算法优化情况统计结果如表 7-5 所示，两类函数的最优值均出现在最大吸引力 β_0 取值为 1 时，说明此参数具有较大的鲁棒性，对萤火虫算法性能影响不大。

最大吸引力 β_0 同值时萤火虫算法优化情况统计结果　　　　表 7-5

测试函数	统计方法	−100	10	1	10	100
Sphere	平均值	158.83817	207.39710	146.12310	28.16329	85.48943
	最小值	0.00033	0.57992	$4.79×10^{-6}$	$1.08×10^{-5}$	$4.34×10^{-5}$
	最大值	696.45573	811.39293	1109.80017	301.43223	404.93733
Ackely	平均值	3.64798	3.09613	0.66807	0.06288	2.12488
	最小值	0.00574	0.01652	$1.32×10^{-7}$	0.00095	0.00017
	最大值	12.94249	9.97603	2.01330	1.00042	8.04247

（3）步长因子 α

步长因子 α 决定迭代过程中粒子的游走长度，标准萤火虫算法步长因子是固定值，当步长因子取较大的值时，前期算法全局搜索能力增强，后期容易出现最优值震荡现象；步长因子取较小的值时，算法无法在全局进行最优值探索，容易陷入局部最优现象。良好性能的算法应在前期保持较大的探索性，后期收敛的时候稳定，步长因子的取值应该与迭代次数成反比，使得刚开始萤火虫更注重全局探索，而后则注重局部探索。

采用随着迭代次数变化的步长因子，降低算法陷入局部最优的概率，改进后算法的性能会优于原算法。采用式（7-54）对步长因子定义：

$$\alpha_{t+1} = \alpha_t \mathrm{e}^{-\frac{t}{T}} \tag{7-54}$$

式中　T——最大迭代次数；
　　　t——当前迭代次数。

对测试函数在自适应步长和固定步长下进行仿真实验，算法性能如表 7-6 所示，结果表明两类步长均能使测试函数达到精度。

不同步长下算法性能情况　　　　表 7-6

测试函数	统计方法	固定步长	自适应步长
Sphere	平均值	5.09×10^{-6}	1.66×10^{-7}
	最小值	2.78×10^{-6}	8.50×10^{-8}
	最大值	1.38×10^{-4}	4.45×10^{-4}
Ackely	平均值	8.91×10^{-5}	5.17×10^{-5}
	最小值	3.44×10^{-5}	5.78×10^{-6}
	最大值	1.28×10^{-4}	1.97×10^{-4}

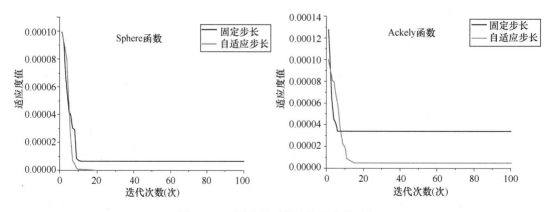

图 7-15　不同步长下算法收敛曲线对比

由图 7-15 所示，算法收敛曲线可以看出，两类函数都表现出较好的收敛性。对于单模态函数，固定步长下的算法收敛速度较快，但自适应步长下算法精度较高；对于多模态函数，固定步长较早收敛，算法容易"早熟"，陷入局部最优，自适应步长下后期搜索空间变小，容易跳出局部最优，显示更好性能。对于复杂函数，利用前期全局搜索，后期局部搜索的机制，即保证其跳出局部最优的概率增大，增加算法性能。所以，采用自适应步长，能改善标准萤火虫算法收敛早熟、易陷入局部极值的缺陷。

3. 改进的萤火虫算法

（1）混沌映射

标准萤火虫算法在求解空间内随机寻找萤火虫作为初始解，这一过程的随机性容易导致迭代初期的萤火虫位置分布不均匀，无法形成覆盖全局的种群，容易陷入局部最优。

混沌映射（chaotic maps）是规律生成变量的行为，在定义域内按照某种规律生成分布均匀的随机变量。使用混沌映射生成算法初始解，一定程度上可以增强初始种群的多样性，降低算法陷入局部极值点的概率。基于此，考虑将混沌映射行为加入算法的种群初始化过程中。

混沌映射中的 logistics 映射生成的随机变量在定义域内分布更加均匀，因此将 logistics 映射引入标准萤火虫算法的种群初始化阶段。一维 logistics 映射的定义见式（7-55）：

$$x_{n+1} = \mu x_n (1-x_n), \mu \in [0,4] \tag{7-55}$$

式中　μ——控制参数；

　　　x_n——种群的位置。

对不同初始值进行迭代，输出的 logistics 映射分岔图如图 7-16 所示，初始值为 0.2、0.4、0.6、0.8 时，x 随着不同控制参数迭代后具有相同的特征，初始值对其结果没有影响。同时当控制参数小于 3 时，x 迭代后的取值仅一个；当控制参数大于 3，x 的可能取值变为两个数；不断增大控制参数，x 的可能取值平均分布在 0～1 区域。

当初始值取 0.2，控制参数取值大于 3.5 时，logistics 映射对应混沌图如图 7-17 所示。迭代后变量的可能取值分布在 0～1 之间，一定程度上可以丰富算法种群的多样性，

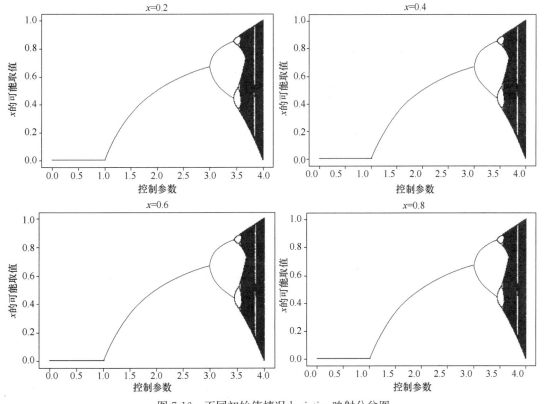

图 7-16　不同初始值情况 logistics 映射分岔图

避免陷入局部最优的同时，提升算法效率。

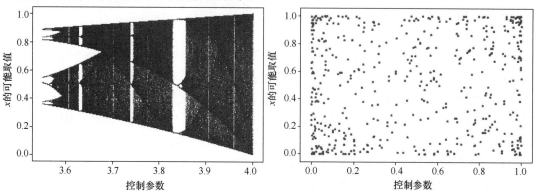

图 7-17 logistics 映射对应混沌图

考虑萤火虫算法往往用于求解多维空间内的问题，在一维 logistics 映射函数基础上，设计出多维的初始化萤火虫种群的 logistics 映射函数，见式（7-56）：

$$x_{n+1,d} = 4x_{n,d}(1-x_{n,d}) \tag{7-56}$$

logistics 映射函数搜索出的混沌变量的定义域在 0~1 之间，进一步确定萤火虫的初始位置，需要将变量映射到待求解问题的范围，见式（7-57）：

$$x_{i,d} = (U-L) \times x_{n+1,d} + L \tag{7-57}$$

式中　L 和 U——第 d 维定义域的下限和上限；

　　　$x_{n+1,d}$——第 d 维混沌变量，在（0，1）之间随机取值；

　　　$x_{i,d}$——第 d 维由混沌变量映射的定义域内坐标。

多维 logistics 映射函数的初始化萤火虫种群流程如图 7-18 所示。

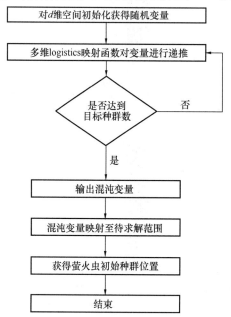

图 7-18 多维 logistics 映射函数的初始化萤火虫种群流程

（2）随机游走

萤火虫在每轮迭代后会在步长范围内寻找对其吸引力最大的个体，并向其移动，范围内的绝对亮度最大的萤火虫则保持位置不变，直到在步长范围内出现亮度更大的萤火虫个体。

随机游走（Random Walk，缩写为RW），是用来表示不规则的变动形式的数学统计模型，反映一系列在空间中随机发散的过程。

在一维空间中的随机游走的过程如图7-19所示，假设最大游走步长为1，出发点位置为0，游走后的黑色圆点位置处在范围（−1，1）之间。

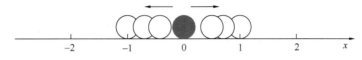

图7-19 一维空间随机游走示意图

在二维空间中的随机游走的过程如图7-20所示，假设最大游走步长为1，出发点位置为（1，1），游走后的黑色圆点位置处在网格范围内。

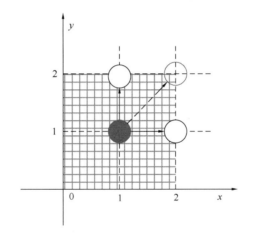

图7-20 二维空间随机游走示意图

对随机游走过程从数学角度进行描述，$f(x)$是n元函数，$X_0=(x_1,x_2,\cdots,x_n)$为n维向量，最大游走步长λ，最大游走次数N。

X_0在空间内游走方向及步长确定方式为随机生成一个（−1，1）之间的n维向量$U=(u_1,u_2,\cdots,u_n)$，$-1<u_i<1,i=1,2,\cdots,n$，采用式（7-58）将其标准化：

$$u'_i = \frac{u_i}{\sqrt{\sum_{i=1}^{n}u_i^2}} \tag{7-58}$$

得到$U'=(u'_1,u'_2,\cdots,u'_n)$，$-1<u'_i<1,i=1,2,\cdots,n$，令$X_1=X_0+\lambda U'$，完成游走过程。

将随机游走算法引入萤火虫算法中，为最亮个体引入随机游走的行为，最优个体向周围试探飞行，如果适应度改善，则飞到新的位置，否则保持在原来的位置，提高算法精度。随机游走流程如图7-21所示。

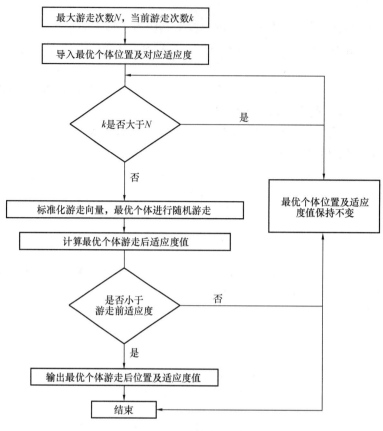

图 7-21 随机游走流程

7.3.3 仿真实验

采用两个经典基准函数验证基改进萤火虫算法的优化性能,仿真实验中,算法的相关参数设置如下:萤火虫数目取 50,问题维数取 2,最大迭代次数为 100 次,最大吸引力 β_0 为 1,步长 α 取值 0.97,测试函数属性如表 7-7 所示,测试函数三维图像如图 7-22 所示。

测试函数属性 表 7-7

函数名称	测试函数	定义域	精度
Schwefel 2.22	$f_3(x)=\sum_{i=1}^{n}\lvert x_i \rvert+\prod_{i=1}^{n}\lvert x_i \rvert$	$[-10,10]$	e^{-5}
Rastrigin	$f_4(x)=\sum_{i=1}^{n}[x_i^2-10\cos(2\pi x_i)+10]$	$[-5.12,5.12]$	e^{-5}

为了验证算法的有效性,比较标准萤火虫算法与改进后萤火虫算法在相同条件下针对不同问题寻找的适应度的平均值、最优值与平均运行时间,见表 7-8。单模态函数和双模态函数的寻优过程中,改进后萤火虫算法的均值和最优值的结果均优于标准萤火虫算法,可以看出改进后萤火虫算法的稳定性比标准萤火虫算法表现更好,改进后萤火虫算法程序运行时长相比标准萤火虫算法更短,改进后的算法具有更好的性能,如图 7-23 所示。

第 7 章　公交组合调度优化

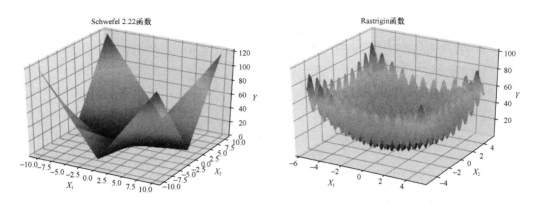

图 7-22　测试函数三维图像

改进前后算法性能情况　　　　　　　　　　　　　表 7-8

函数名	算法	平均值	最优值	平均运行时间（s）
Schwefel 2.22	FA	2.60×10^{-5}	1.54×10^{-5}	2.186734557
	LFA	1.08×10^{-6}	2.17×10^{-7}	2.069883261
	RWLFA	9.57×10^{-7}	7.52×10^{-8}	2.070521255
Rastrigin	FA	1.59×10^{-5}	1.10×10^{-5}	2.455612578
	LFA	2.39×10^{-5}	1.23×10^{-6}	2.391459208
	RWLFA	9.35×10^{-6}	2.89×10^{-7}	2.319945526

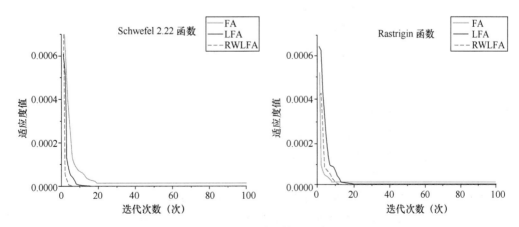

图 7-23　改进前后算法迭代图

改进后的萤火虫算法具有较优性能，一是采用混沌映射初始化种群，构造出多样化、覆盖全面的群体，搜索范围全面覆盖，通过生成各个位置的萤火虫，增加解的多样性来提高种群多样性；二是在算法迭代过程中赋予最亮的萤火虫个体随机游走策略，使其跳出局部最优的概率增大。

7.4 大站车组合调度模型及算法

7.4.1 大站车组合调度模型构建

1. 基本假设

常规公交在实际运营作业中，可能会被各种突发情况所影响，而这些情况会对企业提供的公交服务产生较多影响。因此，需要对现实情况进行一些合理的假设，以便于模型的构建与计算。在贴合实际运营作业的情况下，本节给出以下三点基本假设：

（1）研究时段内大站车与全程车在站点间运行速度相同；
（2）乘客在乘车期间不会在两种公交之间换乘；
（3）客流量不因调度形式的变化而产生变动，开通前后客流总量相同。

2. 目标函数

实施大站车组合调度策略后产生的社会效益与运营收益是影响调度策略能否实施的重要因素。其中社会效益最直接的受益对象是公交乘客，可用出行成本进行量化。运营收益最直接的作用对象是企业，可用运营成本进行量化。将两类成本合称为公交系统总成本，则全程车调度与大站车组合调度的总成本可用式（7-59）、式（7-60）来表达：

全程车调度总成本：

$$F_{z0} = \gamma_1 \times F_{c0} + \gamma_2 \times F_{g0} \tag{7-59}$$

式中 F_{z0} ——全程车调度下系统综合成本；
F_{c0} ——全程车调度下的乘客方成本；
F_{g0} ——全程车调度下的企业方成本；
γ_1 ——乘客方对应的成本权重；
γ_2 ——企业方对应的成本权重，并且 $\gamma_1 + \gamma_2 = 1$。

大站车组合调度总成本：

$$F_{z1} = \gamma_1 \times F_{c1} + \gamma_2 \times F_{g1} \tag{7-60}$$

式中 F_{z1} ——大站车组合调度下公交系统综合成本；
F_{c1} ——大站车组合调度下的乘客方成本；
F_{g1} ——大站车组合调度下的企业方成本。

（1）乘客出行成本分析

该类成本包含有车费支出与时间成本两类，但由于公交票价稳定且为不变量，所以可忽略车费支出。时间成本是乘客在乘坐公交出行的过程中，由所耗费的时间折合而成的金钱成本。为深入分析其组成，需要对乘客乘坐公交出行的过程进行详细研究，如图 7-24 所示。

由图 7-24 所示，耗费的时间可以分为以下三类：①从起始点到乘车点之间的移动时间；②乘车点处等待车辆来临的候车时间；③乘客从上车到下车之间所耗费的车内运行时间。由于①部分所耗费的时间主要是与站点位置有关，与模型中决策变量的变化无关，所以在出行成本分析中暂不考虑该部分时间，仅考虑②、③两部分的时间成本。根据前文研究，处于不同候车时间等级的乘客，其心理特征会呈现出极大的不同性。随着候车时间的

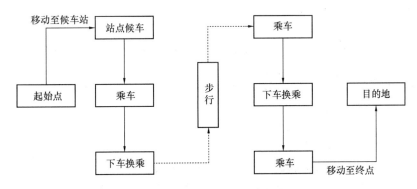

图 7-24　乘客乘坐公交出行的过程

增加，情绪将会变得愈发狂躁。但在乘客上车后，其狂躁感会得到很大的舒缓，对行车时间也会表现出较大的包容性。

综上所述，本节在乘客出行成本的构建中考虑到乘客随着候车时间对心理变化的影响因素，并将其量化成不同的单位时间价值。将单位候车时间的时间价值设置为 1.5 倍的居民平均收入，将单位乘车时间价值设置为 0.5 倍的居民平均收入。因此乘客出行成本可表示为：

全程车调度下的乘客出行成本：

$$F_{c0} = \alpha_1 T_{h0} + \alpha_2 T_{in0} \tag{7-61}$$

大站车组合调度下的乘客出行成本：

$$F_{c1} = \alpha_1 T_{h1} + \alpha_2 T_{in1} \tag{7-62}$$

式中　α_1——单位候车时间成本（元）；
　　　α_2——单位乘车时间成本（元）；
T_{h1}、T_{h0}——对应调度形式下的乘客候车时间（s）；
T_{in1}、T_{in0}——对应调度形式下的车内运行时间（s）。

1）候车时间

该部分时间与站点客流量大小及发车间隔有关，当站点处到达客流量较小时，客流到达规律服从泊松分布。但当客流量较大时，可认为乘客的到达规律呈现出均匀分布的特征，则 1/2 的发车间隔就是乘客平均候车时长。

全程车调度下的总候车时间：

$$T_{h0} = \sum_{x=1}^{N-1} \sum_{y=x+1}^{N} \frac{q^{(x,y)}}{2 f_Q^0} \tag{7-63}$$

式中　f_Q^0——全程车调度时的发车频率（辆/h）。

由于开通大站车组合调度后，站点会分成大站停靠点与普通站点两类，所以需要对乘客所处站点位置分情况进行考虑。根据假设（2）（见前页），乘客只选择单一类型车辆进行出行，所以乘客会根据所处站点性质选择乘坐的车辆类型。

可将乘客出行细分为以下情况：一是处于大站停靠站乘客，该处乘客可选择大站车或全程车出行，所以该处各类型车辆的客流比例取决于各自车辆的发车间隔；二是处于普通站点乘客，该处乘客只能选择全程车出行，其候车时间取决于全程车的发车间隔。上述的假设与分析能对乘客出行选择进行一定程度上的简化，且该简化方式也较为贴合实际。

大站车组合调度总候车时间：

$$T_{h1} = \left[\sum_{x=1}^{N-1}\sum_{y=x+1}^{N}\frac{\theta_x\theta_y q^{(x,y)}}{2(f_D+f_Q)} + (Q - \sum_{x=1}^{N-1}\sum_{y=x+1}^{N}\theta_x\theta_y q^{(x,y)})\times\frac{1}{2f_Q}\right] \tag{7-64}$$

为简化后续公式，令 $H = \sum_{x=1}^{N-1}\sum_{y=x+1}^{N}\theta_x\theta_y q^{(x,y)}$，则可简化为式（7-65）：

$$T_{h1} = \left[\frac{H}{2(f_D+f_Q)} + (Q-H)\times\frac{1}{2f_Q}\right] \tag{7-65}$$

式中 Q——线路候车客流总量（人）；

θ_x、θ_y——判定参数，当车辆在对应站点停靠时 θ_x、$\theta_y=1$；

f_D、f_Q——大站车组合调度下大站车与全程车的发车频率（辆/h）。

2) 车内运行时间

由图 7-24 所示，乘客的乘车过程可概括为以下步骤：乘客于 x 站点处等到对应类型的公交车辆，车辆减速进站，乘客从前门处进入，车辆关闭车门并加速离站，车辆在路段内行驶，并一直重复该过程直至车辆到达终点站。因此，对该部分时间可细化为以下两部分：

① 站间行驶花费总时间

该部分时间的数值等于 xy 站点间客流量与对应的车辆行驶时间的乘积。结合前文处理的多源数据，站间时间的数值等于研究时段内前后站的离站时间与到站时间之差。

根据假设（1）（见前页），大站车与全程车在站点间的运行速度相同，所以在站间行驶过程中所花费的时间也相同，站间行驶花费总时间为：

$$T_y = \sum_{x=1}^{N-1}\sum_{y=x+1}^{N}q^{(x,y)}\sum_{x}^{y}t_{xy} \tag{7-66}$$

式中 t_{xy}——xy 站点之间的车辆运行时间（s）。

② 车辆在站点处进出站延误总时间

该部分时间由以下三类时间构成：一是车辆减低速度进入公交站的时间；二是车辆在站点处等待乘客上下车时间；三是车辆加快速度离开公交站的时间。

对于第二部分的时间可细分成以下部分：一是车辆的开门时间；二是上下车所花费的时间；三是车辆的关门时间组成。但在实际车辆运行中开关车门的时间较短，因此本处予以忽略。

所以，模型中车辆在站点处等待乘客上下车时间由该站点处上下车客流决定，即由各站点处上下车人数与上下车单位时间乘积的最大值决定。无干扰情况下，大站车与全程车在站点附近运行的时间-距离关系如图 7-25 所示。

③ 车辆在站点处进出站损耗时间

根据学者尹小梅的研究，车辆减低速度进入公交站的过程中所影响的距离 L_2 约为 60~100m，车辆加快速度离开公交站的过程中所影响的距离 L_1 约为 50~80m，综合而言进出站的影响距离为 110~180m，本节选取 $L_0=180$m 作为车辆影响范围，可得进出站点固定时间延误如式（7-67）所示：

$$T_0 = t_{进} + t_{离} - t_0 = \sqrt{\frac{L_0}{a_{进}}} + \sqrt{\frac{L_0}{a_{出}}} - t_0 \tag{7-67}$$

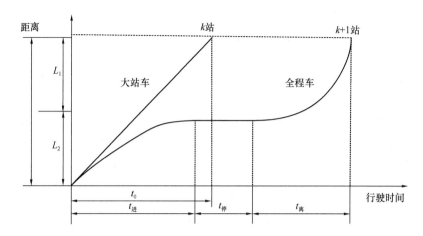

图 7-25 时间-距离关系图

式中 $a_进$——车辆进站减速度（m/s²）；

$a_出$——车辆离站加速度（m/s²）；

t_0——正常行驶时间（s）。

④ 车辆在站点处等待乘客上下车时间

全程车调度等待时间：

$$t_停^0 = \sum_{k=2}^{N-1}\sum_{x=1}^{k-1}\sum_{y=k+1}^{N} q^{(x,y)} \times \left[T_0 + \max\left(\sum_{y=k+1}^{N} q^{(k,y)} t_s, \sum_{x=1}^{k-1} q^{(x,k)} t_x\right)\right] \quad (7\text{-}68)$$

式中 t_s——单位乘客上车平均时间（s）；

t_x——单位乘客下车平均时间（s）。

根据上文对候车站点的分类，对客流也可进行分类。所以在大站车组合调度下，大站车客流的等客时间如式（7-69）所示，全程车客流的等客时间如式（7-70）所示：

大站车组合调度等待时间：

$$t_{D停} = \sum_{k=2}^{N-1}\sum_{x=1}^{k-1}\sum_{y=k+1}^{N} \frac{\theta_x \theta_y q^{(x,y)} f_D}{f_D + f_Q} \times \left[\theta_k T_0 + \max\left(\frac{\sum_{y=k+1}^{N} q^{(k,y)} \theta_k \theta_y f_D t_s}{f_D + f_Q}, \frac{\sum_{x=1}^{k-1} q^{(x,k)} \theta_x \theta_k f_D t_x}{f_D + f_Q}\right)\right]$$

$$(7\text{-}69)$$

$$t_{Q停} = \sum_{k=2}^{N-1}\left(Q - \sum_{x=1}^{k-1}\sum_{y=k+1}^{N} \frac{\theta_x \theta_y q^{(x,y)} f_D}{f_D + f_Q}\right)\times$$

$$\left[T_0 + \max\left(\left(\sum_{y=k+1}^{N} q^{(k,y)} - \frac{\sum_{y=k+1}^{N} q^{(k,y)} \theta_k \theta_y f_D}{f_D + f_Q}\right) t_s, \left(\sum_{x=1}^{k-1} q^{(x,k)} - \frac{\sum_{x=1}^{k-1} q^{(x,k)} \theta_x \theta_k f_D}{f_D + f_Q}\right) t_x\right)\right]$$

$$(7\text{-}70)$$

综上所述，不同情况下乘客乘车过程中车内消耗时间如式（7-71）和式（7-72）所示：

全程车调度：

$$T_{in0} = T_y + t_停^0 \quad (7\text{-}71)$$

大站车组合调度：

$$T_{in1} = T_y + t_{D停} + t_{Q停} \quad (7\text{-}72)$$

(2) 公交企业运营成本分析

公交企业运营成本指的是企业在实际作业过程中所发生的费用。从福州市公交公司的年度分析报告中可以看出，企业的运营成本主要有八种类型。为简化成本分析过程，将其细化为固定成本与可变动成本两类来分析。

固定成本指的是不随着调度方式的变化而发生改变的成本，如折旧与摊销及场站租赁费、保险/事故损失费、安全生产费、税金、其他直接运营费等，发车频率的改变对这类成本不产生影响，所以在模型构建中暂不考虑。可变动成本指的是随着发车频率的变动而产生相应变化的成本，将各类由发车频率变动而带来的费用统一归结为里程相关的运营成本进行分析。

根据福州市公交公司的年度分析报告得出，规制人工成本、保养修理费、能耗费、轮胎消耗费是变动成本中占比较高的部分，因此需要对此进行重点分析，2020年度福州市常规公交规制成本如图7-26所示。

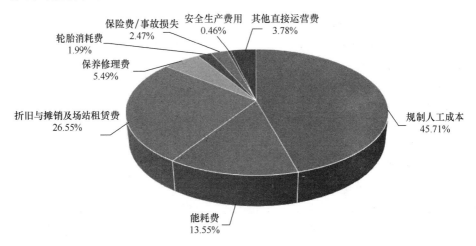

图7-26　2020年度福州市常规公交规制成本

企业的运营成本可表示为：

$$F_g = \mu \times S_z \tag{7-73}$$

式中　S_z——研究时段内车辆运营总里程（km）；

μ——单位里程费用（元/km）。

1) 里程运营成本

该成本主要与研究时段内营运车辆行驶的距离以及单位里程的运营费用有关，而单位里程的运营费用受到人员工资、车辆保养大修费用、能耗费、轮胎消耗费的影响，所以下文对这几类成本的单位里程费用进行深入研究。

2) 规划人工成本：

该部分成本主要由研究时段内支付给驾驶员的薪酬、管理人员薪酬与行驶距离之商组成。设研究时段内驾驶员薪酬为r_{ry}，研究时段内的行驶里程为L_{ry}，则单位里程工资费用表示为：

$$R_{ry} = \frac{r_{ry}}{L_{ry}} \tag{7-74}$$

3) 车辆保养费

假定公交车辆在前后两次保养之间行驶的里程为 L_{by}，公交车辆保养单次费用设为 r_{by}，则单位里程车辆保养费用表示为：

$$R_{by} = \frac{r_{by}}{L_{by}} \tag{7-75}$$

4) 能耗费

根据前文的公交车辆信息表可以确定线路运营的车辆类型及其性能，进而确定车辆的百公里能耗。设车辆消耗 h 度电力可行驶 100km，公交企业用电价格为 r_y 元/度，则单位里程车辆能耗费表示为：

$$R_{rh} = \frac{r_y h}{100} \tag{7-76}$$

5) 轮胎消耗费

该部分费用可借由轮胎使用到报废的平均使用里程，对其磨损费用进行估计。设车辆轮胎使用至报废过程中，车辆所行驶过的平均里程为 L_{lt}，轮胎售价为 r_{lt}，则单位里程轮胎磨损费为：

$$R_{lt} = \frac{r_{lt}}{L_{lt}} \tag{7-77}$$

6) 车辆修理费

设在相邻的大修时间之间，车辆行驶过的里程为 L_{dx}，公交车辆售价为 r_g，大修费用为购置新车价格费用的 0.1 倍，则单位里程车辆大修费为：

$$R_{dx} = \frac{0.1 r_g}{L_{dx}} \tag{7-78}$$

因此，全程车调度下的运营成本为：

$$F_{g0} = \left(\frac{r_{ry}}{L_{ry}} + \frac{r_{by}}{L_{by}} + \frac{r_{rh} h}{100} + \frac{r_{lt}}{L_{lt}} + \frac{0.1 r_g}{L_{dx}} \right) \times f_Q^0 \times L \tag{7-79}$$

大站车组合调度下的运营成本为：

$$F_{g1} = \left(\frac{r_{ry}}{L_{ry}} + \frac{r_{by}}{L_{by}} + \frac{r_{rh} h}{100} + \frac{r_{lt}}{L_{lt}} + \frac{0.1 r_g}{L_{dx}} \right) \times (f_D + f_Q) \times L \tag{7-80}$$

将上述两部分成本代入，则不同调度方式下系统总成本可以表达为：

$$F_{z0} = \gamma_1 \alpha_1 \left[\sum_{x=1}^{N-1} \sum_{y=x+1}^{N} \frac{q^{(x,y)}}{2 f_Q^0} \right] + \gamma_1 \alpha_2 \left[\sum_{x=1}^{N-1} \sum_{y=x+1}^{N} q^{(x,y)} \sum_{x}^{y} t_{xy} + t_{停}^0 \right] \\ + \gamma_2 \left(\frac{r_{ry}}{L_{ry}} + \frac{r_{by}}{L_{by}} + \frac{r_{ry} h}{100} + \frac{r_{lt}}{L_{lt}} + \frac{0.1 r_g}{L_{dx}} \right) \times f_Q^0 L \tag{7-81}$$

$$F_{z1} = \gamma_1 \alpha_1 \left[\frac{H}{2(f_D + f_Q)} + \frac{(Q-H)}{2 f_Q} \right] + \gamma_1 \alpha_2 \left[\sum_{x=1}^{N-1} \sum_{y=x+1}^{N} q^{(x,y)} \sum_{x}^{y} t_{xy} + t_{D停} + t_{Q停} \right] \\ + \gamma_2 \left(\frac{r_{ry}}{L_{ry}} + \frac{r_{by}}{L_{by}} + \frac{r_{rh} h}{100} + \frac{r_{lt}}{L_{lt}} + \frac{0.1 r_g}{L_{dx}} \right) \times (f_D + f_Q) L$$

$$\tag{7-82}$$

3. 约束条件

(1) 车辆满载率约束

车辆满载率指的是实际与额定运载人数之比，其值越高意味着企业的收益越大，但乘客的舒适度就越差。反之，则乘客的乘坐环境越好，但无法保障企业收益。结合相关研究，车辆的满载率应在 0.5～0.8 之间，如式（7-83）所示：

$$0.5 < Q/[(f_Q + f_D) \times C_e] < 0.8 \tag{7-83}$$

式中　C_e——该车型公交车辆的额定载客人数。

（2）发车频率约束

以福州市公交发车情况为例，福州市公交车辆的最小发车间隔规定为 3min，则发车频率的上限值需满足该规定。发车频率的下限值则要考虑满足线路内的乘客需求。因此大站车组合调度的发车频率约束可以表示为：

$$Q/C_e \leqslant f_D + f_Q \leqslant f_{\max} \tag{7-84}$$

（3）约束条件处理

通过对上述约束条件的分析，本节选取构建惩罚函数来解决约束条件问题，以此消去约束条件。惩罚函数的本质是为组合函数，是由目标函数与约束条件组合而成的新函数。

大站车组合调度中的约束条件主要是含有不等式约束的优化问题，且模型目标是求最小成本。所以在惩罚函数下，当求出发车频率满足约束条件时，其值等于原来的目标值；当取到不满足原来约束条件下的值，其值等于一个较大的数值，从而将不可行解进行排除。处理后的大站车组合调度优化模型如式（7-85）所示：

$$\begin{aligned}
\min F'_{z1} = & \gamma_1 \alpha_1 \left[\frac{H}{2(f_D + f_Q)} + \frac{(Q-H)}{2f_Q} \right] + \gamma_1 \alpha_2 \left[\sum_{x=1}^{N-1} \sum_{y=x+1}^{N} q^{(x,y)} \sum_{x}^{y} t_{xy} + t_{D停} + t_{Q停} \right] \\
& + \gamma_2 \left(\frac{r_{ry}}{L_{ry}} + \frac{r_{by}}{L_{by}} + \frac{r_{rh}h}{100} + \frac{r_{lt}}{L_{lt}} + \frac{0.1 r_g}{L_{dx}} \right) \times (f_D + f_Q)L \\
& + \omega_1 \{\max[0, 0.5(f_Q + f_D) \times C_e - Q]\} + \omega_2 \{\max[0, Q - 0.5(f_Q + f_D) \times C_e]\} \\
& + \omega_3 \{\max[0, Q - (C_e f_D + C_e f_Q)]\} + \omega_4 [\max(0, f_D + f_Q - f_{\max})]
\end{aligned} \tag{7-85}$$

式中　$\min F'_{z1}$——最终的目标函数；

ω_1、ω_2、ω_3、ω_4——惩罚系数，取值为较大的正整数。

7.4.2　改进的人工鱼群算法

1. 基础人工鱼群算法介绍

人工鱼群算法是人类通过研究自然界中鱼群的生存活动而提出的，归属于群智能优化算法。该算法对参数的初值不敏感，具有较强全局寻优力。迭代过程中只需对比求出的函数值，无需考虑问题的特殊性，具有强目标方向性，且鱼群具有并行运算能力，因此有较快的寻优与收敛速度，适用于上述模型的求解。

由于在构建的大站车组合调度模型中，其目标求的是系统成本最小值。因此，本节将以求极小值的角度对人工鱼的各个行为以及算法总体流程进行介绍：

（1）觅食行为

设某条人工鱼在解域内处于 X_i 处，对应食物浓度为 Y_i。那么该鱼可在其感知范围内（可视范围）随机寻找下一位置 X_j，其对应的食物浓度为 Y_j。当 $Y_i > Y_j$ 时，该鱼可从当前位置 X_i 向 X_j 方向移动随机的距离。当不满足上述条件时，则继续寻找下一个 X_j，直到达到最大试探次数 Try_number，若仍然不满足条件，则人工鱼可往视野空间内移动随机的距离，鱼群觅食过程如图 7-27 所示。

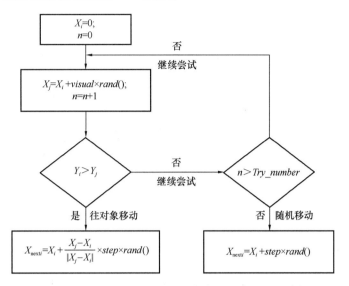

图 7-27 鱼群觅食过程

（2）聚群行为

设某条人工鱼在解域内处于 X_i 处，对应食物浓度为 Y_i，可视范围内存在 n_f 条鱼，X_c 是在区域范围内的中心鱼位置。为当满足 $Y_c n_f/N < \delta Y_i$ 时，则该鱼向 X_c 方向移动随机的距离。否则，该鱼执行觅食过程，鱼群聚群过程如图 7-28 所示。

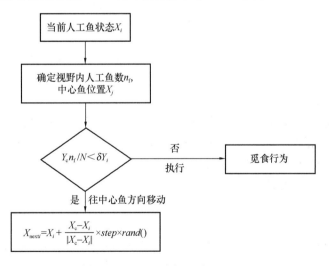

图 7-28 鱼群聚群过程

（3）追尾行为

设某条人工鱼在解域内处于 X_i 处，对应食物浓度为 Y_i。这条鱼在此处所能感知的空间内，存在位于 X_j 处的人工鱼，该鱼的函数值比空间内所有鱼的值都小，当满足 $Y_c n_f/N < \delta Y_i$ 时，则向 X_j 所在方向移动随机的距离。否则，该鱼执行觅食过程，如图 7-29 所示。

（4）随机行为

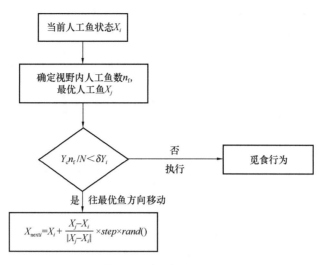

图 7-29 鱼群追尾过程

该行为是人工鱼发现上述行为都不理想的情况下，在其视野内随机选择方向与距离进行移动。鱼群的行为不是固定的，而是在不同环境下会不停变化，人工鱼会借由对现有环境的判断来选择更优的行为。

(5) 公告板

公告板会将各次迭代后表现最好的鱼的位置与函数值进行保存并公示，此时，每条人工鱼都需对比自身函数值与所展示的最优值。若自身状态比展示的最优值好，则将记录改写为自身位置与函数值，否则就朝着最优鱼的方向进行调整。

(6) 行为评价

在解域内，人工鱼会根据所处状态，评价现有环境与典型行为的适应度，选择最优行为进行执行。

(7) 算法基本流程

虽然人工鱼群算法有诸多优点，但也存在后期运行效率变慢，精度下降的问题。通过 7.4.2 节对测试函数的分析，可以明确在算法中各参数的影响，人工鱼群算法流程如图 7-30 所示。因此，针对算法的局限性，本节进行以下改进。

2. 改进的人工鱼群算法

(1) 基础参数方面

1) 采用自适应步长

基础人工鱼群算法中，人工鱼选择目标视点过程很随机，这将导致移动过程也变得随机。虽然随机的过程能扩大一定程度的求解范围，但也致使迭代过程中花费大量时间在随机移动之上，导致算法收敛速度变慢。根据 7.4.2 节对参数分析的结论，步长取值与算法过程的不匹配性将不利于算法的优化。考虑到 7.4.1 节构建的目标函数是求最小值的要求，采用自适应步长对算法进行改进：

$$X_{\text{next}i} = X + \frac{X_v - X}{\| X_v - X \|} \times \left| 1 - \frac{Y_v}{Y} \right| \times step \quad (7-86)$$

式 (7-86) 表示：人工鱼移动的距离应由该鱼当前位置与视野范围内视点感知的状态

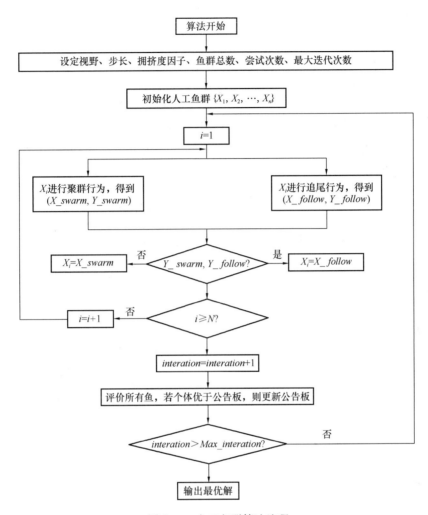

图 7-30 人工鱼群算法流程

来决定。

2）采用动态视野

根据 7.4.2 节对参数分析的结论可知，视野过大或者过小都有其优点，但都不利于算法计算。因此本节基于视野参数特性，引入动态视野来改进算法。视野初值可选用较大视野值，在后续迭代过程中逐步变小。动态视野能使人工鱼在前期寻优时能从全局范围内寻找，到后期时通过逐步减小视野范围用以加强局部极值的搜索，进而提高算法精度。动态视野的设置方式为：

$$visual_n = visual_{n-1} \times \left(\frac{Max\_interation - n}{Max\_interation} \right) \qquad (7\text{-}87)$$

3）忽略拥挤度因子

根据 7.4.2 节对参数分析的结论可知，该因子取值的大小变化并没有对算法造成较大的影响。若是能忽略该因素，则可在执行算法时简化参数设置，不仅能够减少算法复杂度，还能够提高收敛速度的稳定、跳出极值点的能力。所以本节考虑在算法改进中忽略拥挤度的影响。

(2) 鱼群基本行为方面

1) 引入鱼群跳跃行为

原始算法在经过若干次寻优过程之后,可能会出现人工鱼在行动后获取的函数值基本上不发生改变的情况。这种情况下,人工鱼可能是陷入局部极值中无法逃离。

为提高算法的全局寻优能力,本节引入鱼群跳跃行为。鱼群跳跃行为是当连续进行若干次迭代后,当满足前后5代的最优鱼的函数值的差都小于跳跃因子 eps 时,则选取部分人工鱼强制初始化参数。以求最小值为例,eps 的计算公式如下:

$$eps = 0.001 \times getMag(\min[best_n, best_{n-5}]) \tag{7-88}$$

其中 $getMag(Y)$ 是获取对应函数值的数量级,例如 $Y=5111$,则对应值为1000,$Y=511$,则对应值为100。

2) 引入鱼群吞食行为

根据7.4.2节对参数分析的结论可知,当算法中设置的鱼群总数越多,整体的收敛性就越高,其寻优能力也越强。但这也会导致计算量的增加,占用更多的存储空间,迭代用时变长等问题。

为保障算法效率和减少后期计算量,本节引入鱼群吞食行为。设吞食行为的执行阈值为 T_value,若是当前计算次数超过 $Max\_interation/2$,且某条人工鱼的函数值大于 T_value(因本节求解最小值),则在后续运算中舍弃该鱼。设 T_value 的取值如下:

$$T\_value = 1.5 \min[Y(X_i)] \tag{7-89}$$

3. 改进的人工鱼群算法流程

通过对算法的基本参数以及鱼群行为进行改进,得出改进后的算法流程如图7-31所示。

7.4.3 仿真实验

借由4个常用的测试函数对改进结果进行测试,其中两个函数是求最大值,其余两个函数是求最小值,运用两种算法对测试函数求解30次取平均结果。

1. 算法参数设置

(1) 原始算法参数设置:

$N=80$,$visual=5$,$step=0.7$,$Try\_number=5$,$Max\_intertation=200$。

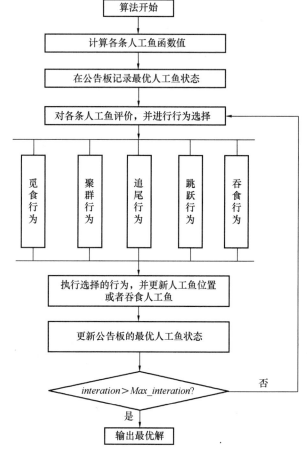

图7-31 改进人工鱼群算法流程示意图

(2) 改进算法参数设置：

$N=80$，$step=0.7$，$Try\_number=5$，$Max\_intertation=200$。初始视野取值由初始生成的人工鱼之间的距离取得均值获取，跳跃参数，吞食参数按照上文公式进行设置。

2. 函数测试对比

(1) Needle-in-a-haystack 函数

$$\max f(x,y) = \left(\frac{3}{0.05+(x^2+y^2)}\right)^2 + (x^2+y^2) \tag{7-90}$$
$$s.t.\ x,y \in [-5.12, 5.12]$$

该函数在全局范围内具有多个极值，函数全局最大值点在点（0，0）处，值为3600，如图7-32、图7-33所示。

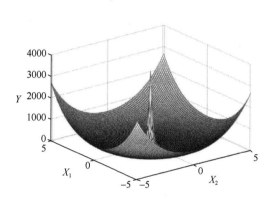

图7-32　Needle-in-a-haystack 函数

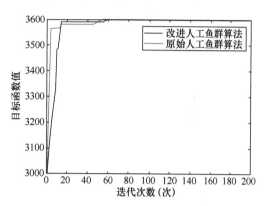

图7-33　Needle-in-a-haystack 函数仿真对比

(2) Shubert 函数

$$\max f(x,y) = -\left\{\sum_{i=1}^{5} i\cos[(i+1)]x+1\right\}\left\{\sum_{i=1}^{5} i\cos[(i+1)]y+1\right\} \tag{7-91}$$
$$s.t.\ x,y \in [-10,10]$$

该函数在其取值范围内存在有700多个局部极值点，186.73091 是最大值，如图7-34、图7-35所示。

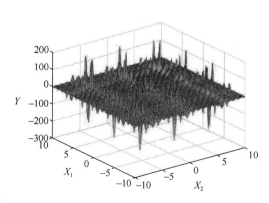

图7-34　Shubert 函数

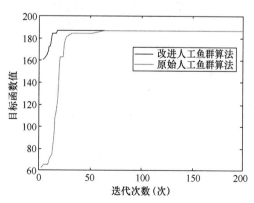

图7-35　Shubert 函数仿真对比

(3) Generalized Griewank 函数

$$\min f(x,y) = \frac{(x^2+y^2)}{4000} - \cos x \times \cos\left(\frac{y}{\sqrt{2}}\right) + 1 \tag{7-92}$$

$$s.t.\ x,y \in [-10,10]$$

该函数的全局最小值为 0，如图 7-36、图 7-37 所示。

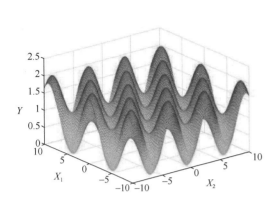

图 7-36　Generalized Griewank 函数

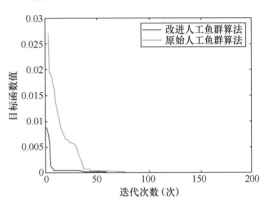

图 7-37　Generalized Griewank 函数仿真对比

(4) Schaffer's 函数

$$\min f(x,y) = 0.5 + \frac{\sin^2\sqrt{x^2+y^2} - 0.5}{[1+0.001(x^2+y^2)]^2} \tag{7-93}$$

$$s.t.\ x,y \in [-10,10]$$

该函数在其取值范围内存在有诸多极小值，但最小值为 0。函数寻优时易受限于这些局部点，因此可以很好地衡量算法性能，如图 7-38、图 7-39 所示。

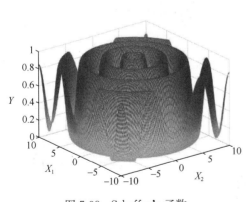

图 7-38　Schaffer's 函数

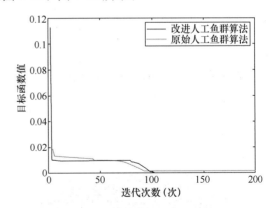

图 7-39　Schaffer's 函数仿真对比

由上述仿真结果可以得出，改进的算法在减少基本参数个数，对部分参数改进为自适应参数后，在计算速度与精度上都获得加强，通过引入跳跃与吞食行为也在一定程度上提高了寻优速度和精度。因此由实验结果可看出，采用改进的人工鱼群算法求解上文模型可行。

参 考 文 献

[1] Asakura Y. Evaluation of network reliability using stochastic userequilibrium[J]. Journal of Advanced Transportation. 1999, 33(2): 147-158.

[2] Rasa U, Vytautas G, Grazvydas P. The extent of influence of OD matrix on the results of public transport modeling[J]. Transport, 2012, 27(2): 165-170.

[3] 明玮. 城市轨道交通网络重点车站辨识及连通可靠性分析[D]. 北京：北京交通大学, 2015.

[4] 吴娇蓉, 王宇沁, 魏明等. 路侧公交专用道设置长度对公交线路运行可靠性的影响[J]. 吉林大学学报, 2017(1): 82-91.

[5] 童小龙. 公交运行可靠性及其改善策略研究[D]. 南京：东南大学, 2016.

[6] 慈立坤, 胡蒙达. 上海城市轨道交通网络运营可靠性研究[J]. 城市轨道交通研究, 2010, 12(5): 41-44.

[7] 李慧恬. 城市公交运行数据时空预测算法及可靠性分析[D]. 济南：山东大学, 2015.

[8] 刘静. 常规公交高峰时段运行可靠性评价及仿真研究[D]. 北京：北京交通大学, 2014.

[9] 郭兰兰. 基于复杂网络理论的城市轨道线网可靠性研究[D]. 大连：大连理工大学, 2013.

[10] 陈卓林. 城市轨道交通网络可靠性研究[D]. 北京：北京交通大学, 2014.

[11] Strathman. Automated bus dispatching, operations control and service reliability base line analysis[J]. Transportation Research Record, 1999, 1661(1): 28-36.

[12] Chang James. Evaluation of service reliability impacts of traffic signal priority strategies for bus transit[D]. Virginia: Virginia Polytechnic Institute and State University, 2002.

[13] Kho S Y, Park J S, Kim Y H, et al. A development of punctuality index for bus operation[J]. Journal of the Eastern Asia Society of Transportation Studies, 2005, 10(6): 492-504.

[14] Lai Yuanwen, Ma Zhenghong, Xu Shutian, et al. Information entropy evaluation model of bus-line reliability considering the combination of bus stops and bus travel time[J]. Canadian Journal of Civil Engineering, 2020, 49(1): 64-72.

[15] 赵航, 宋瑞. 公共交通系统营运可靠性研究[J]. 公路交通科技, 2005, 22(10): 132-135.

[16] 范海雁, 杨晓光, 严凌等. 蒙特卡罗法在公交线路运行时间可靠性计算中的应用[J]. 上海理工大学学报, 2006, 28(1): 59-62.

[17] 高桂凤, 魏华, 严宝杰. 城市公交服务质量可靠性评价研究[J]. 武汉理工大学学报, 2007, 31(1): 140-143.

[18] 张宇石. 大城市常规公共交通运营可靠性的研究与实例评价[D]. 北京：北京交通大学, 2008.

[19] 陶骏杰, 张勇. 多方式交通网络的时间可靠性分析[J]. 交通运输系统工程与信息, 2015, 15(2): 216-222.

[20] Xumei Chen, Lei Yu, Yushi Zhang, et al. Analyzing urban bus service reliability at the stop, route, and network levels[J]. Transportation Research Part A: Policy and Practice, 2009, 43(8): 722-734.

[21] 张光明. 基于可靠度的公交调度优化问题研究[D]. 北京：北京交通大学, 2012.

[22] 苏荣霖. 站点设置及客流对公交行程时间可靠性的影响研究[D]. 福州：福州大学, 2017.

[23] 薛睿, 张建华, 孙健. 公交服务可靠性研究[J]. 武汉科技大学学报, 2014, 37(5): 391-396.

[24] Jolliffe J K, Hutchinson T P. A behavioural explanation of the association between bus and passenger arrivals at a bus stop[J]. Transportation Science, 1975, 9(3): 248-282.

[25] Larry A. Bowman, Mark A. Turnquist. Service frequency, schedule reliability and passenger wait times at transit stops[J]. Transportation Research Part A: General, 1981, 15(6): 465-471.

[26] Oort N V, Wilson N, Nes R V. Reliability improvement in short headway transit services: Schedule and headway-based holding strategies[J]. Transportation Research Record, 2010, 21(43): 67-76.

[27] Daganzo. A headway-based approach to eliminate bus bunching: Systematic analysis and comparisons [J]. Transportation Research Part B: Methodological, 2009, 43(10): 913-921.

[28] Benezech V, Coulombel N. The value of service reliability[J]. Transportation Research Part B: Methodological, 2013, 58(3): 1-15.

[29] Tirachini A, Hensher D A, Rose J M. Crowding in public transport systems: Effects on users, operation and implications for the estimation of demand[J]. Transportation Research Part A: Policy and Practice, 2013, 53(53): 36-52.

[30] 戴帅,陈艳艳,荣建等. 公共交通系统的可靠度研究[J]. 北京工业大学学报, 2006, 32(9): 813-816.

[31] 朱翠翠,许丽香. 城市公交站点乘客候车时间可靠度分析[J]. 公路与汽运, 2011(6): 77-78.

[32] 刘锐,严宝杰,黄志鹏等. 可靠性理论在公交网络分析中的应用[J]. 公路交通科技, 2008, 25(4): 122-126.

[33] 郭淑霞,陈旭梅,于雷等. 轨道交通换乘常规公交平均候车时间模型[J]. 交通运输系统工程与信息, 2010, 10(2): 143-147.

[34] 安健,杨晓光,刘好德等. 基于乘客感知的公交服务可靠性测度模型[J]. 系统仿真学报, 2012, 24(5): 1092-1097.

[35] 吕慎,田锋,莫一魁. 轨道交通枢纽地铁换乘接运公交乘客平均候车时间研究[J]. 公路交通科技, 2014, 31(12): 92-97.

[36] Li Jiabin, Chen Xumei, Li Xin, et al. Evaluation of public transportation operation based on data envelopment analysis[J]. Procedia Social and Behavioral Sciences, 2013, 96(1): 148-155.

[37] Maria M. Travel time reliability[D]. West Lafayette: Purdue University, 2009.

[38] Lo H K, Luo X W. Degradable transport network: Travel time budget of travelers with heterogeneous risk aversion[J]. Transportation Research Part B: Methodological, 2006, 40(40): 792-806.

[39] Ma Zhenliang, Ferreira L, Mesbah M, et al. Modelling bus travel time reliability using supply and demand data from AVL and smart card systems[J]. Transportation Research Record, 2015, 2533(2533): 17-27.

[40] Kou Weibin, Chen Xumei, Yu Lei, et al. Urban commuters' valuation of travel time reliability based on stated preference survey: a case study of Beijing[J]. Transportation Research Part A: Policy and Practice, 2016, 95(1): 372-380.

[41] Ma Zhenliang, Ferreira L, Mesbah M, et al. Modeling distributions of travel time variability for bus operations[J]. Journal of Advanced Transportation, 2016, 50(1): 6-24.

[42] 李长城,文涛,刘小明等. 基于高速公路收费数据的行程时间可靠性模型研究[J]. 公路交通科技, 2014, 31(12): 110-115.

[43] 宋晓梅. 常规公交网络运行可靠性多层次评价模型与算法[D]. 北京:北京交通大学, 2010.

[44] 严亚丹. 基于运行可靠性的公交调度控制研究[D]. 南京:东南大学, 2012.

[45] 亓秀贞. 常规公交高峰时段运行可靠性评价方法研究[D]. 重庆:重庆交通大学, 2013.

[46] 张桂娥. 基于乘客感知的公交出行时间可靠性研究[D]. 哈尔滨:哈尔滨工业大学, 2015.

[47] 汤月华. 基于GPS数据的公交站点区间行程时间分布与可靠性分析[D]. 杭州：浙江大学，2015.
[48] 黄丽玲. 基于到站时间预测的纯电动公交行程时间可靠性研究[D]. 福州：福州大学，2019.
[49] Zhichao Cao, Ceder A. Autonomous shuttle bus service timetabling and vehicle scheduling using skip-stop tactic[J]. Transportation Research Part C：Emerging Technologies，2019，102（5）：370-395.
[50] Lu Li, Lo H K, Feng Xiao. Mixed bus fleet scheduling under range and refueling constraints[J]. Transportation Research Part C：Emerging Technologies，2019，104：443-462.
[51] Zhao Huang, Li Qingquan, Fan Li, et al. A novel bus-dispatching model based on passenger flow and arrival time prediction[J]. IEEE Access，2019，7：153-465.
[52] Enjian Yao, Tong Liu, Tianwei Lu, et al. Optimization of electric vehicle scheduling with multiple vehicle types in public transport[J]. Sustainable Cities and Society，52.
[53] Cortes C E, Saez D, Milla F, et al. Hybrid predictive control for real-time optimization of public transport systems' operations based on evolutionary multi-objective optimization[J]. Transportation Research Part C：Emerging Technologies，2010，18(5)：757-769.
[54] Saez D, Cortes C E, Milla F, et al. Hybrid predictive control strategy for a public transport system with uncertaindemand[J]. Transportmetrica，2012，8(1)：61-86.
[55] Jingxu Chen, Zhiyuan Liua, Shuaian Wang, et al. Continuum approximation modeling of transit network design considering local route service and short-turn strategy[J]. Transportation Research Part E：Logistics and TransportationReview，2018，119(6)：165-188.
[56] 暨育雄，曹朋亮，刘冰等. 多模式公交服务模式及时刻表协同优化设计[J]. 同济大学学报：自然科学版，2022，50(3)：9.
[57] 张志熙，陈玲娟. 基于IC卡数据的公交乘客下车站点推算模型[J]. 昆明理工大学学报（自然科学版），2021，46(1)：142-149.
[58] 靳文舟，李鹏，巫威眺等. 基于多源公交数据和车时成本优化的公交运营时段划分方法[J]. 中国公路学报，2019，32(2)：143-154.
[59] 张思林，袁振洲，曹志超. 考虑容量限制的多公交车型运行计划优化模型[J]. 交通运输系统工程与信息，2017，17(1)：150-156+170.
[60] 唐春艳，杨凯强，邬娜. 单线纯电动公交车辆柔性调度优化[J]. 交通运输系统工程与信息，2020，20(03)：156-162.
[61] 谭华. 基于遗传算法的公交车调度优化研究[J]. 科学技术创新，2020(32)：50-52.
[62] 李雪，朱一洲. 考虑多车型的公交组合服务方案优化[J]. 自动化与仪表，2020，35(8)：93-97.
[63] Hongjiao Xue, Limin Jia, Jian Li, et al. Jointly optimized demand-oriented train timetable and passenger flow control strategy for a congested subway line under a short-turning operationpattern[J]. Physica A：Statistical Mechanics and its Applications. 2022，593(5)：1-5.
[64] Gkiotsalitis K, Wub Z, Cats O. A Cost-minimization Model for bus fleet allocation featuring the tactical generation of short-turning and interlining options[J]. Transportation Research Part C：Emerging Technologies，2019，98(1)：14-36.
[65] Ulusoy YY, Chien SIJ, Wei CH. Optimal bus service patterns and frequencies considering transfer demand elasticity with genetic algorithm[J]. Transportation Planning & Technology，2015，38(4)：409-424.
[66] Ulusoy YY, Chien SIJ, Wei CH. Chien-Hung. Optimal all-stop, short-turn, and express transit services under heterogeneous demand[J]. Transportation Research Record，2020，2197(1)：8-18.
[67] Cortés C E, Jara-Díaz S, Tirachini A. Integrating short turning and deadheading in the optimization

of transit services[J]. Transportation Research Part A: Policy and Practice, 2011, 45(5): 419-434.

[68] Miao Zhang, Yihui Wang, Shuai Su, et al. A short turning strategy for train scheduling optimization in an urban rail transit line: The case of Beijing subway line 4[J]. Journal of Advanced Transportation, 2018, 2018: 1-19.

[69] Canca D, Barrena E, Laporte G, et al. A short-turning policy for the management of demand disruptions in rapid transit systems[J]. Annals of Operations Research, 2016, 246(1-2), 145-166.

[70] 金梦宇,何胜学,张思潮. 基于改进遗传算法并考虑尾气排放的公交组合调度[J]. 交通运输研究, 2021.

[71] 高柳. 城市公交区间车组合调度模型的研究与应用[D]. 大连:大连海事大学, 2017.

[72] 王康. 城市交通拥堵中公交车辆调度模式研究[D]. 郑州:河南农业大学, 2018.

[73] 殷巍. 基于CCIB的公交调度方法研究[D]. 大连:大连交通大学, 2019.

[74] 巫威眺,靳文舟,魏明. 等配合区间车的单线公交组合调度模型[J]. 华南理工大学学报:自然科学版, 2013, 40(11): 147-154.

[75] 程赛君. 公交线路区间车组合调度方法研究[D]. 武汉:华中科技大学, 2013.

[76] Casello J M, Hellinga B, Eng P. Impacts of express bus service on passenger demand[J]. Journal of Public Transportation, 2008, 11(4): 1-23.

[77] Zhichao Cao, Avishai Ceder. Autonomous shuttle bus service timetabling and vehicle scheduling using skip-stop tactic[J]. Transportation Research Part C: Emerging Technologies, 2019, 102(5): 370-395.

[78] Chunyan Tang, YingEn Ge, Lam W. Optimizing limited-stop bus services along a public transit corridor with a differential fare structure[J]. Transport, 2019, 34(4): 476-489.

[79] Zhenhua Mou, Hu Zhang, Shidong Liang, et al. Reliability optimization model of stop-skipping bus operation with capacity constraints[J]. Journal of Advanced Transportation, 2020, 2020: 1-11.

[80] Blum J J, Mathew T V. Intelligent agent optimization of urban bus transit system design[J]. Journal of Computing in Civil Engineering, 2010, 25(5): 357-369.

[81] Mazloumi E, Mesbah M, Ceder A, et al. Efficient transit schedule design of timing points: a comparison of ant colony and genetic algorithms[J]. Transportation Research Part B: Methodological, 2012, 46(1): 217-234.

[82] Saharidis G K D, Dimitropoulos C, Skordilis E. Minimizing waiting times at transitional nodes for public bus transportation in Greece[J]. Operational Research, 2014, 14(3): 341-359.

[83] Mahdi Torabi, Majid Salari. Limited-stop bus service: a strategy to reduce the unused capacity of a transit network[J]. Swarm and Evolutionary Computation, 2019, 13(24), 44: 972-986.

[84] 韩笑宓. 考虑公交车尾气排放的常规公交组合调度优化研究[D]. 北京:北京交通大学, 2019.

[85] 马卫红. 考虑均衡与效率的全程车与大站快车组合调度优化方法研究[D]. 北京:北京交通大学, 2019.

[86] 王思腾. 面向通勤出行需求的大站快线设计方法研究[D]. 南京:东南大学, 2019.

[87] 邬群勇. 万云鹏. 基于多指标协同的公交大站快车站点推荐方法[J]. 交通运输系统工程与信息, 2021.

[88] 刘子豪. 城市公交大站快车与全程车组合调度方法研究[D]. 南京:东南大学, 2018.

[89] 赖元文,Said Easa. 信号交叉口通行能力随机影响因素建模(英文)[J]. 中国公路学报, 2016, 29(11): 130-138.

[90] 许舒恬. 基于GPS运营数据的公交调度优化方法研究[D]. 福州:福州大学, 2018.

[91] 张杰. 基于数据挖掘的公交客流特征分析及调度优化研究[D]. 福州：福州大学，2020.

[92] 赖元文，张杰. 基于模拟退火-自适应布谷鸟算法的城市公交调度优化研究[J]. 交通运输系统工程与信息，2021，21(01)：183-189.

[93] 林先旺. 基于多源数据的大站公交组合调度优化研究[D]. 福州：福州大学，2021.

[94] 林晨. 考虑客流需求的城市公交组合调度优化研究[D]. 福州：福州大学，2022.

[95] Yaron H, Ronghui L. Estimation of the distribution of travel times by repeatedsimulation[J]. Transportation Research Part C: Emerging Technologies. 2008，16(2)：212-231.

[96] 许秀华. 公交车在公交停靠站的停靠时间研究[D]. 北京：北京交通大学，2015.

[97] 张龙. 交叉口停靠站条件下公交信号优先控制策略研究[D]. 西安：长安大学，2015.

[98] Transportation Research Board. Highway Capacity Manual[M]. Washington D C: National Research Council，2010.

[99] 苏荣霖，赖元文. 站点客流对公交站点停留时间可靠性的影响[J]. 公路交通科技，2017，34(03)：131-137.

[100] 郭建容. 混合机动车交通流对公交行程时间可靠性影响研究[D]. 福州：福州大学，2019.

[101] 向红艳. 公交到站时间预测研究现状与发展趋势[J]. 交通安全与信息，2014，4(32)：57-61.

[102] 朱星宇，陈永强. SPSS多元统计分析方法及应用[M]. 北京：清华大学出版社，2011.

[103] 孙大族. 基于到站时间的公交运行可靠性分析[D]. 福州：福州大学，2016.

[104] 胡泽徽. 电动汽车用锂离子电池健康特征参数提取方法研究[D]. 哈尔滨：哈尔滨工业大学，2016.

[105] 任福鹏，高攀祥. 粒子群优化小波神经网络在火灾预测中的应用研究[J]. 西安建筑科技大学学报，2014，46(3)：348-352.

[106] 吴凯，周西峰，郭前岗. 基于粒子群神经网络的负荷预测方法研究[J]. 电测与仪表，2013，567(50)：29-31.

[107] Daolun Li, Detang Lu, Xiangyan Kong. Implicitcurves and surfaces based on BP neural network[J]. Journal of Information and Computational Science，2005，20(2)：259-271.

[108] Yuanwen Lai, Said Easa, Dazu Sun, et al. Bus arrival time prediction using wavelet neural network trained by improved particle swarm optimization[J]. Journal of Advanced Transportation，2020，2020(1)：1-9.

[109] 刘缤璘. 基于行程时间预测的公交信号优先控制方法研究[D]. 哈尔滨：哈尔滨工业大学，2013.

[110] 刘环宇. 基于可靠性的公交时刻优化设计研究[D]. 北京：北京交通大学，2010.

[111] 戴帅，姜华平，陈海泳等. 公共交通换乘时间可靠度研究[J]. 公路交通科技，2007，24(9)：124-126.

[112] 赖元文，马振鸿. 公交乘客可靠度信号配时优化[J]. 福州大学学报(自然科学版)，2021，49(3)：428-434.

[113] 吕志荣. 城市常规公交线网可靠性研究[D]. 成都：西南交通大学，2007.

[114] 乔巍巍. 数控系统可靠性建模及熵权模糊综合评价[D]. 吉林：吉林大学，2008.

[115] 孙静. 基于可靠性分析的城市公交线网优化决策[D]. 西安：长安大学，2009.

[116] 冯婷婷. 基于路径选择的公交线网可靠性分析及优化[D]. 福州：福州大学，2016.

[117] Kirkpatrick S, Gelatt C D, Vecchi M P. Optimization by simulated annealing[J]. Readings in Computer Vision，1983，220(4598)：606-615.

[118] X S Yang, Deb S. Engineering optimization by cuckoo search[J]. International Journal of Mathematical Modelling and Numerical Optimisation，2010，1(4)：330-343.

[119] Tarkhaneh O, Isazadeh A, Khamnei H J. A new hybrid strategy for data clustering using cuckoo

search based on Mantegna levy distribution, PSO and k-means[J]. International Journal of Computer Applications in Technology, 2018, 58(2): 137-149.

[120] 牛松鹏. 完善智能优化算法性能测试的验证方法及其必要性[D]. 秦皇岛：燕山大学, 2019.

[121] Aihua Fan, Xumei Chen, Youan Wang, et al. All-Stop, Skip-Stop, or Transfer Service: An Empirical Study on Preferences of Bus Passengers[J]. IET Intelligent Transport Systems, 2018, 12(10): 1255-1263.

[122] 谢丽珠. 考虑车辆尾气排放因素的公交信号优先控制策略及微观仿真研究[D]. 北京：北京交通大学, 2015.

[123] 张鑫. 考虑舒适度的公交线网优化设计[D]. 广州：华南理工大学, 2018.

[124] 张丽娜. 萤火虫算法研究及其在船舶运动参数辨识中的应用[D]. 哈尔滨：哈尔滨工程大学, 2017.

[125] Khalil N, Sarhan A, Alshewimy MAM. An efficient color/grayscale image encryption scheme based on hybrid chaoticmaps[J]. Optics and Laser Technology, 2021, 143: 107326.

[126] 尹小梅. 公交车辆进出站行为对道路交通流的影响研究[D]. 长沙：长沙理工大学, 2010.

[127] 徐刚. 城市纯电动公交车调度优化问题研究[D]. 南京：南京理工大学, 2017.

[128] 李晓磊. 一种新型的智能优化方法-人工鱼群算法[D]. 杭州：浙江大学, 2003.